KB054084

(개정판)
병의원세무
가이드북 실전 편

(개정판)
병의원세무 가이드북 실전 편

제1판 1쇄 2013년 10월 25일
제6판 1쇄 2023년 1월 20일
제6판 2쇄 2024년 2월 20일

지은이 신방수, 이인범
펴낸이 허연 **펴낸곳** 매경출판㈜
기획제작 ㈜두드림미디어
책임편집 배성분 **디자인** 디자인 뜰채 apexmino@hanmail.net
마케팅 김성현, 한동우, 구민지

매경출판㈜
등 록 2003년 4월 24일(No. 2-3759)
주 소 (04557) 서울시 중구 충무로 2(필동 1가) 매일경제 별관 2층 매경출판㈜
홈페이지 www.mkbook.co.kr
전 화 02)333-3577
이메일 dodreamedia@naver.com (원고 투고 및 출판 관련 문의)
인쇄·제본 ㈜M-print 031)8071-0961
ISBN 979-11-6484-515-6 (03320)

병의원 세무 가이드북

개정판

세무 가이드북

실전 편

신방수, 이인범 지음

매일경제신문사

프롤로그

　병의원 업계에서 가장 큰 골칫거리는 무엇일까? 아마 십중팔구는 직원 인사관리도 있지만 세금이라고 하지 않을까 싶다. 병의원 경영에서 세금이 차지하는 비중이 아주 크기 때문이다. 이러한 현상은 최근에 도입된 현금영수증 의무발급제도, 미용목적 수술에 대한 부가가치세 과세전환, 성실신고확인제도 등과 맞물려 점점 심화되고 있는 추세다. 그런데 병의원 경영환경은 날이 갈수록 힘들어지고 있는데, 세금마저 점점 증가하다 보니 진퇴양난의 위기에 몰리고 있다. 설상가상으로 고소득자들을 향해 '노블레스 오블리주(Noblesse Oblige)'를 외치는 사회적인 분위기도 무시할 수 없어 벼랑 끝으로 몰리는 병의원들이 속출하고 있다.

　이 책은 이러한 환경 아래에서 병의원의 세금관리를 과학적·전략적으로 할 수 있는 해법을 제시하기 위해 집필되었다. 알다시피 병의원을 순조롭게 경영하기 위해서는 세무위험을 예방하고, 병의원 가치를 최대한 끌어올리는 것이 무엇보다도 필요하다. 이를 위해서는 병의원을 둘러싼 모든 세무환경을 분석하고 가장 적합한 처방을 내리는 것이 문제해결의 열쇠가 될 것이다. 그렇다면 병의원세무의 완결판이라고 할 수 있는《병의원세무 가이드북 실전 편》은 어떤 점들이 뛰어날까?

첫째, 병의원 경영에서 꼭 필요한 세무문제를 모두 다루었다

　이 책은 총 4개의 PART와 부록으로 구성되었다. PART 01 〈개원 편〉에서는 예비 원장들이나 기존 원장들이 알아야 하는 다양한 주제를 다뤘다. 개원할 때 또는 부대사업업종을 추가할 때의 사업자등록방법, 부가가치세가 과세되는 수술구분법, 증빙과 장부 그리고 사업용계좌관리법, 현금영수증 발급법, 인테리어와 의료장비 그리고 업무용 승용차에 관한 경비처리법, 종업원과 페이닥터의 세무와 노무처리방법 등을 알 수 있다. PART 02 〈병의원 절세 편〉에서는 병의원세금의 절세원리를 다양한 각도

에서 살펴보고, 병의원세무의 핵심이라고 할 수 있는 사업장 현황 신고와 부가가치세 및 종합소득세 신고 등을 심도 있게 다루었다. 이외 실전에서 꼭 알아야 할 세무상 쟁점 및 절세방법들을 주요 계정과목별로 다루었다. PART 03 〈세무조사 대응 편〉에서는 과세관청의 자료소명요구에 대처하는 방법, 세무조사 시 전략적인 대응법, 세무리스크 예방법, 자금출처조사 대비법 등을 체계적으로 다뤘다. 이를 통해 세무조사에 대한 두려움을 떨쳐버릴 수 있기를 기대한다. PART 04 〈공동개원, 사업양수도, MSO, 의료법인 편〉에서는 공동개원과 사업양수도, 병의원 경영지원회사(MSO), 네트워크 병의원, 의료법인 등에 대한 세무문제를 살펴보았다. 이러한 부분은 사업구조와 관련이 있으므로 이에 대한 일을 기획할 때는 미리 확인하면 좋을 것이다. 마지막으로 부록 편에서는 성형외과 등 각 병과별로 그들에 대한 세금특징을 요약·정리했다. 그리고 실제 세무조사 대상자 분석사례를 살펴보고 그에 대한 해법을 살펴보았다.

둘째, 다양한 사례를 들어 문제해결을 쉽게 하도록 했다

책의 모든 부분을 상황별로 사례를 들고 이의 해결 및 핵심내용 정리 그리고 실전연습을 할 수 있도록 구성했다. 우선 각 장마다 제시된 사례와 'Solution(해법)'은 실무에서 아주 중요하게 다루어지는 내용들로써, 문제해결 방법을 구체적으로 제시하고 있다.

저자들이 현장에서 문제를 어떻게 해결하고 있는지 이를 지켜보는 것만으로도 이와 유사한 세무문제를 손쉽게 해결할 수 있을 것이다. 한편 'Consulting'은 병의원 경영에서 좀 더 세련된 업무처리를 위해 알아야 할 지식들, 그리고 '실전연습'은 공부한 내용들을 실전에 적용하는 과정을 그리고 있다. 이외 실무적으로 더 알아두면 유용할 정보들은 'Tip'이나 '심층분석' 등의 란을 신설해 정보의 가치를 더했다. 또한 곳곳에 요약된 핵심정보를 정리해 실무에서의 적응력을 높이기 위해 노력했다.

이러한 과정을 통해 독자들은 병의원과 관련된 세무에서 발생하는 모든 문제를 해결할 수 있는 실무능력을 끌어올릴 수 있게 될 것이다.

셋째, 병의원 경영과 관련된 최고급 및 최신의 정보를 망라했다

이 책은 현장에서 꼭 필요한 정보만을 엄선해 실무에서 바로 써먹을 수 있도록 많은 노력을 기울였다. 우선 예비 원장들이 개원을 준비하면서 알아야 하는 세무문제를 최대한 분석했다. 사업장 마련이나 인테리어 설치, 직원들을 채용할 때 알아야 하는 내용은 물론이고 성실신고확인제도 등에 대한 대책 등을 다각도로 분석했다. 한편 기존 원장들이 알아야 하는 병의원 경영에 관련된 각종 의사결정 기법 및 항상 주의를 기울여야 하는 세무리스크의 유형과 이에 대한 대처법 등도 성의껏 소개했다. 세무조사가 안 나오게 하려면 어떻게 해야 하는지, 실제 세무조사가 나왔을 때 어떤 식으로 대응할 것인지 등은 다른 책에서 볼 수 없는 아주 고급스러운 정보들에 해당한다. 이외에도 최근 병의원을 둘러싼 세무환경이 급속도로 변하고 있는데 이 중 대표적인 것이 업무용 승용차에 대한 비용규제다. 연간 1,500만 원을 초과한 부분에 대해서는 업무용으로 사용했음을 입증해야 하는데 이 부분이 쉽지가 않은 것이 현실이다. 그래서 이에 대해 면밀한 검토를 해서 병의원들이 어떤 식으로 대처해야 하는지를 검토했다. 한편 최근에 개정된 세법 내용도 최대한 분석해 이를 포함했다. 소득세율 인상, 외국인 성형수술환자에 대한 부가가치세 사후환급 기간 연장, 사업장 이전 시 인테리어 잔존가액 비용인정, 의료법인의 해외진출을 돕기 위한 고유목적사업준비금 사용범위 확대 등은 물론이고 매년 고용이나 투자 등과 관련해 달라지는 조세감면규정도 최대한 소개를 했다.

《병의원세무 가이드북 실전 편》은 병의원세무에 관심 있는 분들이라면 누구라도 쉽게 볼 수 있도록 많은 노력을 기울였다. 따라서 예비 원장들이나 병의원 경영을 맡고 있는 원장들은 이 책을 곁에 두고 경영에 활용하는 것이 좋을 것으로 보인다. 물론 담당 직원이 있다면 이들과 함께 공부할 수 있는 기회를 가져보는 것도 성공경영을 위해 좋을 것이다. 이외 세무회계 업계나 자산관리 업계 등에 종사하는 분들에게도 유용한 지침서가 되리라 확신한다. 다만, 책을 읽는 것과 병의원세무처리를 하는 것은 괴리가 있을 수 있으므로 이때에는 병의원 기장과 컨설팅을 다수 하고 있는 저자들과 함께하는 것도 좋을 것으로 보인다. 저자들의 메일이나 카페 등을 활용하기 바란다.

아무쪼록 이 책이 병의원 원장과 병의원 관련 종사자들에게 작은 도움이라도 되었으면 한다.

독자들의 건승을 기원한다.

세무사 신방수·이인범

병의원세무 가이드북 실전 편 절세솔루션

PART 구성	Chapter 구성	핵심 주제들
PART 01 개원 편	Chapter 01 사업자등록과 사업용계좌, 장부·증빙관리법 Chapter 02 사업장/인테리어/의료장비/업무용 승용차 설계 Chapter 03 직원·페이닥터의 세무와 노무	· 사업자등록, 개원자금 충당법, 사업용계좌 · 장부 및 증빙관리법 · 사업장, 인테리어, 의료장비, 업무용 승용차 관련 세무처리법 · 직원과 페이닥터의 채용 및 퇴사에 따른 제반 세무와 노무 처리법
PART 02 병의원 절세 편	Chapter 01 병의원의 세금이 점점 증가하는 이유 Chapter 02 표준소득률과 소득세 절세원리 Chapter 03 병의원세금 신고전략 Chapter 04 수익 및 비용 세금설계	· 병의원의 이익구조 · 표준소득률 활용법 · 원천세, 부가가치세, 종합소득세 신고전략 · 병의원 수익, 비용 처리법, 감가상각비, 접대비 등 활용법
PART 03 세무조사 대응 편	Chapter 01 자료소명법 Chapter 02 실전 세무조사 대응법 Chapter 03 자금출처조사와 금융거래법	· 자료소명법 · 세무조사가 나오는 이유, 실전 세무조사 대응법, 세무조사리스크 예방법 · 자금출처조사 대처법 · 차명계좌와 금융거래법
PART 04 공동개원, 사업양수도, MSO, 의료법인 편	Chapter 01 공동개원 Chapter 02 병의원 양수도와 세금 Chapter 03 병의원 경영지원회사(MSO), 네트워크 병의원, 의료법인	· 공동개원과 세무상 쟁점 · 병의원 사업양수도와 세무상 쟁점 · 병의원 경영지원회사(MSO), 네트워크 병의원, 의료법인과 세무상 쟁점

부록 편 : 병과별 세금 특징
- · 성형외과
- · 치과
- · 안과
- · 피부·비뇨기과
- · 한의원
- · 내과/산부인과/신경과/이비인후과/마취과/결핵과/가정의학과/재활의학과

나의 병의원세무 지수 파악하기

세금은 병의원 경영관리에 있어 매우 중요한 요소다. 이 책을 읽는 독자들의 세무지수(정답 3개 이하 : 불량, 4~7개 : 보통, 8개 이상 : 우수)는 얼마나 되는지 점검해보자.

구분	질문	정답(○,×)
01	병의원은 면세사업자에 해당되어 종합소득세만 내면 된다.	
02	차량을 리스료로 처리하면 무조건 비용처리가 된다.	
03	사업용계좌에서 지출되는 종신보험료는 비용처리된다.	
04	의료장비는 정률법이나 정액법 중에서 하나를 선택해 감가상각할 수 있다.	
05	성실신고확인제도는 매출액이 일정 이상인 사업자에게 적용된다.	
06	퇴직연금에 가입하지 않으면 퇴직금에 대해 비용처리를 할 수 없다.	
07	병의원 양수도 시 권리금은 원칙적으로 세금부과대상이 아니다.	
08	공동개원을 하면 지분비율대로 손익분배가 된다.	
09	PCI시스템은 자산소비지출액과 신고소득금액의 차이를 분석한다.	
10	인건비는 무조건 축소 신고하는 것이 유리하다.	

정답

01. ×, 미용목적수술을 하는 성형외과, 피부과 등은 부가가치세를 내야 한다.
02. ×, 업무 외적으로 사용하는 리스차량은 비용처리가 제한될 수 있다.
03. ×, 종신보험료는 비용처리가 안 된다.
04. ○, 의료장비는 정액법과 정률법 중 하나를 선택할 수 있다.
05. ○, 개인 병의원의 경우 5억 원이 기준금액이 된다.
06. ×, 퇴직 시 일시금을 지급해도 비용처리를 할 수 있다.
07. ×, 권리금(기타소득)의 40% 상당액에 대해 과세가 된다.
08. ×, 지분율이 아닌 손익분배비율로 손익이 분배된다.
09. ○, 이 시스템으로 소득탈루액 등을 추정할 수 있다.
10. ×, 축소하는 것이 오히려 불리한 경우도 있다.

PART 01

개원 편

'개원 편'은 예비 원장들이나 기존 원장들이 병의원세무를 잘 이해하기 위해 기본적으로 알아야 할 내용들을 정리한다. 우선 개원 시 필요한 사업자등록과 사업용계좌, 장부와 증빙관리법을 살펴보고 사업장 및 인테리어, 의료장비, 업무용 승용차에 대한 세무처리법을 알아본다. 그리고 직원과 페이닥터의 채용 및 급여와 퇴직금 지급 시 발생하는 다양한 세무처리법을 알아본다. 이 편은 병의원세무의 가장 기본적인 내용을 담고 있으므로 흐름을 잘 정리하기 바란다.

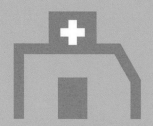

사업자등록과 사업용계좌,
장부·증빙관리법

사업자등록 1 일반적인 경우

사업장이 있는 관할 세무서에 사업자등록을 하면 사업자등록증을 받게 되는데, 이를 통해 다양한 세금정보를 알 수 있다. 예비 원장들이 알아둬야 할 아주 기초적인 내용이지만 이미 개원한 병의원들도 다음 내용들을 자세히 살펴보자.

K예비 원장은 서울에서 개원준비를 하고 있다. 아래 사업자등록증을 보고 물음에 답하라.

☞ **물음 1** : 일반과세자는 무엇을 의미하는가?
☞ **물음 2** : 일반 내과의 사업자형태는 어떻게 나오는가?
☞ **물음 3** : 겸업사업자는 무엇을 의미하는가?

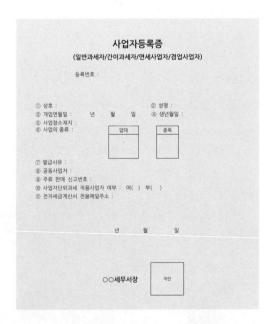

Solution | 물음에 맞춰 답을 찾아보자.

· **물음 1의 경우**

일반과세자는 부가가치세법상 부가가치세가 과세되는 사업자를 말한다.
이 사업자는 매출의 10%를 소비자로부터 징수해 납부하게 된다. 병의원
의 경우 성형외과 등에서 행하는 미용목적수술에 부가가치세가 부과되
고 있다.

· **물음 2의 경우**

일반 내과는 부가가치세가 면제되는 진료용역을 수행한다. 따라서 이 경
우 사업자형태는 면세사업자가 된다.

· **물음 3의 경우**

부가가치세가 과세되는 품목과 면세되는 품목을 동시에 거래하는 사업자
를 말한다. 병의원의 경우 부가가치세가 과세되는 수술과 면제되는 진료
를 동시에 수행하는 경우 겸업사업자로 지정된다. 다만, 실무적으로 겸업
사업자는 일반과세자로 표기된다.

※ 병과별 사업자등록 형태

구분	내용	비고
일반과세자	성형외과, 피부과 등	겸업사업자 포함
면세사업자	이비인후과, 내과, 정신과, 치과, 한의원 등	부가가치세 과세 용역수술 시 겸업에 해당되어 위 일반과세자로 표기됨.

Consulting | 사업자등록은 사업장이 소재한 관할 세무서에 대표자이
름 등을 등록하는 것으로 과세관청은 이를 통해 세원관
리를 하게 된다.

개인 병의원의 경우, 사업자등록은 다음과 같은 절차로 진행하게 된다.

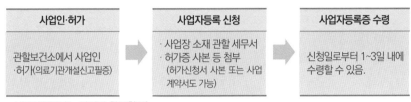

사업인·허가	사업자등록 신청	사업자등록증 수령
관할보건소에서 사업인 ·허가(의료기관개설신고필증)	· 사업장 소재 관할 세무서 · 허가증 사본 등 첨부 (허가신청서 사본 또는 사업 계약서도 가능)	신청일로부터 1~3일 내에 수령할 수 있음.

* 신규개원절차는 아래를 참조할 것

※ **소득세법 집행기준 168-0-2**(의료업자의 사업자등록)
'의료법' 제2조에 따른 의료인인 거주자가 의료기관을 개설해 사업자등
록을 신청하는 경우 같은 법 제33조에 따른 의료기관 개설신고를 하고 신
고필증 사본을 첨부해야 한다.

사업자등록 시 반드시 의료기관개설신고필증이 있어야 등록이 가능한가?
원칙적으로 그렇다. 다만, 이 필증이 없더라도 의료기관개설신청서 사본
이나 사업계획서 등을 대신해 제출하는 경우 관할 세무서장이 조사한 사
실에 따라 등록증을 발급할 수 있다(관할 세무서 문의).

※ **사업자등록 신청 시 제출서류**
1. 사업자등록 신청서 1부
2. 임대차계약서 사본(사업장을 임차한 경우에 한함)
3. 허가증 사본(해당 사업자)
   - 허가 전에 등록하는 경우 허가 신청서 사본 또는 사업계획서
4. 동업계약서(공동사업자인 경우)
5. 재외국민, 외국인 경우 입증서류
   - 여권 사본 또는 외국인등록증 사본
   - 국내에 통상적으로 주재하지 않는 경우 : 납세관리인 설정 신고서

6. 대리인 신청 시 : 위임장
  * '상가건물임대차보호법'에 의한 확정일자를 받고자 하는 경우
  – 임대차계약서 원본
  – 임차한 사업장이 건물의 일부인 경우 해당 부분의 도면

실전연습 K병의원은 임대차계약을 한 상가가 담보설정이 되어 있는데 확정일자는 사업자등록으로만 받을 수 있을까? 아니면 다른 방법으로 받을 수 있을까?

'상가건물임대차보호법'의 적용을 받고자 하는 경우에는 관할 세무서장에게 사업자등록 신청을 하고, 임대계약서 원본에 세무서장으로부터 확정일자인을 받아야 한다. 이때 임차인은 임차건물의 해당부분 도면(건물일부 임차인 경우), 사업자등록증, 임대차계약서(원본 및 사본 1부)를 지참해야 한다.

☞ '상가건물임대차보호법'에 대한 내용은 68페이지를 참조하자.

병원과 의원의 구분

'의료법'상 '병원'과 '의원·치과의원·한의원'은 확연히 구별이 되나, 세법에서는 '의료법'상의 구분과 관계없이 병의원을 누가 경영하느냐에 따라 달리 적용하고 있다. 구체적으로 개인사업자로 등록하면 소득세법, 법인사업자로 등록하면 법인세법이 적용된다. 따라서 사업자등록이 개인사업자로 되어 있다면 명칭이 의원이든, 병원이든 소득세법적용 대상으로써 세법상 동일하게 취급된다. 이 책은 주로 개인들이 운영하는 병의원에 대한 세무 등에 대한 해법을 제시하고 있다.

▶ 부가가치세가 면세되는 의료보건 용역의 범위

'부가가치세법 시행령' 제35조에서는 부가가치세가 면세되는 의료보건 용역의 범위를 다음과 같이 정하고 있다. 병의원 관련 의료보건 용역은 주로 아래 1과 관계가 있다. 성형수술 등의 경우 부가가치세가 과세되는데, 이때 무조건 과세되는 것이 아니므로 규정을 꼼꼼히 살펴봐야 한다.

1. '의료법'에 따른 의사, 치과의사, 한의사, 조산사 또는 간호사가 제공하는 용역. 다만, '국민건강보험법' 제41조 제3항에 따라 요양급여의 대상에서 제외되는 다음 각 목의 진료용역은 제외한다.

   가. 쌍꺼풀수술, 코성형수술, 유방확대·축소술(유방암 수술에 따른 유방 재건술은 제외한다), 지방흡인술, 주름살제거술, 안면윤곽술, 치아성형(치아미백, 라미네이트와 잇몸성형술을 말한다) 등 성형수술(성형수술로 인한 후유증 치료, 선천성 기형의 재건수술과 종양 제거에 따른 재건수술은 제외한다)과 악안면 교정술(치아교정치료가 선행되는 악안면 교정술은 제외한다)

   나. 색소모반·주근깨·흑색점·기미 치료술, 여드름 치료술, 제모술, 탈모치료술, 모발이식술, 문신술 및 문신제거술, 피어싱, 지방융해술, 피부재생술, 피부미백술, 항노화치료술 및 모공축소술

☞ 위의 1의 가와 나목은 부가가치세가 과세되는 수술범위에 해당한다. 다만, 괄호 안의 수술항목은 부가가치세가 면제된다. 이때 '국민건강보험법' 제41조 제3항에 따라 요양급여의 대상에서 제외되는지 여부를 확인하는 것이 좋다. 이에 해당하면 대부분 부가가치세가 면제되기 때문이다.

2. '의료법'에 따른 접골사(接骨士), 침사(鍼士), 구사(灸士) 또는 안마사가
   제공하는 용역

3. '의료기사 등에 관한 법률'에 따른 임상병리사, 방사선사, 물리치료사,
   작업치료사, 치과기공사 또는 치과위생사가 제공하는 용역

4. '약사법'에 따른 약사가 제공하는 의약품의 조제용역

5. '수의사법'에 따른 수의사가 제공하는 용역. 다만, 동물의 진료용역은
   다음 각 목의 어느 하나에 해당하는 진료용역으로 한정한다.

   가. '축산물 위생관리법'에 따른 가축에 대한 진료용역

   나. '수산생물질병 관리법'에 따른 수산동물에 대한 진료용역

   다. '장애인복지법' 제40조 제2항에 따른 장애인 보조견표지를 발급받
       은 장애인 보조견에 대한 진료용역

   라. '국민기초생활 보장법' 제2조 제2호에 따른 수급자가 기르는 동물
       의 진료용역

   마. 가목부터 라목까지의 규정에 따른 진료용역 외에 질병 예방을 목적
       으로 하는 동물의 진료용역으로써 농림축산식품부장관 또는 해양
       수산부장관이 기획재정부장관과 협의해 고시하는 용역

6. 이하 생략

〈사례〉

1. K씨는 한 병의원에서 미용성형목적의 수술을 했는데, 수술에 문제가
   있어 재수술을 하고 진료비를 지급했다. 이 경우 부가가치세가 과세되
   는 진료에 해당하는가? 아니면 면세되는 진료에 해당하는가?

   일단 미용성형목적의 수술은 부가가치세가 과세된다. 다만, 앞의 규정
   을 보면 성형수술로 인한 후유증 치료, 선천성 기형의 재건수술과 종양
   제거에 따른 재건수술은 과세에서 제외하므로 해당 수술이 이에 해당
   하는지 살펴봐야 한다. 사례의 재수술은 후유증 치료 등에 해당하지 아
   니하므로 부가가치세가 과세될 것으로 판단된다.

2. L씨는 타 병의원에서 미용성형목적으로 수술을 했는데 당 병의원에 내원해 재수술을 해서 수술 후 진료비를 받았다. 이 경우 부가가치세가 과세되는가?

이 경우에도 부가가치세가 과세되는 성형수술에 해당하므로 부가가치세가 과세되는 것으로 판단된다.

3. S씨는 코골절과 비중격만곡증 등으로 수술을 받으면서 코성형수술을 함께 진행했다. 이 경우 코성형수술에 대해서는 부가가치세가 과세되는가?

일단 모든 성형수술에 대해서는 부가가치세가 과세되는 것이 원칙이다. 다만, 이 수술로 인한 후유증 치료, 선천성 기형의 재건수술과 종양 제거에 따른 재건수술만 부가가치세가 면세된다. 따라서 사례의 경우 비중격만곡증으로 인한 코성형수술이 선천성기형의 재건수술에 해당하거나, 코골절로 인한 코성형수술이 '국민건강보험법' 제41조 제3항에 따라 요양급여의 대상에 해당한다면 부가가치세가 면제된다. 하지만 코성형수술이 이러한 사유에 해당되지 않으면 치료목적에 상관없이 원칙적으로 부가가치세 과세대상이 된다고 판단을 내릴 수 있다.

☞ 과세와 면세가 되는 수술을 복합적으로 한 경우에는 수술비를 합리적으로 구분하는 것이 필요할 것으로 보인다(예 : 수술단가 비율 등으로 안분).

사업자등록 2 부대사업이 있는 경우

사업자등록은 부가가치세 과세 여부를 결정하는 아주 중요한 행위가 된다. 따라서 부대사업을 추가할 때는 반드시 사업자등록과 부가가치세 과세 여부에 대해 사전에 검토해야 한다.

한의원을 운영 중인 한의사가 환자의 체질진단 프로그램을 개발해 다른 한의사에게 사용하도록 하고 그에 대한 정보이용료를 받는 경우에 물음에 답을 하면?

☞ **물음 1** : 체질진단 프로그램의 용역제공에 따른 정보이용료는 부가가치세가 면세되는가?

☞ **물음 2** : 한의원 업종에 부업종을 추가하는 방식으로 해서 사업자등록번호를 그대로 사용할 수 있는가?

Solution | 물음에 대한 답을 순차적으로 찾아보자.

· **물음 1의 경우**

한의사가 체질진단 프로그램을 개발해 다른 한의사에게 사용하도록 하고 그에 대한 정보이용료를 받는 경우에는 이는 부가가치세가 면제되는 '한의사의 진료용역'에 포함하지 않는다. 따라서 정보이용료에 대해서는 부가가치세가 과세된다고 할 수 있다.

· 물음 2의 경우

한의원어 보건업이 아닌 다른 업종을 추가하는 경우에는 사업자등록정정신고를 하면 된다. 따라서 같은 면세업에 해당하면 종전의 사업자등록번호를 그대로 사용할 수 있다. 하지만 사례처럼 체질진단 프로그램이 부가가치세가 과세되는 업종에 해당하면 사업자형태가 면세사업자에서 겸업사업자로 바뀌게 되므로 사업자등록번호를 새롭게 부여받아야 한다. 이 경우 겸업사업자는 일반과세자로 등록을 하게 된다.

Consulting 병의원세무 중 가장 까다로운 것의 하나가 바로 병의원의 부대사업과 관련된 부가가치세 과세 여부 판단이다. 예를 들어 다음과 같은 부대사업이 발생할 수 있다.

· 피부과의 치료비누 또는 화장품(코스메틱) 판매
· 한의원의 치료 환 판매, 원외 탕전실 설치 후 탕 판매
· 병의원의 건강기능식품 판매
· 기타

그렇다면 이러한 부대사업에 대한 부가가치세 과세 여부는 어떻게 판단할까? 결론을 말하면 다음과 같이 판단을 내려야 한다.

• 의사·치과의사·한의사의 처방전에 따라 제공되는 재화나 용역은 부가가치세를 면제한다.
• 의사·치과의사·한의사의 처방전 없이 별개로 공급되는 재화나 용역은 부가가치세가 과세된다.

실전연습 서울 시내에서 개원하고 있는 한의사가 '의료법'에 따라 원외 탕전실을 경기도의 한 시에 설치해 주무관할관청에 인·허가를 받은 후, 다른 한의원과 공동이용계약을 체결했다. 이 경우 원외 탕전실을 공동이용하는 한의사가 써준 처방전대로 원외 탕전실에

배치된 한약사가 한약을 조제해 공동이용하는 한의사에게 공급하고 계약에 의거 관련 제 비용을 청구하고 있다. 이 경우 원외 탕전실에 대해 별개의 사업장으로 보아 사업자등록을 해야 하는지의 여부와 원외 탕전실에서 처방전에 의해 공급하는 조제용역에 대한 면세 여부는?

먼저 한의원이 원외 탕전실을 설치하고, 그 원외 탕전실이 다른 한의원의 처방전에 의해 그 다른 한의원에게 조제용역을 공급하고 대가를 받는 경우, 당해 원외 탕전실은 '부가가치세법 시행령' 제4조 제1항 제2호의 규정에 따라 하나의 사업장에 해당한다. 따라서 별도의 사업자등록이 필요하다.

다음으로, 한의사에 의해 처방된 처방전에 따라 원외 탕전실에서 조제용역의 공급은 동법 시행령 제29조 제1항 제4호의 규정에 따라 부가가치세가 면제된다(부가-1034, 2009. 07. 21).

※ 병의원과 부가가치세 과세판단
☑ 미용목적의 수술과 관련된 것은 원칙적으로 부가가치세가 과세된다.

☑ 부가가치세가 부과되지 않는 진료와 관련되어 약제품이 공급되는 경우에는 의사의 처방전이 있다면 이에 대해서도 부가가치세가 면제된다.

☑ 의사의 처방전 없이 공급되는 품목은 부가가치세가 과세되는 것이 원칙이다.

Tip

겸업 시 사업자등록신청

☑ 같은 장소에 사업을 하는 경우 → 기존 사업자등록을 갱신(면세사업자 → 과세사업자), 사업장소를 구획해 별도로 등록가능

☑ 별도의 장소에서 사업을 하는 경우 → 별도로 사업자등록 신청(과세사업자)

☞ 사업자등록과 관련된 내용에 대한 문의는 저자 메일 등을 통해 할 수 있다.

사업자등록 신청서(개인사업자용)
(법인이 아닌 단체의 고유번호 신청서)

※ 사업자등록의 신청 내용은 영구히 관리되며, 납세 성실도를 검증하는 기초자료로 활용됩니다.
　 아래 해당 사항을 사실대로 작성하시기 바라며, 신청서에 본인이 자필로 서명해주시기 바랍니다.
※ [ ]에는 해당되는 곳에 ✓표를 합니다.　　　　　　　　　　　　　　　　　　　　　　　　　　　　(앞쪽)

접수번호		처리기간	3일(보정기간은 불산입) ※ 2020. 7. 1 신청분부터 2일

1. 인적사항

상호(단체명)		연락처	(사업장 전화번호)
성명(대표자)			(주소지 전화번호)
주민등록번호			**(휴대 전화번호)**
			(FAX번호)

사업장(단체) 소재지		층　　　호

사업장이 주소지인 경우 주소지 이전 시 사업장 소재지 자동 정정 신청	([ ]여, [ ]부)

2. 사업장 현황

업종	주업태		주종목		주생산 요소		주업종 코드	개업일	종업원 수
	부업태		부종목		부생산 요소		부업종 코드		

사이버몰 명칭		사이버몰 도메인	

사업장 구분	자가 면적	타가 면적	사업장을 빌려준 사람 (임대인)			임대차 명세			
			성명 (법인명)	사업자 등록번호	주민(법인) 등록번호	임대차 계약기간	(전세) 보증금	월세(차임)	
	㎡	㎡				~	원	원	

허가 등 사업 여부	[ ]신고　 [ ]등록 [ ]허가　 [ ]해당 없음	주류면허	면허번호	면허신청 [ ]여 [ ]부

개별소비세 해당 여부	[ ]제조 [ ]판매 [ ]입장 [ ]유흥	사업자 단위 과세 적용 신고 여부	[ ]여　　 [ ]부

사업자금 명세 (전세보증금 포함)	자기자금	원	타인자금	원

간이과세 적용 신고 여부	[ ]여　　 [ ]부	간이과세 포기 신고 여부	[ ]여　　 [ ]부

전자우편주소		국세청이 제공하는 국세정보 수신동의	[ ]문자(SMS) 수신에 동의함(선택) [ ]전자우편 수신에 동의함(선택)

그 밖의 신청사항	확정일자 신청 여부	공동사업자 신청 여부	사업장소 외 송달장소 신청 여부	양도자의 사업자등록번호 (사업양수의 경우에만 해당함)
	[ ]여 [ ]부	[ ]여 [ ]부	[ ]여 [ ]부	

210mm×297mm[백상지(80g/㎡) 또는 중질지(80g/㎡)]

개원자금 충당법

개원가의 자금소요액은 다른 업종보다 상당히 크다. 고가의 시설이나 장비 등을 설치하는 경우가 많기 때문이다. 그런데 이 과정에서 개원자금을 어떤 방식으로 충당하느냐에 따라 다양한 세금문제가 파생하는데, 이하에서 알아보자.

서울 송파구에서 개원준비를 하고 있는 송영창 씨는 모아둔 현금이 있다. 그런데 주위동료들은 본인 돈은 놔두고 대출을 어느 정도 받는 것이 유리하다고 한다. 본인자금으로 개원하는 경우와 대출을 받아 개원하는 경우 장단점은 무엇이고 어떤 식으로 결정하는 것이 좋을까?

Solution | 물음에 따라 답을 찾아보면 다음과 같다.

1. 자금조달 유형에 따른 장단점

구분	장점	단점
본인자금	·이자가 발생하지 않는다.	·이자비용 절세효과가 발생하지 않는다. ·본인자금 운용의 기회이득이 상실될 수 있다.
타인자금	·이자비용에 대한 절세효과가 발생한다.	·이자가 지출된다.

2. 자금조달 유형의 선택

본인자금이 유리한지, 타인자금이 유리한지 이에 대한 의사결정은 본인 자금을 선택한 경우의 자금흐름과 타인자금을 이용한 경우의 자금흐름을 비교해보면 답을 얻을 수 있다. 사례를 통해 이 부분을 확인해보자.

사례

· 현재 보유한 현금 1억 원(예금 시 세후 2% 이자수령, 200만 원)
· 1억 원 대출 시 5% 상당액의 이자(500만 원) 지급
· 이자비용에 대한 절세효과 계산 시 6~45% 중 6~38% 적용

구분	6%	15%	24%	35%	38%
이자비용	500만 원	500만 원	500만 원	500만 원	500만 원
절세효과	30만 원	75만 원	120만 원	175만 원	190만 원
세후이자비용①	470만 원	425만 원	380만 원	325만 원	310만 원
이자수익②	200만 원	200만 원	200만 원	200만 원	200만 원
현금흐름차이(①-②)	270만 원	225만 원	180만 원	125만 원	110만 원
판단	자기자금이 유리	좌동	좌동	좌동	좌동

위의 분석결과는 본인이 자금을 가지고 있는 경우 이에 대한 높은 수익을 기대할 수 없다면 오히려 자기자금으로 개원하는 것이 더 유리함을 나타내고 있다. 상황을 낙관적으로 수정한 후 분석결과를 다시 보자.

【 추가 분석사례 】
· 현재 보유한 현금 1억 원(예금 시 세후 3% 이자수령, 300만 원)
· 1억 원 대출 시 4% 상당액의 이자(400만 원) 지급
· 이자비용에 대한 절세효과 계산 시 6~45% 중 6~38% 적용

구분	6%	15%	24%	35%	38%
이자비용	400만 원	400만 원	400만 원	400만 원	400만 원
절세효과	24만 원	60만 원	96만 원	140만 원	152만 원
세후이자비용①	376만 원	340만 원	304만 원	260만 원	248만 원
이자수익②	300만 원	300만 원	300만 원	300만 원	300만 원
현금흐름차이(①-②)	76만 원	40만 원	4만 원	△40만 원	△52만 원
판단	자기자금이 유리	좌동	좌동	타인자본이 유리	좌동

조건이 바뀐 경우로써 세율이 35% 이상인 경우에는 타인자본이 유리한 것으로 나왔다. 결국 이러한 유형의 의사결정은 주어진 환경에 따라 그 내용이 바뀐다는 것을 알 수 있다.

Consulting | 운영자금이 모자라 친척 등으로부터 자금을 차입하는 경우가 있다. 이때에도 이자는 경비로 인정될 수 있다.
다만, 이자를 경비로 인정받으려면 우선 금전 소비대차 계약(차용증)을 맺어야 하며 이때 원금과 상환기간, 이자와 이자율, 이자 지급시기 등을 기재해야 한다. 또한 차입금을 온라인으로 송금받고 이자(법정 이자율은 4.6%)를 직접 은행에 자동이체해 실제로 이자를 지급하고 있다는 사실을 자금흐름으로 입증할 수 있어야 한다.

금전 소비대차 계약서

대여인　　　　　　(이하 '갑'이라 함)과
차용인　　　　　　(이하 '을'이라 함)은

　　　　아래와 같이 금전소비대차 계약서를 작성하고 각 조항을 확약한다.

제1조【거래조건】
(1) 대여금액　：　　　　　　원
(2) 대여기간　：20　　년　　월　　일부터 20　　년　　월　　일까지
(3) 대여이자율 : 대여금에 대한 이자는 법인세법시행령 제47조로 정하는 당좌대월이자(　%＊)로
　　　　지급할 것을 약정한다.
　　　＊ 2024년 1월 현재는 4.6%이다.
제2조【상환방법】 상환일 만료일에 전액 상환하다.
제3조【이자지급방법】 이자지급은 20　　년　　월　　일로 한다.

　　　　　　　　20　년　월　일

　　　대여인(갑) - 성　　　명 :　　　　　　　　(인)
　　　　　　　　 - 주　　　소 :
　　　　　　　　 - 사업자등록번호 :
　　　차용인(을) - 성　　　명 :　　　　　　　　(인)
　　　　　　　　 - 주　　　소 :
　　　　　　　　 - 주민등록번호 :

＊ 금액이 큰 경우에는 공증을 받으면 좋다.

실전연습 K원장은 자신의 형으로부터 개원자금 3억 원을 융통하려고 한다. 이자율은 연 5% 정도가 된다. 이 경우 K원장이 당면하는 세금문제는?

일단 앞에서 본 것처럼 금전 소비대차 계약서를 작성하고 송금을 통해 이자를 지급하면 이자는 비용으로 처리될 수 있다.

그런데 문제는 지급된 이자에 대해서는 27.5%만큼 원천징수를 해서 신고 및 납부해야 한다는 것이다. 물론 이자를 지급받은 형의 경우 이자를 포함한 금융소득이 연간 2,000만 원을 넘는 경우에는 금융소득 종합과세가 적용된다.

만약 K원장이 자신의 아버지의 부동산을 담보로 해서 은행에서 대출을 일으키면 이자비용에 대해 비용처리하는 것은 문제가 없는가?

그렇다. 문제가 없다. 다만, 담보 제공에 따라 발생되는 이익에 대해서는 증여세가 부과될 수 있다.

창업(개원)자금에 대한 증여세과세특례

2013년 이전까지 병의원을 개원한 원장들도 5억 원까지는 증여세 없이 이를 사용할 수 있었다. 하지만 2014년부터는 대상업종에서 의료기관(병의원)이 제외되었으므로 예비 원장들은 이 제도를 더 이상 활용할 수 없게 되었다. 다만, 이 제도가 다시 부활할 가능성도 있으므로 정보제공 차원에서 관련 내용을 알아보고자 한다(조세특례제한법 제30조의5).

첫째, 18세 이상인 거주자가 60세 이상의 부모로부터 토지나 건물 등을 제외한 재산을 증여받아야 한다. 따라서 창업자금은 대부분 현금으로 충당하는 것이 원칙이다.

둘째, 창업업종은 유흥주점업 등을 제외한 관련 법에서 열거한 업종에 해당되어야 한다. 법에서는 제조업이나 건설업 등은 물론이고 음식점업이나 의료기관(단, 병의원 운영업은 한국표준산업분류표상 보건업으로 2014년부터 제외) 등도 포함하고 있다. 참고로 타인의 사업을 승계하거나 법인전환 그리고 기존 사업자가 사업을 확장하거나 업종을 추가하는 경우에는 창업에 해당하지 않는다. 따라서 이러한 경우에는 이 제도를 이용할 수 없다.

셋째, 증여를 받은 날로부터 2년 내에 창업을 해야 하고 4년 내에 증여받은 창업자금을 전액 해당 목적에 맞게 사용해야 한다. 따라서 창업자금으로 받은 자금을 부동산 투자 등에 사용한 경우에는 이자상당 가산액 등을 포함한 증여세를 추징당하게 된다. 이외에도 증여세 과세표준 신고기한까지 창업자금 특례 신청을 하고 사용내역서를 관할 세무서에 반드시 제출해야 과세특례를 받을 수 있다.

이상의 조건을 충족하면 최고 50억 원(창업을 통해 열 명 이상을 신규 고용한 경우에는 100억 원)까지 언제든지 저렴한 세금부담을 통해 부모의 돈을 사업자금으로 활용할 수 있다. 예를 들면 창업자금이 5억 원 이하인 경우에는 5억 원까지는 증여공제가 적용되므로 세금을 한 푼도 내지 않고 증여받을 수 있다. 그리고 증여금액이 10억 원이라도 여기에서 5억 원을 차감한 과세표준 5억 원에 10%의 세율을 적용해 5,000만 원만 납부하면 된다. 물론 이 특례 제도를 활용하지 않고 일반적인 증여를 했다면 증여세는 다음과 같이 나오게 된다. 단, 3% 신고세액공제는 적용하지 않기로 한다.

구분	일반증여 시 산출세액 계산	
증여금액	5억 원	10억 원
−증여재산공제(성년자)	5,000만 원	5,000만 원
=과세표준	4억 5,000만 원	9억 5,000만 원
×세율(10~50%)	20%(누진공제 1,000만 원)	30%(누진공제 6,000만 원)
=산출세액	8,000만 원	2억 2,500만 원

증여금액이 5억 원인 경우 과세특례제도를 이용하면 산출세액은 0원이 되나, 일반증여 시는 8,000만 원이 된다. 10억 원인 경우 전자는 5,000만 원, 후자는 2억 2,500만 원이 된다. 따라서 당장의 증여세만을 생각한다면 창업자금에 대한 증여세 과세특례제도를 선택하는 것이 유리하다.

☞ 사전에 증여받은 창업자금은 증여시기에 불구하고 향후 상속재산가액에 합산되어 상속세로 정산된다.

현금영수증 발급법

개인 병의원에게 현금영수증 의무발급제도는 매우 중요하다. 이를 지키지 않으면 가산세 등이 부과되기 때문이다. 특히 예비 원장들은 이에 대한 중요성을 이해할 필요가 있다.

J원장은 100만 원의 비보험수입을 현금으로 받으면서 영수증 처리를 하지 않았다. 이 경우 세무상 문제점은 없는가?

Solution | 현행 세법(소득세법 제162조의 3)에서는 병의원에서 건당 10만 원 이상의 현금매출(수입금액 또는 수입과 같은 의미임)이 발생하면 현금영수증을 의무적으로 발급하도록 하고 있다. 그리고 이 의무를 위배한 경우에는 수입금액의 20%를 가산세로 부과하고 있다. 따라서 매출신고를 누락한 경우에는 이외에 본세 및 가산세 등의 불이익이 뒤따른다.

예) 매출 100만 원 누락 시 예상되는 불이익

구분	발급거부 가산세	소득세 등	과소신고 가산세	계
세율	20%	38.5%(가정)	소득세 등의 40%(가정)	–
추징세액	200,000원	385,000원	154,000원	739,000원

매출 100만 원의 누락에 따른 추징세금은 대략 70만 원 이상이 되고 있다. 다만, 보험급여에 대해서는 미발급 가산세를 부과하지 않으며, 착오나 누락의 경우 대금수령일 기준 10일 이내에 현금영수증을 발급하면 가산세를 10%로 부과한다.

※ 현금영수증 의무발급제도

☑ 병의원은 건당 거래금액이 10만 원 이상인 경우 의무적으로 현금영수 증을 발급해야 한다. 여기서 10만 원은 총진료비, 즉 '공단에서 수령 한 금액+환자 본인부담금을 합한 금액'을 기준으로 한다(전자세원-214, 2010. 04. 12).

☑ 현금영수증은 원칙적으로 '현금을 지급받은(계좌에 입금된) 때'에 발급 해야 하며 다만, 사회통념상 입금 여부가 즉시 확인이 어려운 때에는 입금이 확인되는 때(통상 3~5일 이내)에 발급해야 한다(서면3팀-1699, 2005. 10. 06).

☑ 진료비가 15만 원일 경우 신용카드로 10만 원을 결제하고 나머지 5만 원을 현금으로 결제한 경우에도 그 5만 원에 대해서 현금영수증을 의 무적으로 발급해야 한다.

☑ 환자가 요청하지 않는 경우에는 국세청 전화번호(010-000-1234)로 이 를 의무적으로 발급해야 한다(주의!).

☑ 해당 거래가 '국민건강보험법'에 따른 보험급여의 대상인 경우에는 가 산세를 부과하지 않는다.

☑ 현금영수증 미발급 가산세 20%가 부과되는 경우에는 현금영수증 발급 거부가산세(5%)를 부과하지 않는다.

Consulting | 현금영수증은 재화 등을 공급하고 현금수령 시 발급하는 것이 원칙이나, 공급하기 전에 그 대금을 받은 때에도 발 급할 수 있다. 단, 선수금으로 받고 현금영수증을 발급하 지 않은 경우에는 추후 재화 등의 공급대가로 전환되는 때 발급해야 한다(재소득-152, 2011. 04. 22).

다음의 국세청 상담사례로 현금영수증 의무발급제도에 대 해 좀 더 알아보자.

【 국세청 상담사례 】
1. 건당 거래금액이 10만 원 이상에서 '건당'이란 무엇인가?
2. 한 명의 환자가 치료비 10만 원을 5만 원씩 두 번으로 나누어 냈을 때
   현금영수증 발급의무가 있는가?

물음에 대한 답을 찾아보면 다음과 같다.
1. 현금영수증 발급의무 대상인 건당 거래는 진료를 받는 때를 기준으로,
   거래당사자와 약정한 총금액 등을 기준으로 판단한다.
2. 이 경우 현금영수증은 5만 원씩을 기준으로 현금으로 받는 때마다 각
   각 발급해야 한다(전자세원-251, 2010. 04. 23).

실전연습

1. L병의원에서 2024년 8월 1일에 보톡스(Botox) 25만 원, 레이저 필링(filler) 10회에 200만 원 등 총진료비 225만 원에 시술을 하기로 했다고 하자. 이후 L병의원은 2024년 12월 1일에 225만 원 전액을 현금으로 수령했다. 이러한 상황에서 레이저 필링을 매월 1회 시술한 경우 현금영수증의 발급시기는 어떻게 되는가?

현금영수증은 현금을 수령한 날에 전체를 1건으로 보아 의무발급을 해야
한다. 따라서 2024년 12월 1일이 발급시기가 된다.

2. J병의원은 피부과를 운영하고 있다. 환자들은 1회당 5만 원을 기준으로 총 10회에 걸쳐서 치료를 받는다. 이 경우 선수금 명목으로 한꺼번에 50만 원을 받은 때 현금영수증을 발급해야 하는가?

그렇다. 현금영수증 발급의무 대상 여부는 거래당사자와 약정한 거래 총
금액을 기준으로 판단하고, 이를 지급받을 때마다 발급해야 하기 때문이
다. 따라서 사례의 경우 현금영수증은 거래상대방으로부터 현금으로 받

은 금액 50만 원에 대해 발급해야 한다. 참고로 해당 치료를 수회에 걸쳐 제공하고 치료 시마다 대가를 분할해 지급받는 경우에는 각각 지급받는 금액에 대해 현금영수증을 각각 발급해야 한다.

현금영수증제도 요약

- ☑ 병의원 : 현금영수증 시행 안내문 스티커부착, 10만 원 이상 시 현금영수증 의무 발급
- ☑ 환자 : 현금영수증에 대한 소득공제, 미발급 제보에 따른 포상금제도 실시(미발급 금액의 20%, 한도 건당 50만 원, 연간 200만 원)
- ☑ 과세관청 : 제보 등을 바탕으로 세무조사 등 시행

사업용계좌관리법

개원을 하기 전에 갖추어야 할 사업용계좌에 대해 알아보자. 사업용계좌관리는 탄탄한 경비처리를 위해서도 필요하지만, 나중의 세무조사를 대비하는 관점에서도 중요하다.

잘나가 병의원의 사업용계좌가 다음과 같이 되어 있다고 하자. 이 계좌의 내용 중 잘못된 부분이 있다면?

거래일	내용	출금	입금	잔액
	① 인건비 인출 후 현금지급	×××		
	② 임차료 계좌이체	×××		
	③ 비보험수입 입금		×××	
	④ 통신비 이체	×××		
	④ 비사업용계좌로 100만 원 이체	×××		

Solution | 사업용계좌는 개인사업자가 사업과 관련된 금융거래를 할 때 반드시 국세청에 신고된 사업용계좌를 통해 입출금을 하도록 하는 제도를 말한다(사업자등록 후 관할 세무서에 신고). 이를 어길 시에는 가산세(0.2%)가 부과된다. 법에서는 다음과 같은 거래에 대해 사업용계좌로 입출금을 하도록 하고 있다.

· 진료수입 입금(보험수입, 비보험수입)
· 매입비용 지급(재료비)
· 인건비 지급(상대방의 금융계좌로 입금이 되어야 함)
· 임차료 지급

이상의 내용을 가지고 물음에 대한 답을 찾아보자.

입출금내역	답
① 인건비 인출 후 현금지급	현금으로 지급하는 경우 법규정 위반이다. 반드시 금융계좌로 입금이 되어야 한다.
② 임차료 계좌이체	문제없다.
③ 비보험수입 입금	문제없다.
④ 통신비이체	문제없다.
④ 비사업용계좌로 100만 원 이체	문제없다(개인거래도 허용된다).

Consulting | 사업용계좌에 대해 추가적으로 정리할 것들을 알아보자.

Q. 사업용계좌에서 생활자금을 인출하면 문제가 없는가?

사업용거래가 아닌 개인적인 거래도 할 수 있으므로 인출된 금액에 대해서는 특별한 문제가 없다. 사업용거래와 개인 금융거래를 구분해 사용하도록 입안된 제도이므로 가능하면 사업용계좌는 사업용거래에 사용하고 개인용거래는 계좌를 구분해 사용하는 것이 바람직하다. 다만, 혼용해 사용한 경우에도 불이익은 없으나 사업용계좌를 통한 거래는 사업용거래로 간주하므로 유의해야 한다.

Q. 사업자가 거래대금을 사업용계좌가 아닌 다른 계좌로 입금을 받으면 가산세가 있는가?

다른 계좌를 통해 지급받는 경우에는 가산세 부과대상이다.

Q. 사업상 거래대금을 현금으로 지급하거나 지급받는 때에는 가산세 부과대상이 되는가?

그렇지 않다. 다만, 매입비용, 인건비, 그리고 임차료를 지급할 경우에는 반드시 사업용계좌에서 상대방의 계좌로 입금해야 하며 사업용계좌에서 인출해 현금으로 지급할 경우에는 가산세 부과대상이 된다. 물론 인건비를 지급하거나 지급받는 거래 중 거래 상대방의 사정으로 사업용계좌를 사용하기 어려운 경우(연체자, 외국인 불법체류자, 건설 일용직 등)는 가산세를 부과하지 않는다. 4대 보험, 사업과 관련된 전기·수도·통신요금 등과 같은 사업자의 경비에 해당하는 거래에 대해서도 사업용계좌로 지급해야 한다.

Q. 세금계산서를 받고 대금을 현금으로 지급하는 경우에는 가산세가 부과되는가?

사업용계좌는 세금계산서에 의한 실물거래 시 실물거래와 같이 금융거래도 함께 이루어지도록 하는 제도에 해당한다. 따라서 세금계산서를 받고 대금을 현금으로 지급하는 경우에는 금융기관을 통한 사업용계좌거래에 해당되지 않아 가산세 부과대상이 된다. 한편 사업용계좌가 아닌 일반계좌로 거래 시에도 이러한 가산세가 부과된다.

실전연습　K병의원 사업용계좌의 내역이 다음과 같다고 하자. 이를 근거로 비용처리를 할 수 있을까?

계정과목	출금	입금	적요	비고
지급수수료	1,000,000		인터넷출금이체	
월세	3,000,000		인터넷출금이체	
협회비	100,000		지로출금	

일단 영수증이나 국세청에 신고된 지급명세서가 있다면 이를 근거로 비용처리를 하면 된다. 하지만 이러한 것들이 없으면 영수증 등이 없는 상태에서 비용처리를 하는 결과가 된다.

그렇다면 이러한 경우 세법상 어떠한 문제가 있을까?

일단 영수증을 받아야 하는 경우로써 이를 받지 않으면 증빙불비가산세(2%)가 있고, 지급명세서를 제출하지 않은 경우에도 미제출가산세(1%)가 있다. 따라서 사업용계좌와 증빙은 정확히 일치되도록 평소에 관리할 필요가 있다.

비용을 100% 인정받는 방법

세법상 인정되는 비용을 필요경비(必要經費)라고 하는데, 이는 사업에 필수적으로 수반되는 각종 비용을 말한다. 수입금액(매출)을 달성하기 위해서는 물적·인적 설비가 필요하고 이를 유지하는 데 지출되는 비용이라고 할 수 있다. 그런데 이러한 비용이 100% 인정이 되지 않을 수 있는데, 이하에서는 전액 필요경비로 인정받는 방법을 알아보자.

1. 비용의 구분

사업자가 지출하는 경비 중 세법상 100% 인정되는 것과 불인정되는 것, 50% 확률로 인정되는 것들이 있다. 세무리스크는 이 중 50% 인정과 100% 불인정 부분에서 발생된다.

구분	100% 인정	50% 인정(또는 불인정)	100% 불인정
계정 과목	·상품매입비 ·인건비 ·임차료 ·복리후생비(식대, 건강보험료 등) ·통신비 등	·가족 인건비 ·개인사업용 접대비 ·상품권 구입비 등	·가공경비(약품비, 인건비 등) ·업무무관 비용(공휴일에 사용한 경비, 골프비용, 백화점 지출 등) ·한도초과(접대비, 감가상각비 등)
세무상 위험	없음.	·조세회피행위에 해당가능성이 높음(단, 금액이 과도한 경우에는 탈 세행위로 간주될 가능성이 있음).	·가공경비는 탈세행위에 해당 ·기타 경비는 조세회피행위에 해당
불이익	없음.	·부당행위계산부인제도 적용 ·일반과소신고가산세(10%) 적용	·일반가산세 10% 또는 부정과 소 가산세 40% 가능
관리 포인트	–	업무 관련성을 입증하는 것이 중요함.	성실신고를 기본으로 함.

2. 비용을 100% 인정받는 방법

첫째, 지출된 비용이 세법상 인정되는지를 확인한다.

일단 병의원 경영과 직접 관련된 비용은 세법상 이를 부인할 이유는 없다. 따라서 병의원에서 경영과 관련해 지출된 돈들에 대해서는 무조건 경비처리가 된다고 생각하자. 물론 특수관계인을 위한 지출이나 가사용 지출,

개인적인 지출 등은 문제소지가 있다. 예를 들어 휴일에 지출한 비용, 백화점에서 사용한 비용, 골프비 등은 사용내역을 불문하고 일괄적으로 이를 부인하는 경우가 많다. 참고로 건당 지출금액이 큰 경우(예 : 100만 원을 넘어가는 경우)에는 이에 대해 소명을 요구하는 경우가 많으므로 건당 지출금액이 크지 않도록 주의할 필요가 있다.

둘째, 증빙을 제대로 수취하고 사업용계좌에서 인출되어야 한다.
재무제표에 계상되는 비용항목에 대해서는 원칙적으로 적격증빙(세금계산서나 신용카드 매출전표 등)을 수취해야 하고, 원칙적으로 사업용계좌에서 인출되도록 관리하는 것이 좋다.

돌발 퀴즈!

증빙이 없는 지출에 대해서는 어떻게 해야 하는가?

증빙이 없더라도 지출근거 등을 별도로 파악해두자. 통장에서 출금된 내역이 있고 그리고 출금내역이 정당하다면 비용으로 처리하는 것이 불가능한 것은 아니다. 다만, 장부상 비용과 국세청이 보유한 적격증빙자료(세금계산서 등)상의 금액차이가 큰 경우에는 세무리스크가 올라간다는 점에 주의해야 한다.

셋째, 인건비 등은 미리 신고해둔다.
인건비나 용역수수료 등을 지급할 때는 세금계산서 같은 적격증빙을 수취할 수 없는데, 이때에는 미리 관련 세금을 원천징수한 후 관할 세무서에 신고를 해두는 것이 중요하다. 이를 신고하지 않은 상태에서 비용처리를 하면 이에 대해 사후검증이나 세무조사 등이 있을 수 있다.

☞ 누락이 자주 발생하는 경비들
☑ 경조사비(건당 20만 원 이하 경비처리 가능)
☑ 신용카드수수료(카드사에 지급한 수수료)
☑ 원장의 핸드폰요금
☑ 학회비, 세미나비
☑ 청소원 용역비(현금지급의 경우)
☑ 전력비 등

절세를 위한 장부관리법

병의원에서 작성하는 장부는 향후 세무조사를 받을 때 매우 중요하게 사용된다. 따라서 원장들은 미리 장부의 중요성을 인지하고 이의 관리에 만전을 기해야 한다.

K병의원은 올해 적자를 보았는데 워낙 소규모 의원이라 장부를 기장하지 않았다. 적자를 보면 다음 연도의 소득에서 결손금을 차감할 수 있다고 하는데 장부를 기장하지 않아도 이 혜택을 받을 수 있나?

Solution | 장부를 작성하지 않으면 결손금을 인정받지 못한다. 결손금이 얼마인지를 객관적으로 입증할 수 없기 때문이다. 참고로 소득세 신고는 ① 증빙과 장부에 의해 신고하는 방식, ② 장부기장 없이 신고하는 방식 두 가지가 있다.

구분	장부로 신고	장부 없이 신고
내용	증빙과 지출근거로 장부작성해 신고	정부에서 정한 경비율을 근거로 신고(아래)
결손금공제	허용	불가능
병의원의 경우	장부로 신고하는 것이 원칙*	무기장도 허용하나 무기장 시 가산세 제재가 있음(산출세액의 20% 상당액).

* 병의원은 대부분 장부를 작성해 소득세를 신고하고 있다. 따라서 아래의 참고사항은 건너뛰어도 문제없다.

※ 참고 : 장부를 작성하지 않는 경우의 소득금액 계산법

기준경비율 적용대상자	단순경비율 적용대상자*
소득금액(①-②-③-④)	소득금액(①-②)
① 수입금액 ② 매입비용과 사업용 고정자산의 임차료 ③ 직원의 급여와 퇴직급여 ④ 수입금액×기준경비율	① 수입금액 ② 수입금액 × 단순경비율

* 단순경비율 적용대상자
·당해 과세기간에 신규로 사업을 개시한 사업자 중 일정규모 미만 사업자
  - 도·소매업 및 부동산 매매업 등 : 3억 원, 제조업, 숙박 및 음식점업 등 : 1억 5,000만 원, 부동산
    임대업 및 의료업, 서비스업 등 : 7,500만 원
·직전 과세기간의 수입금액의 합계액이 일정금액에 미달하는 소규모 사업자
  - 도·소매업 및 부동산 매매업 등 : 6,000만 원, 제조업, 숙박 및 음식점업 등 : 3,600만 원, 부동산
    임대업 및 의료업, 서비스업 등 : 2,400만 원

Consulting | 개인 병의원은 100% 장부를 기장하고 있는 것이 현실이
다. 연간 매출액이 4,800만 원을 넘어간 상태에서 장부를
기장하지 않으면 산출세액의 20% 상당액의 가산세가
부과되거니와 이자비용 등을 인정받으려면 장부를 작
성하는 것이 유리하기 때문이다. 따라서 장부가 어떤 원
리로 작성되는지 이를 이해하는 것이 상당히 중요하다.

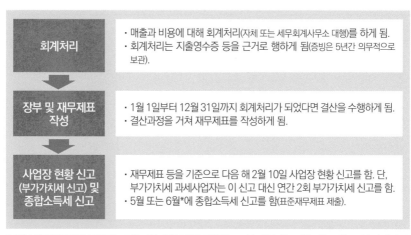

* 성실신고확인대상사업자는 5월 1일~6월 30일 사이에, 그 외 사업자는 5월 1일~5월 31일 사이에 종
합소득세를 신고 및 납부한다. 성실신고확인제도는 128페이지 등에서 언급하고 있다.

실전연습 J원장은 올해 초에 구입한 비품이 전액 비용처리가 된 것을 발견
했다. 비품구입가격이 500만 원인데 이 중 100만 원만 세법상
감가상각비로 인정받는다면 재무제표 등에 어떠한 영향을 줄까?

내용에 맞게 손익계산서와 대차대조표(재무상태표라고도 함)를 오류분과 정정분으로 표시하면 다음과 같다.

〈오류분〉

손익계산서

수익	
비용	500만 원
손익	△500만 원

대차대조표

		부채	
자산		자본	

〈정정분〉

손익계산서

수익	
비용	100만 원
손익	△100만 원*

대차대조표

		부채	
자산	400만 원	자본	

* 감가상각비의 변동으로 인해 세금도 변동하게 된다.

위의 내용을 보면 손익계산서상의 감가상각비가 500만 원에서 100만 원으로 축소되므로 이익이 400만 원 증가되며, 대차대조표상의 자산이 0원에서 400만 원으로 증가된다. 이처럼 회계처리에서 오류가 발생하면 재무제표에 영향을 주게 되고 세금에도 영향을 주게 된다.

※ **회계처리의 중요성**

☑ 회계처리가 잘못되면 이익이 왜곡된다.

☑ 이익이 왜곡되면 세금도 왜곡된다.

☑ 그 결과 매출액 대비 경비율 등에서 왜곡이 발생해 불필요한 세무간섭을 받게 된다.

참고로 세무사 사무소에 기장을 의뢰한 경우 매월 기장료, 다음 해 5월이나 6월 중에 세무조정수수료와 성실신고확인수수료가 각각 1회 발생한다.

Tip 기장료의 절세효과

경기도 수원에서 피부과를 운영하고 있는 김철 원장은 매월 기장료를 300,000원(VAT 포함)씩 지급한다. 한계세율이 35%(지방소득세 포함 시 38.5%)인 경우 실질적으로 지급하는 기장료는 얼마가 될까?

일단 기장료는 병의원의 비용에 해당한다. 따라서 이익을 축소시키고 과세표준을 축소시키므로 일종의 비용에 대한 절세효과가 발생한다. 지출한 비용에서 이 절세효과를 차감하면 순지출금액을 알 수 있다.

☑ 기장료 순지출액 = 300,000원 − (300,000원×38.5%) = 184,000원

▶ 예비 원장들의 장부관리법

예비 원장들은 장부에 대해 관심을 둬야 한다. 세금신고 및 세무조사 등은 장부를 중심으로 진행되기 때문이다. 이하에서 예비 원장들이 알아둬야 할 장부관리법에 대해 알아보자.

1. 장부란

원래 장부(帳簿)는 사업과 관련된 수입과 지출 등을 기록한 문서를 말한다. 이를 통해 이익 등을 산출할 수 있게 된다. 세법은 이러한 점에 착안해 사업자들로 하여금 장부를 작성하게 하고, 이를 바탕으로 세금을 부과하는 식으로 세정을 운영하고 있다. 그 결과 공평과세를 실현할 수 있게 된다.

2. 장부작성의무

세법에서는 모든 사업자를 대상으로 간편장부와 복식부기장부 의무를 부여하고 있다. 병의원의 경우 신규개원 연도와 전년도의 수입금액이 7,500만 원을 미달하면 간편장부, 이외는 복식장부를 작성해야 한다. 간편장부는 매일의 수입과 지출내역을 단순기록, 예를 들어 매출이 10만 원 발생했다면 10만 원을 단순하게 기록하면 되는 식이다. 반면 복식장부는 건별로 회계처리를 통해 장부를 작성하는 방식을 말한다. 예를 들어 매출 10만 원이 발생했다면 '(차변) 현금 10만 원 (대변) 매출 10만 원' 이런 식으로 회계처리를 해서 장부를 작성한다는 것이다. 따라서 복식장부를 작성할 때에는 회계지식이 있어야 하므로 사업자들은 외부의 세무회계사무소를 이용해 장부처리를 대행하고 있는 실정이다.

구분	혜택	불이익
간편장부 작성대상자	복식장부 작성 시 산출세액의 20% 기장세액 공제(단, 100만 원 한도) 적용	무기장 시 가산세*
복식장부 작성대상자	–	무기장 시 가산세*

* 20%의 무기장 가산세 있음(단, 신규사업자와 연간 매출액이 4,800만 원에 미달하면 가산세 제외).

3. 예비 원장의 장부관리법

(1) 증빙관리

사업연도 중에 금액이 큰 항목들에 대해서는 다음과 같이 증빙관리를 해 두면 좋다. 엑셀 등을 활용하자.

날짜	항목	거래처	공급가액	부가가치세	결제방법	영수증 종류
2024. 10. 15	의료용품	잘나가제약사	10,000,000	1,000,000	현금이체	세금계산서

이러한 업무는 원장 스스로가 진행할 수 있지만 거래내역이 많으면 담당 직원을 두어 관리를 맡기는 것이 좋을 수 있다. 물론 외부의 세무회계사 무소에서 업무를 대행하는 경우에는 코디네이터 역할을 수행하면 된다.

(2) 결산관리

결산은 일정기간에 맞춰 수입과 지출을 합계하는 것을 말한다. 이때 결산은 월별/분기별/반기별/연말 등으로 나눠 실시할 수 있다. 병의원 업계에서 월별 결산은 사실상 의미가 없으므로 최소한 분기별 결산을 하는 것이 문제점을 조기발견할 수 있고 그에 대한 대응도 빨리 할 수 있다. 참고로 결산시점이 다음 연도로 이월된 경우에는 대책을 세울 수 없다는 점에 유의해야 한다. 2024년도의 결산을 2025년에 진행한 경우에는 2024년 귀속분으로 비용처리를 하기가 상당히 힘들기 때문이다. 예를 들어 약품을 추가로 공급받고 세금계산서를 발급받고 싶어도 2025년 1월 10일을 넘어가면 이를 발급받을 수 없다. 요즘 제약회사 등은 세금계산서를 종이가 아닌 전자적으로 다음 달 10일까지 의무적으로 발급하고 있기 때문이다. 한편 인건비의 경우에도 2025년 1월 10일을 넘어가면 2024년 귀속분으로 신고하는 것이 사실상 어렵게 된다.

(3) 장부관리

결산 때에는 다음과 같은 점들에 유의해 장부를 관리한다.

첫째, 누락된 것들이 없는지 점검한다.

세금계산서를 받지 않았거나 분실 등의 이유로 누락된 것들이 있을 수 있다. 이외에도 병의원에서 지출은 되었는데, 지출증빙이 없는 것들이 있을 수 있다. 이러한 상황에서는 미리 확인서 등을 마련해 지출 근거를 마련해둘 필요가 있다.

둘째, 감가상각비 등은 감가상각기간에 맞춰 안분해야 한다.

감가상각 자산은 현금이 지출되었을 때 비용처리를 하는 것이 아니라 감가상각기간 동안에 걸쳐 비용처리를 해야 한다. 이외에도 재고자산도 당해 연도의 사용분만 비용처리가 되어야 한다.

셋째, 전월이나 전년 동기월 등과 비교·분석해 문제점을 발견하고 이에 대한 개선책을 찾는다. 예를 들어 다음과 같이 상반기의 실적과 하반기의 추정실적에 대해 이익과 세금을 예측해보고 그에 대한 개선책을 찾는다. 세무회계사무소에 업무를 위탁한 경우에는 134페이지에서 본 것과 같은 방식으로 결산보고를 받는 것도 하나의 방법이 된다.

〈이익 예측〉

구분	20×0. 1.1~12.31		20×1.1.1~12.31						증감률
			20×1.1.1~6.30		20×1.7.1~12.31		20×1.1.1~12.31		
	실적		실적		추정		계		
	금액	구성비	금액	구성비	금액	구성비	금액	구성비	
매출액 －매출원가 ＝매출총이익 －판매관리비 　인건비 　복리후생비 등 ＝영업이익 ＋영업외수익 －영업외비용 ＝세전순이익 －소득세 등 ＝당기순이익									

〈세금 예측〉

구분	20×0. 1.1~12.31	20×1.1.1~12.31			증감률
		20×1.1.1~6.30	20×1.7.1~12.31	20×1.1.1~12.31	
	실적	실적	추정	계	
당기순이익					
소득률					
산출세액					

이때 다음과 같은 내용을 중점적으로 분석한다.
☑ 각 항목들을 비교·분석한다.
☑ 신고소득률이 적정한지 여부를 점검한다.
☑ 세금이 얼마나 증가하는지 등을 분석한다.

〈개선책〉

이렇게 분석된 내용에 따라 대책안을 마련한다.

☑ 만약 경비가 부족하다면 경비를 추가할 수 있는 대안을 마련한다.

☑ 공동개원이나 기타 다른 대안이 있는지 검토한다.

신규개원 시 증빙관리법

신규개원 시 증빙은 어떤 식으로 받아야 절세할 수 있는지 알아보자. 이는 개원을 앞두고 있는 예비 원장들이 알아두면 유용할 정보에 해당한다.

사업자등록 전에 개원해 다음과 같은 비용이 발생했다고 하자. 이에 대해 ① 받아야 할 증빙의 종류, ② 경비처리 여부 그리고, ③ 부가가치세 환급 여부를 알아보자.

- 인테리어설치비
- 접대비
- 소모품비

Solution 물음에 대해 순차적으로 답을 찾아보면 다음과 같다.

① 받아야 할 증빙
경비로 인정을 받으려면 원칙적으로 '세금계산서/계산서/신용카드영수증/현금영수증' 중에서 하나를 수취해야 한다. 세금계산서를 수취하는 경우 사업자등록 전이라 사업자등록번호가 없기 때문에 주민등록 기재분으로 세금계산서를 발급받으면 된다. 이때 거래내용을 확인할 수 있는 계약서 등을 갖추는 것이 좋다.

② 경비처리 방법
사업개시 전 발생한 사업 관련 비용도 모두 경비로 인정된다. 다만, 비품 등 자산을 취득하는 경우에는 감가상각을 통해 수년간 안분한 금액이 경비로 인정되며, 접대비나 소모품비와 같이 즉시 비용화되는 경우는 바로 당해 사업연도의 경비로 인정된다.

③ 부가가치세 환급 여부

일반적으로 의료업은 면세사업에 해당하므로 부가가치세는 환급되지 않고 소득세 신고 시 경비로만 인정된다. 다만, 부가가치세가 과세되는 용역(성형외과, 피부과 등)을 공급하는 경우에는 일반과세자에 해당되므로 부가가치세를 환급받을 수 있다(단, 과세비율만큼만 환급된다).

☑ 면세사업자 → 전액 환급 불가
☑ 일반과세사업자 → 전액 환급 가능
☑ 겸업사업자 → 과세비율에 해당하는 것만 환급 가능

Consulting | 병의원이 영수증을 받으면 어떤 혜택과 불이익이 있는지를 살펴보자. 참고로 적격증빙(=정규증빙, 법정증빙)은 세금계산서, 계산서, 신용카드영수증, 현금영수증을 말하며 간이영수증은 비적격증빙에 해당한다.

구분		적격증빙	간이영수증
부가가치세 면세사업자	혜택	없음.	-
	불이익	없음.	- 일반경비 3만 원 초과 : 가산세 2% - 접대비 3만 원 초과 : 경비불인정 - 임의 작성 시 : 경비불인정
부가가치세 과세사업자	혜택	부가가치세 환급	없음.
	불이익	없음.	- 일반경비 3만 원 초과 : 가산세 2% - 접대비 3만 원 초과 : 경비불인정 - 임의 작성 시 : 경비불인정

※ 경조사비 증빙

경조사비도 1건당 20만 원 내에서 비용처리가 가능하다. 건별로 청첩장 사본 등에 금액을 기재하든지 아니면 다음과 같은 리스트를 월별로 작성해 보관하는 것도 하나의 방법이 된다.

20X3년 1월

이름	관계	내용	금액	지급방법	비고
홍길동	직원	경조사비	100,000원	현금	청첩장 사본 첨부

K씨는 부가가치세가 면세되는 병과를 개원하려고 한다. 이 상황에서 개원 초기에 간이영수증을 받는 것이 유리할까, 세금계산서를 받는 것이 유리할까? 어떤 방법을 선택하는 것이 좋을지 분석해보자.

〈자료〉
· 의료장비 구입가격은 1,000만 원임(부가가치세 포함).
· 간이영수증을 받는 경우 900만 원으로 구입할 수 있음.
· 한계세율 38.5% 적용

자료에 따라 현금흐름을 분석하면 다음과 같이 정리된다.

(단위 : 만 원)

구분	세금계산서(①)	간이영수증(②)	차이(①-②)	판정결과
구입가격	△1,000	△900	△100	
절세효과	385*	346	39	
현금흐름	△615	△554	△61	간이영수증 유리

* 1,000만 원×38.5% = 385만 원

개원년도에는 세금계산서보다 간이영수증을 수취하는 것이 현금흐름이 더 좋을 수 있다. 부가가치세를 부담하지 않아도 되기 때문이다. 하지만 세무조사 시 지출내역이 구체적으로 입증(통장 등)되지 않으면 감가상각비 자체가 인정되지 않을 가능성이 높다. 따라서 현실적으로 안정적인 비용처리를 위해 세금계산서를 수취하고 있는 실정이다.

만일 앞의 병의원이 부가가치세가 과세되는 병과라면 세금계산서를 받는 것과 받지 않는 것의 차이는?
세금계산서를 받으면 부가가치세 환급이 가능하고, 경비처리를 할 때 훨씬 유용성이 높다.

입금표 등의 증빙효력

입금표 등이 증빙으로써의 효력이 있는지 살펴보자.

구분	내용	점검
입금표	세법상의 정규증빙이 아니다. 다만, 입금사실이 확인되었다면 지급근거의 역할은 하지만, 증빙불비가산세는 피할 수 없을 것이다.	
거래명세표	거래명세표는 거래에 관한 명세표이므로 정규증빙에 해당하지 않는다.	
간이영수증	간이영수증도 정규증빙에 해당하지 않는다. 다만, 편의상 3만 원 이하까지는 이 영수증을 수취해도 가산세 제재를 하지 않는다.	
금전등록기	할인마트 등에서 발급되는 금전등록기 영수증도 정규증빙에 해당하지 않는다.	
계약서	계약서는 계약에 관한 서류에 해당하므로 세법상의 정규증빙에 해당하지 않는다.	
청첩장사본	20만 원 이하까지는 정규증빙을 받지 않아도 세법상 불이익이 없다.	

사업용 신용카드 등록 방법

많은 병의원 원장들이 자재나 기타 소모품 등을 구입하기 위해 사업용 신용카드를 사용하고 있다. 평소에 이러한 사업용 신용카드 등을 사용하면 부가가치세 신고나 소득세 신고 때 업무처리를 손쉽게 할 수 있기 때문이다. 이하에서는 이 카드의 이점, 등록방법 등에 대해 알아보자.

1. 사업용 신용카드 이점
사업용 신용카드를 사용하면 어떤 점이 좋은지 정리해보자.

첫째, 성형외과 등의 경우 부가가치세를 누락하지 않고 환급을 받을 수 있다. 사업자가 재화 또는 용역을 공급받고 부가가치세액이 별도로 구분된 신용카드 매출전표 등(직불카드, 선불카드, 현금영수증)을 발급받은 경우 전표에 기재된 부가가치세는 환급(또는 공제)을 받을 수 있다. 이때 사업용 신용카드를 사용하면 굳이 전표를 모으지 않더라도 관련 매입세액을 전액 공제를 받을 수 있는 이점이 있다. 사업용 신용카드의 사용실적은 국세청에 관련 데이터가 보관되어 있는데 이를 부가가치세 신고에 연계시킬 수 있기 때문이다. 물론 일반신용카드도 환급을 받을 수 있지만 국세청에서 일괄조회가 되지 않아 건별로 신청을 하는 과정에서 누락이 자주 발생한다.

※ 신용카드결제와 매입세액공제 여부

물음	답
① 성형외과에서 복리후생비로 100만 원을 지출했다. 이때 신용카드로 결제한 경우 부가가치세를 환급받을 수 있는가?	가능하다.
② 도매사업자로부터 신용카드 매출전표를 받은 매입자는 매입세액공제를 받을 수 있는가?	매입자는 세금계산서를 발급받지 않더라도 매출전표로 공제를 받을 수 있다.
③ 신용카드 매출전표와 세금계산서를 동시에 받은 경우 매입세액공제는 어떻게 받을까?	세금계산서로 공제를 받아야 한다.

둘째, 소득세 신고 시 경비처리를 좀 더 안정적으로 할 수 있다.

개인사업자들은 다음 해 5월(성실신고확인대상사업자는 6월) 중에 소득세를 내게 되는데, 이 세금의 기본구조는 매출에서 각종 비용을 뺀 금액에 대해 과세하도록 되어 있다. 이때 비용지출은 가급적 신용카드 등으로 하는 것이 좋다. 일반신용카드로 비용처리를 과다하게 하는 경우에는 과세관청은 업무와 관련 없는 가사비용을 장부에 계상한 것으로 보아 세금추징에 나서는 경우가 많기 때문이다. 따라서 이러한 점을 예방하기 위해서라도 사업용 신용카드를 만들어 사용하는 것이 좋다. 이렇게 사용을 해두면 지출내역이 국세청 홈택스상에 자동집계가 되므로 세무조사가 있더라도 경비처리의 정당성을 입증할 때 한층 더 유리하다. 이외에도 카드전표를 일일이 보관하지 않아도 집계된 내역을 기준으로 비용처리를 할 수 있으므로 경비처리에 있어 유용성이 높다.

2. 사업용 신용카드 등록방법

사업용 신용카드 등록은 어떻게 할까? 국세청의 지침을 참고해보자.

① 사업용 신용카드는 개인사업자가 '공인인증서'를 이용해, [홈택스 홈페이지 → 조회/발급 → 현금영수증 → 사업용 신용카드] 메뉴에서 등록함.
  ※ 주의 : 홈페이지의 회원정보 → 카드번호 변경에 입력하면 현금영수증 발급용 카드로 인식함(사업용 신용카드와 무관).

② 사업용 신용카드 등록을 하면 화면에 '등록 중'으로 조회됨.

③ 등록된 사업용 신용카드는 매월 1일 여신협회(신용카드사)에 신분확인을 요청해, 매월 12일경 현금영수증 홈페이지에서 결과에 대한 확인이 가능함.

④ 여신협회(신용카드사)에 신분확인 요청일 때는 '확인요청 중'으로 조회되며, 여신협회에서 신분확인 완료된 자료는 '정상등록' 또는 '본인확인 불일치'로 조회됨. → '본인확인 불일치'의 경우 사업자에게 SMS 문자가 발송되며, 부가가치세 신고기간에 사용내역에 대한 조회 서비스가 안 됨.

카드번호를 등록하면 한 달에 한 번 정도 확인절차를 진행하므로 바로 등록 여부를 확인할 수 없고 등록한 달의 다음 달 중순경에 이를 확인할 수 있다.

사업용 신용카드와 관련된 Q&A

사업용 신용카드와 관련된 몇 가지 궁금증을 해결해보자.

☑ 배우자카드를 사업용 신용카드로 등록해 사용할 수 있는가?

그렇지 않다. 사업용 신용카드는 등록단계에서 신용카드사에 본인 여부를 인증하는 절차를 거쳐 등록하므로 사업자 본인의 것만 등록할 수 있다.

☑ 개인사업자는 몇 장까지 등록이 가능한가?

병의원 CEO의 명의로 된 카드를 50장까지 등록할 수 있다.

☑ 공동사업자의 등록은 어떻게 하는가?

공동사업자인 경우 먼저 등록한 대표자 외의 대표자 명의의 카드는 등록할 수 없다. 다만, 미등록된 대표자 명의의 카드로 사업과 관련해 결제할 경우에는 카드매출전표 또는 카드사로부터 사용내역을 확인받아 신고할 수 있다.

☑ 카드매출전표는 별도로 보관해야 하는가?

지출증빙은 5년 이상 보관해야 하나 사업용 신용카드의 사용내역은 국세청 등에 보관되어 있으므로 이를 보관하지 않아도 세법상 문제가 없다. 다만, 향후 세무조사 등에 대처하기 위해서는 전표를 별도로 보관하는 것이 좋을 것으로 보인다.

| 심층분석 | 신규개원 절차와 세무스케줄

절차	내용
입지선정 및 개원자금 마련	· 사업장 : 자가 또는 타가 · 개원자금 : 대출, 증여 등
▼	
인테리어계약	· 계약서 작성 및 세금계산서 수수
▼	
의료기기선정	· 리스이용 등
▼	
의료기관개설신고	· 사업장이 있는 관할보건소(2~7일 내) · 준비서류 : 의사면허증사본 1부, 의료기관개설신고서, 건물평면도 및 구조 설명서 1부, 진료과목 및 진료과목별 시설. 정원 등의 개요 설명서 1부 등
▼	
세무회계사무소 선정	· 병의원 전문세무사 선정(개원 전 증빙처리, 절세하는 감가상각방법 의사결정 등)
▼	
사업자등록*	· 사업장이 있는 관할 세무서(2일 내에 수령) · 준비서류 : 사업자등록 신청서, 의료기관개설신고사본(또는 사업계획서사본), 임대차계약서, 동업계약서 등
▼	
요양기관 개설신고 및 신용카드단말기 등 설치	· 요양기관 개설신고(건강보험심사평가원 인터넷 가입가능) · 현금영수증, 사업용계좌 신고(관할 사업장 세무서)
▼	
4대보험 신고 및 원천세 신고	· 4대보험 신고 : 14일 내(원장도 사업장 가입이 원칙) · 원천세 신고 : 다음 달 10일 또는 반기 마지막 달의 다음 달 10일
▼	
부가가치세/ 사업장 현황 신고	· 부가가치세 과세사업자 : 부가가치세 신고(7/25, 1/25) · 부가가치세 면세사업자 : 사업장 현황 신고(2/10)
▼	
종합소득세 신고	· 일반 병의원 5/31, 성실신고확인대상 병의원 6/30 · 최초 소득세 신고 시 과세관청에 신고해야 할 것들 : 감가상각방법, 재고자산 평가방법 등

* 의료기관 개설신고 전에 사업계획서 등을 첨부해 사업자등록을 먼저 할 수도 있다.

※ 폐업절차

병의원이 폐업하는 경우 그 절차와 관련 세무처리법을 요약하면 다음과 같다.

절차	내용
관할 시·군·구청 폐업신고	· 폐업신고시기 : 이에 대해서는 정해진 바 없음. · 제출서류 : 보건진료기록부 등(관할 보건소 문의)
▼	
관할 세무서 폐업신고	· 폐업신고시기 : 이에 대해서는 정해진 바 없음. · 제출서류 : 사업자등록원본(없어도 무방), 폐업신고서(서식), 포괄양수도계약 시는 해당 계약서 첨부
▼	
4대보험 탈퇴신고	· 폐업일로부터 14일 내 관할 공단
▼	
부가가치세신고	· 폐업기간(1월 1일 또는 7월 1일부터 폐업일)에 따른 부가가치세 신고 · 폐업일이 속하는 달의 말일로부터 25일 내에 신고
▼	
사업장 현황 신고	· 다음 해 2월 10일
▼	
종합소득세신고	· 다음 해 5월, 6월 중 종합소득세 신고

※ 저자 주

병의원세무는 일반 사업자들처럼 관리해도 되나, 사업자금이 많이 소요되기 때문에 개원 전에 미리 세금관리법을 익혀두는 것이 좋다. 예를 들어 의료장비를 구입 시에는 감가상각비가 어떤 식으로 처리되는지, 감가상각이 완료되면 이를 어떤 식으로 처분하면 되음이 되는 지 등을 미리 알아야 한다는 것이다. 또한 비용을 지출할 때 어떤 식으로 지출하는 것이 절세에 도움이 되는지도 관심을 두는 것이 좋다. 이러한 감각이 없으면 세무문제가 병의원 경영을 어렵게 할 개연성이 상당히 높다. 병의원 및 개인의 재산과 관련된 세무고충은 저자의 카페(네이버 신방수세무아카데미)와 함께하면 좋을 것으로 보인다.

2024년 병의원 관련 개정세법

2024년 병의원과 관련된 개정세법 등을 정리하면 아래와 같다. 실무 적용 시에는 최종 확정여부를 확인하기 바란다.

구분	현행	개정
소득세율 과세표준 구간 조정	6~45% (8단계)	좌동 (단, 6~24% 과세표준 구간 일부 조정)
전자세금계산서 의무발급	1억 원	8,000만 원 (2024. 7. 1 이후부터 적용)
상용근로소득 간이지급 명세서 제출 시기 단축	반기 (고용보험 적용 관련)	매월 (상용근로소득은 2026년 이후 매월)
통합고용세액공제 신설	고용증대 세액공제, 사회보험료 세액공제 등 별개로 시행	이를 통합해 기본공제(1인당 최대 1,550만 원)와 추가공제(1인당 최대 1,300만 원)로 적용
식대 비과세 한도 확대	10만 원	20만 원
자녀 보육 수당 비과세 한도 확대	10만 원	20만 원
퇴직소득세 근속연수 공제액 확대	30만 원×근속연수 등	100만 원×근속연수 등
청년기준 상향 조정	15~29세	15~34세
승용차 비용 명세서 미제출 가산세	미제출 또는 불성실 기재 제출 1% 가산세	2022년부터 적용 중
승용차 2대 이상 보유 시 업무전용 보험 가입요건 강화	· 성실신고확인대상자와 전문직 사업자 · 미가입 시 : 비용의 50% 불산입	2024년 이후부터 · 전체 복식부기의무자로 확대 · 미가입 시 : 비용의 50~100% 불산입
외국인 성형수술 부가세 환급기한 연	2022년 12월 31일	2025년 12월 31일
혼인·출산 증여공제 신설	–	1억 원(2024년 이후 증여분)

사업장/인테리어/의료장비/
업무용 승용차 설계

사업장 준비

병의원 개원 시 사업장의 위치는 병의원 경영의 성패를 결정할 정도로 매우 중요한 의미를 담고 있다. 지금부터는 병의원 사업장을 둘러싸고 발생하는 여러 가지 세무문제를 살펴보자.

K씨는 임대차 재계약을 하면서 임대료 인상분을 월세와 보증금 중 어떤 것으로 지급하는 것이 유리한지 궁금하다. 건물주가 추가로 요구하는 월세는 50만 원(부가가치세 포함) 또는 보증금 1억 원이다. 보증금을 지급한다면 연 이자율 5%로 차입해야 할 형편이다. K씨에게 적용되는 한계세율은 38.5%다. 의사결정을 해보자.

Solution | 내용에 맞춰 답을 찾아보면 다음과 같다.

(단위 : 원)

구분	의사결정 대안		차이(①-②)	판정
	월세 안(①)	보증금 안(②)		
비용	6,000,000 (50만 원 × 12개월)	5,000,000 (1억 원×5%)	1,000,000	보증금 안이 유리
절세효과	2,310,000 (6,000,000 × 38.5%)	1,925,000 (5,000,000×38.5%)	385,000	월세 안이 유리
현금흐름	△3,690,000	△3,075,000	△615,000	보증금 안이 유리

월세 안(①)의 경우 연간 600만 원의 월세를 지급하지만 이를 비용처리함에 따라 231만 원의 절세효과가 발생한다. 따라서 현금흐름은 369만 원정도 유출된 것으로 파악된다. 한편 보증금 안(②)은 보증금에 대한 이자

발생액을 같은 방식으로 산정하면 대략 307만 원 정도가 된다. 따라서 이 사례에서는 현금흐름이 다소 나은 보증금 안을 채택하는 것이 유리하다.

Consulting | 사업장과 관련해 발생하는 세무상 쟁점들을 사건별로 나열하면 다음과 같다.

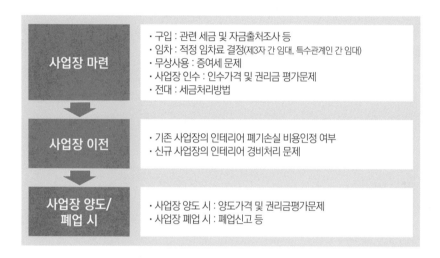

사업장 마련	· 구입 : 관련 세금 및 자금출처조사 등 · 임차 : 적정 임차료 결정(제3자 간 임대, 특수관계인 간 임대) · 무상사용 : 증여세 문제 · 사업장 인수 : 인수가격 및 권리금 평가문제 · 전대 : 세금처리방법
사업장 이전	· 기존 사업장의 인테리어 폐기손실 비용인정 여부 · 신규 사업장의 인테리어 경비처리 문제
사업장 양도/ 폐업 시	· 사업장 양도 시 : 양도가격 및 권리금평가문제 · 사업장 폐업 시 : 폐업신고 등

☞ 인테리어 폐기 등에 대한 세무처리에 대해서는 73페이지를 참조하기 바란다.

실전연습 | K원장은 아버지 명의의 건물 중 일부를 임차해 사용하려고 한다. 아버지의 임대소득 과세표준은 8,000만 원(24%세율 구간)이며, K원장의 과세표준은 1억 원(35%세율 구간)이다. 병의원용으로 임차하려는 건물은 보증금 없이 월 200만 원(연간 2,400만 원)이 시세다. 특수관계인 간의 임대료는 어떻게 정해야 할까?

물음에 대한 답을 표로 정리하면 다음과 같다.

구분	임대소득(아버지)	병의원 사업소득(K원장)	차이
과세표준	8,000만 원	1억 원	△2,000만 원
한계세율	24%	35%	△9%

한계세율이 높은 병의원 사업소득에서 임차료가 필요경비로 인정되면 임대소득에 대해 추가되는 세금보다 절세효과가 더 큰 것이 일반적이다. 따라서 이러한 상황에서는 임대료를 시세대로 결정하는 것이 좋다.

참고로 세법은 특수관계인(가족 등)과 사업상 거래를 부당하게 해서 이익을 본 자에게 소득금액을 높여 세부담을 무겁게 한다. 이러한 제도를 '부당행위계산부인'이라 하는데, 시가가 불분명한 경우에는 다음과 같은 금액을 적정한 임대료라 보고 이 금액을 초과하는 금액에 대해서는 필요경비로 보지 않는다.

· **적정한 임대료**

정상적인 거래 시의 임대료를 적용하되, 이를 산정할 수 없는 경우에는 다음 산식을 적용한다.

$$(당해 자산의 시가 \times 50\% - 보증금) \times 정기예금이자율$$

만일 사례에서 임대료를 월 500만 원씩으로 정한 경우 시세에 해당하는 임대료인 월 200만 원을 초과한 금액은 필요경비로 인정받지 못할 가능성이 높다. 참고로 시세인 임대료가 불분명한 경우에는 위의 산식을 기준으로 적정 임대료를 계산해야 한다. 예를 들어 해당 자산의 시가가 10억 원이고 보증금은 1억 원, 정기예금이자율이 1.8%라면 적정 임대료는 다음과 같다. 참고로 앞의 정기예금이자율은 세법에서 정한 이자율로 매년 변동한다. 따라서 최근의 개정된 이자율을 별도로 확인해야 한다.

(10억 원×50%−1억 원)×1.8% = 720만 원(월 60만 원)

따라서 월 기준을 볼 때 적정 임대료인 60만 원을 초과한 440만 원이 필요경비에서 제외될 수 있다. 참고로 위의 정기예금이자율은 매년 새롭게 고시되는데 2023년의 경우 2.9%로 고시되어 있다.

전대차계약

임차인이 임대인의 입장에서 사업장을 재임대하는 것을 전대차계약이라고 한다. 전대차계약의 경우 건물주의 전대동의가 있어야 사업자등록을 낼 수 있다.

'상가건물임대차보호법'

'상가건물임대차보호법'은 건물을 임차한 영세 사업자를 보호하는 법이다. 이 법은 법적 요건을 갖춘 건물에 대해서는 임대료 증액 제한, 10년간 계약갱신 요구권 등을 규정하고 있다. 다만, 최근 2013년 8월 13일 이후부터는 영세 사업자가 아닌 경우에도 10년(2018년 10월 16일 이전은 5년)간 계약갱신을 요구할 수 있게 되었다. 이러한 계약갱신권은 권리금의 보호를 위해서도 상당히 중요하다. 이하에서 살펴보자.

1. 보호받을 수 있는 요건

보호받을 수 있는 사업자의 범위는 임대보증금 기준, 서울은 9억 원, 부산과 수도권 과밀억제권역(경기도의 대부분을 말함)은 6억 9,000만 원, 인천과 부산을 제외한 광역시 그리고 안산·용인·김포·광주·세종·파주·화성은 5억 4,000만 원, 그 외의 지역은 3억 7,000만 원 이하인 경우다. 여기서 보증금과 월세(부가가치세를 포함한다)가 같이 있는 경우에는 다음과 같이 환산해 이 기준을 적용한다.

· 월세×100 + 보증금

임차인이 건물 임대차보호를 받기 위해서는 사업자등록이 필수다. 그리고 사업장이 있는 관할 세무서에 사업자등록을 하면서 임대차계약서(원본)상에 확정일자 날인을 받아야 한다.

2. 임차인에 대한 혜택

이 법이 시행됨으로써 임차인인 사업자는 다음과 같은 혜택을 누리게 된다.

첫째, 임대차 존속기간이 보장된다.

상가 임차인(모든 사업자로 바뀜. 2013. 8. 13 시행)은 최초 이 임대차기간을 포함한 전체 임대차기간이 10년을 초과하지 않는 범위 내에서 계약갱신을 요구할 수 있으나, 임차인이 3기의 차임액을 연체하는 등 일정한 사유가 발생한 경우 건물주는 계약갱신을 거절할 수 있다. 한편 임대차계약기간 동안은 건물주가 바뀌더라도 임차권자의 권리를 유지한다(묵시적 동의 등에 대한 계약연장 여부 등은 관할 시·군·구청 등에 문의).

둘째, 보증금 및 임대료 증액이 제한된다.
경제사정 등으로 인해 임차료를 인상할 경우라도 기존차임 또는 보증금의 100분의 5를 초과해서 증액할 수 없다(단, 환산보증금이 9억 원 등을 초과하는 경우에는 제한이 없음. 주의). 다만, 감액은 제한이 없다.

셋째, 보증금을 월 임대료로 전환 시 산정률이 제한된다.
임대인이 보증금의 전부 또는 일부를 월 임대료로 전환할 경우, 월 임대료는 전환되는 보증금의 12%와 한국은행 고시 기준금리(2024년 2월 7일 현재 3.5%, 수시 변동)의 4.5배 중 낮은 율을 초과해서 정할 수 없다.

상가건물을 10년간 사용하려면

병의원 입장에서 상가건물을 10년간 마음 놓고 사용할 수 있는 권한이 있다. 다만, 건물주는 예외적으로 이를 계약연장을 거부할 수 있는 권한이 있으므로 이러한 내용은 잘 알아두는 것이 좋다.

'상가건물임대차보호법' 제10조(계약갱신 요구 등)
① 임대인은 임차인이 임대차기간이 만료되기 6개월 전부터 1개월 전까지 사이에 계약갱신을 요구할 경우 정당한 사유 없이 거절하지 못한다. 다만, 다음 각 호의 어느 하나의 경우에는 그러하지 아니하다. 〈개정 2013. 8. 13〉
 1. 임차인이 3기의 차임액에 해당하는 금액에 이르도록 차임을 연체한 사실이 있는 경우

2. 임차인이 거짓이나 그 밖의 부정한 방법으로 임차한 경우

3. 서로 합의하여 임대인이 임차인에게 상당한 보상을 제공한 경우

4. 임차인이 임대인의 동의 없이 목적 건물의 전부 또는 일부를 전대(轉貸)한 경우

5. 임차인이 임차한 건물의 전부 또는 일부를 고의나 중대한 과실로 파손한 경우

6. 임차한 건물의 전부 또는 일부가 멸실되어 임대차의 목적을 달성하지 못할 경우

7. 임대인이 다음 각 목의 어느 하나에 해당하는 사유로 목적 건물의 전부 또는 대부분을 철거하거나 재건축하기 위하여 목적 건물의 점유를 회복할 필요가 있는 경우

　　가. 임대차계약 체결 당시 공사시기 및 소요기간 등을 포함한 철거 또는 재건축 계획을 임차인에게 구체적으로 고지하고 그 계획에 따르는 경우

　　나. 건물이 노후·훼손 또는 일부 멸실되는 등 안전사고의 우려가 있는 경우

　　다. 다른 법령에 따라 철거 또는 재건축이 이루어지는 경우

인테리어 설치, 사용, 처분

인테리어는 병의원 시설 중에서 비중이 매우 큰 투자에 속한다. 따라서 병의원 원장은 전문경영인(CEO) 관점에서 이와 관련된 다양한 의사결정을 내릴 필요가 있다.

J원장은 개원준비 중에 있다. 이번에 인테리어비용으로 1억 원을 지출할 예정인데, 공사업자가 세금계산서를 발행해야 하는지를 묻는다. J원장은 전에 개원세무교육에서 세금계산서를 받지 않아도 비용처리를 할 수 있다는 말을 들었다. J원장이 들었던 내용은 사실인가?

Solution | 일단 답은 그렇지 않을 수 있다는 것이다. 왜 그런지 차근차근 알아보자.

① J원장이 부가가치세가 과세되는 미용목적의 성형수술을 시행하는 성형외과 등을 개원하는 경우에는 부가가치세가 과세되는 사업자에 해당한다. 따라서 세금계산서를 발급받으면 다음과 같이 부가가치세를 환급받을 수 있다(과세 : 면세 비율이 70 : 30일 경우).

구분	금액	환급 여부	비고
매입가액	1억 원	–	취득가액(향후 감가상각을 통해 비용처리됨)
부가가치세	700만 원	환급	불공제분 300만 원은 취득가액에 합산됨.

② J원장이 부가가치세가 면세되는 병과를 개원하는 경우에는 세금계산서를 발급받더라도 이를 환급받을 수 없다. 따라서 다음과 같이 처리가 된다.

구분	금액	환급 여부	비고
매입가액	1억 원	-	취득가액(향후 감가상각을 통해 비용처리됨)
부가가치세	1,000만 원	불가능	

이처럼 부가가치세가 환급되지 않는 경우에는 비록 1,000만 원 모두 비용
처리는 가능하나, 환급이 되지 않으므로 ①의 경우와 비교해 다음의 금액
(455만 원)만큼 손실이 발생한다. 단, 경비처리에 대한 절세효과 계산 시
세율은 35%를 적용한다.

구분	①의 경우	②의 경우	차이(①-②)
부가가치세 환급	700만 원	-	700만 원
미환급분 경비처리 시의 절세효과	105만 원(300만 원×35%)	350만 원(1,000만 원×35%)	△245만 원
계	805만 원	350만 원	455만 원

따라서 부가가치세가 과세되지 않는 사업자들은 가급적 세금계산서 없이
인테리어공사를 마치고 싶어 한다. 하지만 세금계산서를 받지 않으면 지
출에 대한 정당성을 인정받지 못할 수 있으므로 가급적 받는 것이 좋다.

※ 세금계산서 없이 인테리어공사를 할 때 유의할 점

☑ 인테리어공사업자가 세금계산서를 발급하지 않더라도 경비처리는 가
능하다.

☑ 세금계산서가 없는 경우에는 계약서, 거래명세서 등 거래증빙을 확보
하도록 한다.

☑ 공사대금은 반드시 온라인 송금 등을 통해 대금지급사실을 명확히 함
과 동시에 수취자의 인적사항(성명, 주민등록번호, 주소, 연락처 등)을 확
보해 추후 경비를 부인당하는 불이익을 방지해야 한다.

Consulting | 인테리어와 관련해 대두되는 세무상 쟁점들은 다음과 같이 다양하다. 인테리어는 '설치 → 사용 → 폐기'의 순서에 따라 다양한 문제들이 대두된다. 특히 설치할 때 세금계산서를 수령하는 문제 그리고 사업장 이전 시 처분손실이 발생한 경우의 비용처리 등에 관심을 둬야 한다.

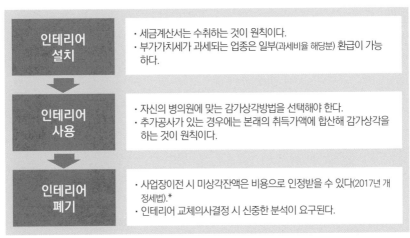

인테리어 설치
· 세금계산서는 수취하는 것이 원칙이다.
· 부가가치세가 과세되는 업종은 일부(과세비율 해당분) 환급이 가능하다.

인테리어 사용
· 자신의 병의원에 맞는 감가상각방법을 선택해야 한다.
· 추가공사가 있는 경우에는 본래의 취득가액에 합산해 감가상각을 하는 것이 원칙이다.

인테리어 폐기
· 사업장이전 시 미상각잔액은 비용으로 인정받을 수 있다(2017년 개정세법).*
· 인테리어 교체의사결정 시 신중한 분석이 요구된다.

* 2017년부터는 사업장 이전으로 인해 잔존가액이 있는 경우 이 부분도 비용으로 인정되고 있다.

종전	현행
□ 즉시상각 의제 ○ 시설의 개체, 기술의 낙후로 생산설비의 일부를 폐기 시 장부가액과 처분가액의 차액을 필요경비 산입 〈추 가〉	□ 즉시상각 의제 대상 확대 ○ (좌 동) – 사업 폐지(또는 사업장 이전)로 임대차계약에 따라 원상회복을 위해 시설물(인테리어 등) 철거 시 장부가액과 처분가액의 차액을 필요경비 산입

· 개정이유 : 영세 자영업자 지원
· 적용시기 : 영 시행일이 속하는 과세기간분부터 적용

실전연습 H원장은 사업장을 다른 지역으로 이전하고자 한다. 동산들은 대부분 이전하므로 장부가액이 그대로 이전되나, 인테리어 부분은 그렇지가 않다. 현재 감가상각을 하고 남은 잔존가액은 1,000만 원 상당이다. 이 부분을 폐기하는 경우와 2,000만 원에 양도하는 경우의 세무처리는(2016년 이전의 경우)? 단, 최초 취득가액은 1억 원이다.

① 폐기한 경우
일단 장부상 남아 있는 자산가액은 장부에서 제거해야 한다. 회계처리로 이를 따져보면 쉽게 이해가 된다.

(차) 감가상각누계액   9,000만 원   (대) 인테리어   1억 원
     폐 기 손 실   1,000만 원

여기서 폐기손실은 회계상 '영업외비용'에 해당하는 항목이다. 그렇다면 이 폐기손실에 대해 세법은 이를 비용으로 인정할까?
일단 2016년 이전에 해당하는 경우 비용으로 인정받기 힘들다. 세법에서는 '시설의 개체 또는 기술의 낙후로 생산설비의 일부를 폐기한 경우'에만 그 자산의 장부가액과 처분가액의 차액을 필요경비에 산입하도록 하고 있기 때문이다. 물론 여기서 생산설비는 제조업자가 제품의 생산에 직접 사용하는 기계장치 등 사업용 고정자산을 의미하는 것이라고 하고 있다. 따라서 인테리어시설은 '사업용 고정자산'에 해당되지 않는다고 한다. 하지만 이 폐기손실은 사업과 관련되어 발생하는 것이기 때문에 당연히 비용으로 인정되는 것이 타당하다. 이러한 관점에서 2017년부터는 이에 대해서도 비용으로 인정하고 있다. 앞의 개정세법을 참조하기 바란다.

② 2,000만 원을 받고 처분한 경우
일단 장부상 남아 있는 자산가액은 장부에서 제거해야 한다. 회계처리로

이를 따져보면 쉽게 이해가 된다.

(차) 현금	2,000만 원	(대) 인테리어비	1억 원
감가상각누계액	9,000만 원	처분이익	1,000만 원

이 경우는 앞의 ①과는 달리 손실이 아닌 이익이 발생하고 있다. 그렇다면 이 이익은 과세소득에 해당되어 세금이 부과될까?

2017년 12월 31일까지 개인사업자의 경우에는 고정자산의 처분에 따른 손실은 비용으로 인정하지 않을뿐더러 처분이익이 발생하더라도 이에 대해서는 과세하지 않았다. 하지만 2018년 1월 1일 이후 개시하는 과세기간(1. 1~12. 31)분부터는 복식부기의무자가 사업용 유형고정자산(차량 및 운반구, 공구, 기구 및 비품, 선박 및 항공기, 기계 및 장치* 등)을 양도함으로써 발생하는 소득을 사업소득에 포함해 소득세를 과세할 수 있도록 세법이 개정되었다.

* '기계관리법 시행령' 별표 1에 따른 건설기계에 해당하는 경우에는 2020년 1월 1일 이후 양도분부터 처분손익에 대해 과세한다(2년간 과세유예).

정률법 대 정액법 중 유리한 방법은?

예비 원장들은 개원 후 최초 소득세 신고 때 인테리어(의료장비 등 포함)에 대한 감가상각기간과 상각방법을 결정해 관할 세무서에 신고해야 한다. 이때 신고한 내용은 수정이 거의 불가능하고 향후 병의원 경영과 세금에 절대적으로 영향을 미치기 때문에 이에 대해 신중히 결정을 해야 한다. 아래의 사례를 통해 알아보자.

K원장이 비품을 100만 원 주고 샀다고 하자. 내용연수가 4년이라고 할 때 정액법과 정률법에 의한 감가상각비를 구하고 세금효과를 구하라 (한계세율은 38.5%, 정률법에 의한 상각률은 52.8%라고 가정).

위의 내용에 따라 답을 해보면 다음과 같다.

(단위 : 원)

구분	정액법(①)	정률법(②)	차이 (③=①-②)	절세효과 (=③×38.5%)
1차연도	250,000	528,000	△278,000	△107,030
2차연도	250,000	249,216	784	+302
3차연도	250,000	117,630	132,370	+50,962
4차연도	250,000	105,154	144,846	+55,766
계	1,000,000	1,000,000	0	0

사례에서 화폐의 시간가치를 무시하면 양자의 절세효과는 같다. 다만, 절세효과는 사업 초기에는 정률법이 크고, 후기에는 정액법이 크다는 것을 알 수 있다. 따라서 초기에 절세하고 싶은 경우에는 정률법을 선택하면 된다.

하지만 병의원의 경우 해가 지날수록 이익이 많이 커지는 경우가 많으므로 감가상각방법은 균등하게 하는 방법을 사용하는 것이 좋을 것으로 보인다. 한편 사업년도 초기에 결손이 예상되면 정률법보다 정액법이 재무제표를 견고히 할 수 있다. 즉 결손이란 매출보다 비용이 큰 경우를 말하므로 결손의 크기를 줄이기 위해서는 정액법을 사용하면 된다는 뜻이다. 하지만 결손금은 15년(2020년 전에 발생한 결손금은 10년)간 이월공제가 되므로 결손만을 고려한다면 정률법과 정액법 중 어떤 방법을 선택할 것인가는 구분의 실익이 없다.

※ 병의원의 감가상각제도

☑ 감가상각은 4~6년간 정률법 또는 정액법으로 상각할 수 있다.

자산 종류	감가상각방법의 선택	내용연수범위
건물(자가)	정액법만 가능	30~50년 내에서 선택
시설(인테리어)	정액법 또는 정률법 중 선택	4~6년 내에서 선택
의료기기	정액법 또는 정률법 중 선택	4~6년 내에서 선택
비품(컴퓨터, 간판 등)	정액법 또는 정률법 중 선택	4~6년 내에서 선택

☑ 조기상각을 원하면 4년, 정률법을 선택할 수 있다. 다만, 이 방법을 선택하면 개원 초기의 이익률이 하락하게 된다.

☑ 이익을 균등하게 하고 싶다면 5년, 정액법을 사용한다(개원 초기에 추천되는 방법).

☑ 감가상각방법 선택은 처음 소득세 신고 때에 관할 세무서에 신고가 되어야 한다.

☞ 감가상각비는 임의상각제도를 채택하고 있다. 즉 감가상각비를 매년 의무적으로 장부에 계상하는 것이 아니라 올해는 건너뛰고 내년 또는 그 이후의 연도에 비용처리를 할 수 있다. 따라서 이익이 많은 경우에는 세법상 한도 내에서 감가상각비를 추가할 수 있고, 적은 경우에는 내년으로

이월할 수도 있다. 결국 감가상각비는 이익을 조절할 수 있는 수단에 해당되는 항목에 해당하므로 매우 중요한 계정과목에 해당함을 알 수 있다.

예) L병의원의 자산현황은 다음과 같다. 물음에 답하면?

구분	취득가액	감가상각누계액	당기 감가상각비 한도	잔존가액
의료장비	1억 원	4,000만 원	2,000만 원	4,000만 원
시설장치	1억 원	4,000만 원	2,000만 원	4,000만 원
비품	1억 원	4,000만 원	2,000만 원	4,000만 원
계	3억 원	1억 2,000만 원	6,000만 원	1억 2,000만 원

☞ 물음 1 : 올해 이익을 늘리고 싶다. 감가상각비를 장부에 반영하지 않아도 되는가?
☞ 물음 2 : 자산 중 의료장비에 해당하는 감가상각비만 장부에 반영하지 않아도 되는가?
☞ 물음 3 : 올해 이익을 줄이고 싶은데 이때 잔존가액도 감가상각비로 처리할 수 있는가?

물음에 대해 순차적으로 답을 찾아보자.

· 물음 1의 경우
그렇다. 감가상각비는 세법상 한도 내에서 임의로 계상가능한 계정과목에 해당한다.

· 물음 2의 경우
그렇다. 자산별로 임의계상이 가능하다. 따라서 여러 개의 자산 중에서 의료장비에 해당하는 감가상각비만 제외하더라도 세법상 아무런 문제가 없다. 이러한 원리를 알아두면 향후 합법적으로 이익을 조절할 수 있다.

· 물음 3의 경우
그렇지 않다. 세법상 한도 내에서만 감가상각비 계상이 가능하다.

의료장비 구입, 교체, 처분

의료장비와 관련해 발생한 세무문제는 앞의 인테리어보다 훨씬 더 복잡하다. 자금조달방법도 차이 나고 세무회계처리에서도 차이가 나기 때문이다. 이하에서 의료장비와 관련된 세금문제를 자세히 알아보자.

서울 서초구에서 안과를 개원하고 있는 박 원장은 이번에 고가의 의료장비인 레이저(Laser)를 들여오고자 한다. 가격은 5억 원대다. 박 원장은 이 의료장비를 ① 리스로 취득하는 것, ② 대출을 받아 취득하는 것 중 어느 것이 유리한지 궁금하다.

Solution | 일반적으로 개원 초기에는 자금이 넉넉지 않아 고가의 의료장비를 구입할 경우에는 자금조달방법에 매우 신중히 접근하게 된다. 물론 그 이면에는 세무적으로 어떤 것이 이득인지에 대한 판단이 깔려 있다. 일반적으로 의료장비를 조달하는 방법은 크게 세 가지가 있다. 이에 대해 먼저 살펴보고 물음에 답해보자.

1. 의료장비구입방법

구분	내용	장점*	단점
① 자기자본	본인자금으로 구입	· 이자가 발생하지 않는다. · 시세로 처분이 가능하다.	· 이자에 대한 비용처리를 할 수 없다.
② 타인자본	대출 등으로 구입	· 시세로 처분이 가능하다.	· 이자가 발생한다.
③ 리스	리스회사를 통해 구입 (할부개념)	· 사업양도 시 원활하게 타인에게 계약이 승계된다.	· 이자가 발생한다.

* 수도권 과밀억제권역(서울·인천·경기도의 시) 밖에서 병의원이 의료장비(중고품과 운용리스는 제외)를 취득하면 투자세액공제(10%)를 받을 수 있다.

2. 자금조달방법의 선택

앞의 ①과 ②는 개원자금을 내 돈으로 충당할 것인지, 타인 돈으로 충당할 것인지의 의사결정과 같다. 따라서 일반적으로 자기자금이 있다면 ①의 방법으로 의료장비를 구입하는 의사결정을 내릴 수 있다. 하지만 앞의 박 원장처럼 자기자금이 없는 경우에는 대출 또는 리스를 통해 구입하는 의사결정을 내려야 한다. 이에 대해서는 좀 더 세부적으로 검토를 해보자.

· 대출 vs. 리스 세무처리 비교

② 타인자본, ③ 리스로 의료장비를 구입하는 경우의 주요 세무처리 내용을 비교해보면 다음과 같다.

구분	대출	리스	차이
취득가액	취득에 소요된 비용(부대비용 포함)	좌동	-
이자비용	약정이자율	약정이자율	대출이자비율 대 리스이자비율 비교해야 함.
절세효과	(감가상각비+이자비용)×6~45%	좌동	이자비용의 크기에 따라 절세효과 차이 발생
이자비용 규제	과다 이자비용 규제	좌동	-

결국 타인자본으로 할 것인지, 리스로 할 것인지의 선택은 이자비용의 크기와 관련이 높다는 것을 알 수 있다.

※ 의료장비리스의 세무상 특징

☑ 의료장비는 대부분 금융리스(실질적으로 병의원자산)로 처리된다.
☑ 매월 지급되는 리스료는 리스부채와 (리스)이자비용으로 구분된다.
☑ (리스)이자비용도 일반 대출이자비용처럼 회계처리해야 한다.
☑ (리스)이자비용이 과다하다면 그중 일부는 비용으로 인정되지 않는다.
☑ 금융리스로 투자 시 10%(추가공제 별도) 세액공제를 받을 수 있다.

Consulting | 의료장비와 관련해 발생하는 세무상 쟁점은 다음과 같이 정리할 수 있다.

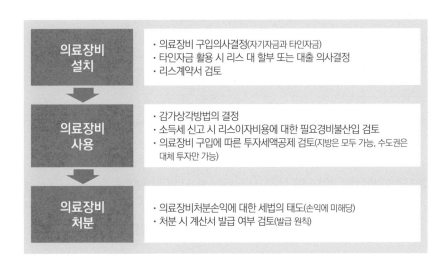

의료장비 설치	· 의료장비 구입의사결정(자기자금과 타인자금) · 타인자금 활용 시 리스 대 할부 또는 대출 의사결정 · 리스계약서 검토
의료장비 사용	· 감가상각방법의 결정 · 소득세 신고 시 리스이자비용에 대한 필요경비불산입 검토 · 의료장비 구입에 따른 투자세액공제 검토(지방은 모두 가능, 수도권은 대체 투자만 가능)
의료장비 처분	· 의료장비처분손익에 대한 세법의 태도(손익에 미해당) · 처분 시 계산서 발급 여부 검토(발급 원칙)

☞ 병의원은 리스계약서를 통해 해당 리스가 금융리스인지, 운용리스인지 구별할 수 있어야 한다. 두 리스 간의 회계처리방법이 다르기 때문이다. 금융리스면 지급금액을 부채와 이자비용으로 나누어야 하고, 취득금액에 대해서는 감가상각을 실시해야 한다. 운용리스에 해당하면 지급금액을 전액 비용으로 처리해야 한다. 의료장비는 금융리스가 많다.

실전연습
1. K병의원은 매월 금융리스료로 200만 원을 납부하고 있다. 이 중 부채원금이 180만 원이고 20만 원은 이자비용이라면 회계처리는 어떤 식으로 될까?

(차) 리스부채   180만 원   (대) 현금 200만 원
　　리스이자비용   20만 원

만약 운용리스라면 회계처리는?

운용리스는 병의원에서 지급하는 금액을 바로 비용처리할 수 있다. 예를 들어 실전연습 1에서의 리스가 운용리스에 해당한다면 리스료 200만 원에 대한 회계처리는 다음과 같이 한다.

(차변) 지급임차료 200만 원 (대변) 현금 200만 원

2. F병의원에서는 2억 원에 산 중고의료장비를 5,000만 원에 매각하려고 한다. 감가상각잔액은 1,000만 원이라고 할 때 ① 회계처리는? 그리고 이때 ② 처분이익은 과세되는 이익에 해당할까? 이외 ③ 증빙발급은 어떻게 해야 할까?

위의 물음에 맞춰 순차적으로 답을 찾아보자.
① 회계처리는 다음과 같다.

| (차) 현금 | 5,000만 원 | (대) 의료장비 | 2억 원 |
| 감가상각누계액 | 1억 9,000만 원 | 처분이익 | 4,000만 원 |

②의 처분이익은 2017년까지는 세법상 과세소득에서 제외해 소득세법에서는 업무용 승용차는 제외한 의료장비 등 고정자산을 매각하면서 발생한 손실이나 이익은 소득계산에 포함시키지 않았다. 따라서 일반적으로 감가상각이 완료된 자산을 높은 가격에 양도할 수 있다면 감가상각에 따른 절세효과와 처분이익을 동시에 누릴 수 있었다. 하지만 2018년 1월 1일 이후부터 복식부기의무자가 사업용 유형고정자산을 양도함으로써 발생하는 소득에 대해 과세가 된다.

③의 경우 증빙은 계산서를 발급하는 것이 원칙이다. 면세사업자가 사용하고 있는 고정자산을 유상으로 매각한 경우에는 계산서를 발급하도록 하고 있기 때문이다. 다음을 참고해서 계산서를 발급하도록 한다. 미발급 시에는 가산세가 있음에 주의해야 한다.

작성연월일	공급가액	비고
2021. 12. 1	5,000,000	부가가치세는 면세

참고로 고정자산 매각에 따른 금액은 수입금액에 포함되지 않으므로 사업장 현황 신고서의 수입금액에 포함하지 않는다. 따라서 고정자산 매각에 따른 금액을 제외한 수입금액만을 사업장 현황 신고서의 수입금액으로 기재하면 된다.

병의원이 의료기기를 구입한 경우 투자세액공제를 받을 수 있는가?

2021년부터 세법상 중소기업(조세특례제한법 시행령 제2조)에 해당하는 병의원이 구입한 의료기기에 대해서는 10%(추가공제 별도)의 세액공제를 적용한다(조세특례제한법 제24조). 다만, 중고품 및 운용리스 의료기기에 대해서는 이 공제를 적용하지 않는다. 한편 수도권 과밀억제권역 내에 소재한 병의원이 의료기기를 구입한 경우 기존 의료기기를 대체하는 투자에 대해서는 이 공제를 적용하지만, 새로운 의료기기를 구입하는 등 증설 투자에 해당하면 이 공제가 적용되지 않는다(조세특례제한법 제130조). 자세한 내용은 188페이지를 참조하기 바란다.

의료장비 교체 의사결정

개원 후에 의료장비를 교체할 때에는 무작정 하는 것이 아니라 데이터를 기반으로 결정하는 것이 좋다. 사례를 통해 이에 대한 의사결정을 과학적으로 해보자.

 사례

이편한 병의원은 당해 연도 손익결산을 하다가 비용부족으로 인해 연식이 오래된 장비를 새장비로 교체(구입가격은 2,500만 원)해 비용처리를 하고자 한다. 이때 보다 효율적인 의사결정을 위해 장비도입에 따른 손익분석을 해보고자 한다. 어떻게 하는 것이 좋을까? 단, 비고란의 매출 및 비용 등의 증가분은 가정을 한 것이다.

(단위 : 만 원)

구분	기존	추가분	합계	비고
매출	60,000	7,800	67,800	매출증가 = 650만 원×12개월
인건비	13,000		13,000	
재료비	7,000	1,200	8,200	기기구입에 따른 의료소모품 증가
임차료	5,000		5,000	
기타경비	8,000		8,000	
감가상각비	8,000	1,128	9,128	감가상각은 5년 정률법 적용
비용 계	41,000	2,328	43,328	
이익	19,000		24,473	
소득률	31.7%		36.1%	
예상세금	5,226		7,306	한계세율 38%
세후이익	13,774		17,167	

표를 보면 장비도입에 따른 매출은 7,800만 원, 이에 따른 비용은 2,328만 원 상당액이 증가가 예상되지만 전체적인 영업이익은 5,473만 원 증가가 예상된다. 이에 따라 세금이 2,080만 원 증가가 예상되나, 세후이익이 3,393만 원 정도 늘어나므로 이 장비를 도입하는 것이 타당하다고 결론 내릴 수 있다.

업무용 승용차 구입, 리스, 경비처리법

병의원에서 운영하고 있는 업무용 승용차에 대한 비용처리는 소득세를 내는 병의원에 매우 중요하다. 관련 비용이 매우 크기 때문이다. 그렇다면 병의원이 이러한 차량을 가지고 있다면 무조건 비용으로 인정할 것인가?

K씨는 서울 강남구에서 의료업을 영위하고 있다. 그는 5년 전에 3,000만 원짜리 승용차를 사서 지금까지 업무에 활용하고 있다. 이 기간 동안 발생한 유류대, 자동차세, 보험료 등이 모두 2,000만 원 정도가 된다. K씨는 이러한 승용차 관련 비용을 처리해 2015년 이전까지 얼마의 세금을 절약할 수 있었을까? K씨는 24%의 세율로 소득세를 내왔다. 한편 이 차를 1,000만 원에 양도하면 이에 대해서도 세금이 나올까?

Solution ┃ 먼저 발생된 차량비에 대한 절세효과를 따져보자.
K씨의 차량으로 인해 발생한 비용은 5년간 총 5,000만 원이 된다. 차량구입비 3,000만 원과 유류대 등 각종 비용을 더한 결과다. 차량구입비 3,000만 원은 감가상각제도를 통해 감가상각기간(4~6년) 내에서 대부분 비용처리가 된다. 따라서 이러한 차량구입가격도 궁극적으로 비용화가 되는 셈이다. K씨는 지금까지 24%의 세율이 적용되는 상황에서 비용처리를 해왔기 때문에 다음과 같은 세금을 절약할 수 있었다.

· **차량비 절세효과** = 5,000만 원×24% = 1,200만 원(지방소득세 포함 시 1,320만 원)

만일 K씨에게 적용되는 세율이 45%(지방소득세 포함 시 49.5%)라면 절세효과는 더 커진다. 구체적으로 5,000만 원에 49.5%를 곱하면 대략 2,475만 원 정도의 절세효과를 누리게 된다.

다음으로 이 차량을 1,000만 원에 매각하는 경우에는 장부상 잔존가액은 없어 매각차익 1,000만 원이 발생한다. 그렇다면 이에 대해 소득세 등이 부과될까?

아니다. 종전 소득세법에 의하면 이에 대해서는 과세하지 않도록 규정되어 있었다.

Consulting | 병의원에서 운행되고 있는 차량 중 업무용 승용차에 대한 세무상 쟁점을 정리해보자.

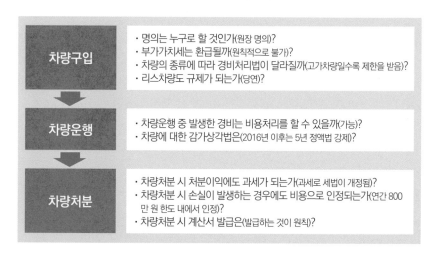

차량구입
· 명의는 누구로 할 것인가(원장 명의)?
· 부가가치세는 환급될까(원칙적으로 불가)?
· 차량의 종류에 따라 경비처리법이 달라질까(고가차량일수록 제한을 받음)?
· 리스차량도 규제가 되는가(당연)?

차량운행
· 차량운행 중 발생한 경비는 비용처리를 할 수 있을까(가능)?
· 차량에 대한 감가상각법은(2016년 이후는 5년 정액법 강제)?

차량처분
· 차량처분 시 처분이익에도 과세가 되는가(과세로 세법이 개정됨)?
· 차량처분 시 손실이 발생하는 경우에도 비용으로 인정되는가(연간 800만 원 한도 내에서 인정)?
· 차량처분 시 계산서 발급은(발급하는 것이 원칙)?

※ **업무용 승용차에 대한 비용규제(2016년 개정세법)**
2016년부터는 개인사업자들이 업무용으로 사용하는 승용차(앰뷸런스 등은 제외)에 대한 비용 규제가 진행되고 있다. 어떠한 점이 달라졌는지 알아보자.

① **승용차 관련 비용한도 신설**
승용차(리스차량 포함)와 관련된 비용은 크게 감가상각비와 유지비(유류대, 보험료, 자동차세 등)가 해당된다. 종전까지는 고가의 승용차라도 제한없이 이러한 비용에 대해 전액 인정을 받았지만 현재는 감가상각비와 유지비용을 합해 원칙적으로 1대당 연간 1,500만 원(2019년 1,000만 원)*까지 인정을

받을 수 있다. 다만, 이를 초과한 부분에 대해서는 운행일지를 작성해 업무용으로 사용했음을 증명하면 추가로 비용을 인정받을 수 있다.

* 감가상각비는 연간 800만 원이 한도임. 따라서 비싼 차량은 상각기간이 늘어나게 됨. 1억 원짜리 차량의 경우 12.5년(=1억 원/800만 원)의 기간이 필요함(단, 복식부기의무자는 5년 균등상각).

② 업무용 승용차 처분이익에 대한 과세

종전에는 개인사업자가 승용차 처분이익이 발생하더라도 과세가 되지 않았다. 하지만 앞으로는 처분이익에 대해 원칙적으로 과세되는 것으로 세법이 개정되었다. 한편 처분손실은 연간 800만 원 한도로 이를 인정한다.

※ 개정규정 적용시기

개인사업자들은 업종별 매출액의 크기에 따라 개정규정의 적용시기가 달라진다. 법인사업자는 2016년부터 적용되고 있다.

2016년부터 적용되는 사업자	2017년부터 적용되는 사업자	규정이 적용되지 않는 사업자(영세사업자)
성실신고확인대상사업자*	좌외 복식부기의무자*	
도·소매업 등 20억 원, 음식점업 등 10억 원, 서비스업 등 5억 원 이상인 경우	좌외 업종별로 3억 원, 1.5억 원, 7,500만 원 이상인 경우	좌외의 경우

* 개인 병의원은 대부분 복식부기의무자에 해당하며, 그중 수입금액이 5억 원 이상인 경우에는 성실신고확인대상사업자에 해당한다.

※ 업무용 승용차에 대한 규제요약

☑ 승용차 외 앰뷸런스 차량은 대수와 관계 없이 전액 비용으로 인정된다.

☑ 승용차는 비용으로 인정되는 기본적인 한도는 1대당 1,500만 원까지다. 2대인 경우에는 3,000만 원이다(단, 2대부터는 운전자 전용보험 가입해야 함).

☑ 대당 1,500만 원을 초과하는 승용차는 운행일지를 작성해 업무용으로 사용했음을 입증해야 한다. 이때 운행일지를 허위로 작성하는 경우 세무조사의 가능성이 높아짐에 유의해야 한다. 참고로 2022년부터 승용차 관련 비용명세서를 미제출하거나 허위로 제출하면 1%의 가산세가 부과된다.

☞ 이에 대한 자세한 내용은 이 장의 [심층분석]을 참조하자.

실전연습 K원장은 리스차량을 이용해 출퇴근을 하려고 한다. 또한 병의원 직원의 출퇴근과 출장업무를 위해 추가로 리스차량을 이용하려고 한다. 이 경우 비용처리는 어떻게 해야 할까?

물음에 맞게 리스차량에 대한 경비처리법을 알아보자.

· 원장의 리스차량

여기서의 쟁점은 두 가지다. 첫째는 리스의 경우에도 앞에서 본 규제를 적용받는지의 여부이고, 둘째는 출퇴근비용도 인정되는지의 여부다. 먼저 첫 번째의 경우 리스차량도 앞과 같은 규제를 똑 같이 적용받는다. 다음으로 두 번째의 경우 원장의 출퇴근비용도 경비로 인정된다. 아래의 규정을 보면 출·퇴근비용도 인정됨을 알 수 있다.

※ 법인세법 시행규칙 제27조의2 【업무용승용차 관련 비용 등의 손금불산입 특례】

④ 영 제50조의2 제5항에 따른 업무용 사용거리란 제조·판매시설 등 해당 법인의 사업장 방문, 거래처·대리점 방문, 회의 참석, 판촉 활동, 출·퇴근 등 직무와 관련된 업무수행을 위해 주행한 거리를 말한다.

· 직원들의 업무를 위한 리스차량

업무를 위한 리스차량도 필요경비 처리가 가능하다.

※ 리스차량에 대한 회계처리

구분	금융리스	운용리스
취득 시	· 취득가액에 대해 감가상각비 계상	–
리스료 지급 시	· 리스료를 부채와 이자로 나눠 회계처리	전체 지급금액을 지급임차료로 당기 회계처리
세무처리	업무용 승용차 1대당 기본 한도 1,500만 원은 인정, 이를 초과한 경우에는 운행일지를 작성해 입증해야 함.	좌동

실무적으로 차량비는 대부분 운용리스에 해당한다.

K병의원은 업무용 승용차를 구입하고자 한다. 차량가액이 3,000만 원, 5,000만 원, 1억 원인 경우 비용처리방법을 알아보자.

1. 3,000만 원인 경우

3,000만 원짜리 업무용 승용차를 구입해서 운행하려고 한다. 이에 대한 운행비가 감가상각비를 제외하고 연간 900만 원인 경우 개정세법에 의한 비용처리법은?

승용차 관련 연간비용은 감가상각비 600만 원(5년, 정액법* 상각)과 기타 비용 900만 원 등 총 1,500만 원이 된다. 따라서 연간 1,500만 원 이내에 해당하므로 운행일지를 작성하지 않아도 전액 비용으로 인정된다.

* 업무용 승용차에 대한 감가상각비는 5년 정액법으로 상각하며 연간 800만 원이 한도다.

(단위 : 만 원)

| 차량비용 발생 | 업무비용(㉠) | 감가상각비 한도초과액 | | | 비용인정금액 (㉠-㉡) |
		업무비용 중 감가상각비	한도액	한도초과액(㉡)	
감가상각비	600				
기타 비용	900				1,500
계	1,500	1,500*			

* 운행일지를 미작성한 경우 1,500만 원까지 비용인정

2. 5,000만 원인 경우

5,000만 원짜리 업무용 승용차를 구입해서 운행하려고 한다. 이에 대한 운행비가 감가상각비를 제외하고 연간 1,000만 원인 경우 개정세법에 의한 비용처리법은?

사례의 승용차 관련 연간비용은 감가상각비 1,000만 원(5년, 정액법 상각)과 기타 비용 1,000만 원 등 총 2,000만 원이 된다. 따라서 연간 1,500만 원을 초과하므로 다음과 같이 필요경비로 인정되는 비용을 계산한다.

① 운행일지를 미작성한 경우

(단위 : 만 원)

차량비용 발생		업무비용(㉠)	감가상각비 한도초과액			비용인정금액 (㉠-㉡)
			업무비용 중 감가상각비	한도액	한도초과액(㉡)	
감가상각비	1,000		750*2	800	0	1,500
기타 비용	1,000					
계	2,000	1,500*1				

*1 운행일지를 미작성한 경우 1,500만 원까지 비용인정
*2 감가상각비×업무사용 간주비율(=업무비용/총 비용 계) = 1,000만 원×(1,500만 원/2,000만 원) = 750만 원(천 원 단위 이하 절사)

운행일지를 미작성했으므로 총 2,000만 원 중 1,500만 원까지만 비용으로 인정된다. 나머지 500만 원은 비용으로 인정되지 않는다. 참고로 당초 계상된 비용은 1,500만 원만 비용으로 인정되므로 다음과 같은 결과가 나온다.

· **감가상각비** → 1,000만 원 중 750만 원이 비용으로 인정되며 나머지 250만 원은 필요경비로 인정되지 않는다. 인정되지 않는 부분은 사적 사용분으로 개인사업자가 인출한 것으로 본다(법인은 상여처분).

· **기타 비용** → 1,000만 원 중 750만 원은 비용으로 인정되며 나머지 250만 원은 필요경비로 인정되지 않는다. 인정되지 않는 부분은 사적 사용분으로 개인사업자가 인출한 것으로 본다(법인은 상여처분).

② 운행일지를 작성한 경우(업무사용비율 100%)

(단위 : 만 원)

차량비용 발생		업무비용(㉠)	감가상각비 한도초과액			비용인정금액 (㉠-㉡)
			업무비용 중 감가상각비	한도액	한도초과액(㉡)	
감가상각비	1,000		1,000*2	800	200*3	1,800
기타 비용	1,000			-		
계	2,000	2,000*1				

*1 운행일지를 작성한 경우 차량비용×입증비율(사례의 경우 100%)을 곱함.
*2 감가상각비×업무사용비율 = 1,000만 원×100% = 1,000만 원
*3 한도초과액은 이월공제됨.

운행일지를 작성해 업무사용비율을 100%로 입증했으므로 2,000만 원이 업무비용에 해당한다. 이 중 감가상각비 한도초과액이 200만 원이 나오므로 이를 차감하면 1,800만 원이 당해 연도의 비용으로 인정되며 나머지는 비용으로 인정되지 않는다. 참고로 감가상각비 한도초과액 200만 원은 다음 기로 이월되어 공제된다.

3. 1억 원인 경우

1억 원짜리 업무용 승용차를 구입해서 운행하려고 한다. 이에 대한 운행비가 감가상각비를 제외하고 연간 1,500만 원인 경우 개정세법에 의한 비용처리법은?

승용차 관련 연간비용은 감가상각비 2,000만 원(5년, 정액법 상각)과 기타비용 1,500만 원 등 총 3,500만 원이 된다. 따라서 연간 1,500만 원을 초과하므로 다음과 같이 필요경비로 인정되는 비용을 계산한다.

① 운행일지를 미작성한 경우
(단위 : 만 원)

차량비용 발생		업무비용(㉠)	감가상각비 한도초과액			비용인정금액 (㉠-㉡)
			업무비용 중 감가상각비	한도액	한도초과액(㉡)	
감가상각비	2,000		574*2	800	0	
기타 비용	1,500					1,500
계	3,500	1,500*1				

*1 운행일지를 미작성한 경우 1,500만 원까지 비용인정
*2 감가상각비×업무사용 간주비율(=업무비용/총비용 계) = 2,000만 원×(1,500만 원/3,500만 원) = 574만 원(천 원 단위 이하 절사)

운행일지를 미작성했으므로 총 3,500만 원 중 1,500만 원까지만 비용으로 인정된다. 나머지 2,000만 원은 비용으로 인정되지 않는다. 참고로 당초 계상된 비용은 1,500만 원만 비용으로 인정되므로 다음과 같은 결과가 나온다.
· **감가상각비** → 2,000만 원 중 574만 원을 비용으로 인정되며 나머지 1,426만 원은 필요경비로 인정되지 않는다. 인정되지 않는 부분은 사적 사용

분으로 개인사업자가 인출한 것으로 본다(법인은 상여처분).

· **기타 비용** → 1,500만 원 중 926만 원은 비용으로 인정되며 나머지 574만 원은 필요경비로 인정되지 않는다. 인정되지 않는 부분은 사적 사용분으로 개인사업자가 인출한 것으로 본다(법인은 상여처분).

② 운행일지를 작성한 경우(업무사용비율 100%)

(단위 : 만 원)

차량비용 발생		업무비용(㉠)	감가상각비 한도초과액			비용인정금액 (㉠-㉡)
			업무비용 중 감가상각비	한도액	한도초과액 (㉡)	
감가상각비	2,000		2,000*²	800	1,200*³	
기타 비용	1,500			–		2,300
계	3,500	3,500*¹				

*¹ 운행일지를 작성한 경우 차량비용×입증비율(사례의 경우 100%)을 곱함.
*² 감가상각비×업무사용비율 = 2,000만 원×100% = 2,000만 원
*³ 한도초과액은 이월공제됨.

운행일지를 작성해 업무사용비율을 100%로 입증했으므로 3,500만 원이 업무비용에 해당한다. 이 중 감가상각비 한도초과액이 1,200만 원이 나오므로 이를 차감하면 2,300만 원이 비용으로 인정되며 나머지는 비용으로 인정되지 않는다. 참고로 감가상각비 한도초과액 1,200만 원은 다음 기로 이월되어 공제된다.

【 추가분석 】
위 3에서의 업무사용비율이 50%인 경우

(단위 : 만 원)

차량비용 발생		업무비용(㉠)	감가상각비 한도초과액			비용인정금액 (㉠-㉡)
			업무비용 중 감가상각비	한도액	한도초과액 (㉡)	
감가상각비	2,000	1,000	1,000*²	800	200*³	
기타 비용	1,500	750		–		1,550
계	3,500	1,750*¹				

*¹ 운행일지를 작성한 경우 차량비용×입증비율(사례의 경우 50%)을 곱함.
*² 감가상각비×업무사용비율 = 2,000만 원×50% = 1,000만 원
*³ 한도초과액은 이월공제됨.

운행일지를 작성해 업무사용비율을 50%로 입증했으므로 3,500만 원 중 1,750만 원이 업무비용에 해당한다. 이 중 감가상각비 한도초과액이 200만 원이 나오므로 이를 차감하면 1,550만 원이 비용으로 인정되며 나머지는 비용으로 인정되지 않는다. 참고로 감가상각비 한도초과액 200만 원은 다음 기로 이월되어 공제된다. 이를 표로 정리하면 다음과 같다.

· 감가상각비

총감가상각비	비업무용 사용분	업무용 사용분	한도	한도초과액
2,000만 원	1,000만 원	1,000만 원	800만 원	200만 원
-	필요경비불산입/인출 (법인은 상여)	-	-	손금불산입/유보 (다음 기로 이월공제)

· 기타 비용

총기타 비용	비업무용 사용분	업무용 사용분
1,500만 원	750만 원	750만 원
-	필요경비불산입/인출 (법인은 상여)	필요경비산입

※ 업무용 승용차 비용처리 대책안

☑ 차량 가격이 3,000만 원대 이하는 비용부인의 리스크가 작다.

☑ 고가 차량은 운행일지를 작성해 업무용으로 사용했음을 입증한다.

☑ 원장의 출·퇴근, 세미나 참석 등도 업무용으로 사용한 것으로 인정된다.

☑ 차량을 처분해 발생한 이익에 대해서도 과세가 되는 것으로 개정되었으므로 사전에 이익의 크기를 검토해야 한다.

☑ 차량을 처분해 손실이 발생한 경우에는 연간 800만 원 범위 내에서 필요경비 처리가 된다. 한도가 있음에 유의해야 한다.

☑ 업무용 승용차에 대한 비용규제는 차량대수를 기준으로 적용한다. 따라서 차량대수가 늘어나면 기본한도를 늘릴 수 있다. 단, 2대 이상부터는 운전자 전용보험을 가입해야 비용인정이 됨에 유의해야 한다(2021년부터 적용).

☑ 직원 차량을 업무에 사용한 경우에는 차량보조금을 지급하도록 한다(월 20만 원까지는 근로소득으로 보지 않는다).

■ 소득세법 시행규칙 [별지 제63호서식] (2016. 03. 16 신설)

과세기간	업무용 승용차 관련 비용 등 명세서	상 호 명	
		사업자등록번호	

1. 업무용 사용비율 및 업무용승용차 관련 비용 명세

①복식부기의무여부	②차량번호	③차종	④임차여부	⑤총주행거리(km)	⑥업무용사용거리(km)	⑦업무사용비율(⑥/⑤)	⑧업무용승용차 관련 비용								
							⑨감가상각비	⑩임차료 / ⑪감가상각비상당액	⑫유류비	⑬보험료	⑭수선비	⑮자동차세	⑯기타	⑰합계	
⑱합계															

2. 업무용승용차 관련 비용 필요경비불산입 계산

⑱차량번호	⑲업무사용금액			⑳업무외사용금액			㉗감가상각비한도초과금액(㉑-800만 원)	㉘필요경비불산입합계(㉖+㉗)	㉙필요경비산입합계(⑰-㉘)
	㉑감가상각비(상당액)[(⑨또는⑪)×⑦)]	㉒관련비용[(⑰-⑨ 또는 ⑰-⑪)×⑦)]	㉓합계(㉑+㉒)	㉔감가상각비(상당액)(⑨-㉑ 또는 ⑪-㉑)	㉕관련 비용(⑰-⑨ 또는 ⑰-⑪-㉒)	㉖합계(㉔+㉕)			
㉚합계									

297mm×210mm[백상지(80g/㎡) 또는 중질지(80g/㎡)]

☞ 위의 서식을 작성해 관할 세무서에 제출하기 위해서는 매일 이에 대한 운행내용(운행기록부)을 별지로 정리해야 한다. 참고로 2022년부터 이 명세서를 제출하지 않거나 불성실하게 기재해 제출한 경우 가산세(1%)를 부과한다.

직원·페이닥터의 세무와 노무

직원의 채용과 세무플로우

직원 채용은 병의원에게 의료장비나 시설장치 못지않게 아주 중요한 의사결정이 된다. 관련 비용도 무시하지 못하지만 병의원 경영에 매우 중요한 요소를 차지하고 있기 때문이다. 이하에서는 직원과 관련된 각종 세무상 쟁점들을 살펴보자.

K병의원에서는 이번에 신입직원을 채용하려고 한다. 그런데 정식직원은 수습기간 3개월을 두고 근무평정을 해서 성적이 좋은 경우에 한해 정직원으로 채용하고자 한다. 참고로 3개월 동안 지급되는 월급여는 200만 원 정도가 된다. 이 경우 세무상 어떤 문제점이 있을까?

Solution | 이러한 문제를 풀기 위해서는 먼저 일용직의 개념부터 살펴볼 필요가 있다. 현업에서는 일용직을 근무기간이 3개월 미만인 근로자로 분류한다. 이러한 일용직의 경우 일당 15만 원까지는 원천징수할 세금이 없다. 다만, 4대보험료를 부담하는 경우가 있다.

K병의원은 세무상 어떤 문제점이 있는지 차근차근 알아보자.

첫째, 해당 직원은 일용직으로 분류된다. 따라서 3개월(미만) 동안 받은 급여에 대해서는 '잡급'이라는 계정과목으로 회계처리가 되며, 원천징수할 세금은 없다. 일당 15만 원까지는 원천징수를 하지 않기 때문이다.

둘째, 4대보험료는 부과될 수 있다. 월 근로시간이 60시간이 넘는 경우에는 원칙적으로 취득신고를 하고 4대보험료를 내야 한다. 최근 국세청과 국민건강보험공단 간의 자료공유 체계가 공고해져서 국세청에 일용직 신고는 했지만 공단에 취득신고는 하지 않았을 경우 공단이 4대보험료를 납부하라고 독촉할 가능성이 매우 높다.

셋째, 향후 퇴직 시 퇴직금을 산정할 때 수습기간은 근속연수에 포함된다. 수습기간을 계속근속연수에서 제외할 경우 퇴직금 임금체불에 걸릴 수 있다. 따라서 이를 방지하기 위해서 근로계약서를 세세하고 적법하게 작성해야 한다.

※ 병의원과 일용직 세무관리

☑ 3개월 미만 근무는 일용직으로 분류된다.

☑ 3개월 후에 정식채용이 되면 근로계약을 정식으로 체결한다.

☑ 퇴직금계산 시 수습기간은 계속근로연수에 포함된다.

Consulting | 직원 채용과 관련해 대두되는 세무상 쟁점들을 정리하면 다음과 같다.

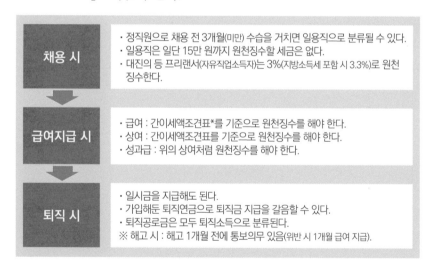

채용 시	· 정직원으로 채용 전 3개월(미만) 수습을 거치면 일용직으로 분류될 수 있다. · 일용직은 일단 15만 원까지 원천징수할 세금은 없다. · 대진의 등 프리랜서(자유직업소득자)는 3%(지방소득세 포함 시 3.3%)로 원천징수한다.
급여지급 시	· 급여 : 간이세액조견표*를 기준으로 원천징수를 해야 한다. · 상여 : 간이세액조견표를 기준으로 원천징수를 해야 한다. · 성과급 : 위의 상여처럼 원천징수를 해야 한다.
퇴직 시	· 일시금을 지급해도 된다. · 가입해둔 퇴직연금으로 퇴직금 지급을 갈음할 수 있다. · 퇴직공로금은 모두 퇴직소득으로 분류된다. ※ 해고 시 : 해고 1개월 전에 통보의무 있음(위반 시 1개월 급여 지급).

* 국세청이 근로소득에 대한 원천징수를 하기 위해 미리 세액을 계산해놓은 표를 말한다. 참고로 2024년 1월부터 시간당 최저임금이 2023년 9,620원보다 2.5% 인상된 9,860원이 적용되고 있다. 이를 월급(기본근로시간 209시간 기준) 기준으로 환산하면 월 2,060,740원, 연간 2,472만 원이 된다. 물론 여기에는 사업주가 부담하는 4대보험료와 퇴직금은 포함되지 않았다. 최저임금 인상으로 영세 사업장에 대한 부담이 많이 늘어날 것으로 예상된다. 다만, 세법에서는 고용에 따른 부담을 줄여주기 위해 고용세액공제 같은 세제지원을 해주고 있다. 자세한 내용은 188 페이지를 참조하기 바란다.

실전연습 배우자나 가족이 당해 병의원에서 근무하고 있다. 급여를 어떻게 지급하면 문제가 없을까? 다음 자료를 기초로 의사결정을 내려 보자.

〈자료〉
· 배우자에 대한 급여(월 200만 원)를 지급하고 비용으로 계상하고자 함.
· 배우자 근로소득세 연말정산 시 소득공제는 기본공제만 있음.
· 4대보험료는 급여총액의 16%를 적용
· 한계세율 38.5%(절세효과는 배우자의 급여와 4대보험료의 1/2에서 발생함) 적용

위의 내용에 맞춰 그 결과를 표로 정리하면 다음과 같다.

구분	현금흐름	비고
+근로소득세	240,000원	국세청 홈페이지에서 검색
+4대보험료	3,840,000원	2,400만 원×16% = 3,840,000원
−절세효과	9,979,200원	(2,400만 원+3,840,000원×1/2)×38.5% = 9,979,200원
계	△5,899,200원	

사례에서 배우자의 급여를 당해 병의원의 장부에 계상하면 590만 원 정도의 현금흐름이 좋아진다. 따라서 병의원에 근무하는 가족이 있다면 정식적으로 급여를 지급하는 것이 좋다. 다만, 여기에서 한 가지 유의해야 할 사항은 적용세율이 높지 않은 병의원의 경우에는 절세효과가 미미한데도 불구하고 4대보험료만 지출될 수 있다는 것이다. 결국 가족을 채용해 급여를 지급하는 경우 앞에서 살펴본 것처럼 소득금액이 많을수록 절세효과가 커진다고 할 수 있다.

한편 가족에게 급여를 지급하는 수준은 업계의 평균으로 책정하는 것이 바람직하다. 왜냐하면 사업자의 소득을 부당하게 유출하는 것으로 판정될 때는 급여 중 일부를 비용으로 인정받지 못하기 때문이다(부당행위계산부인).

4대보험료 부과기준과 절약법

병의원의 원장과 직원에 대한 4대보험료 부과기준과 이에 대한 절약법에 대해 알아보자.

1. 4대보험료 부과기준

병의원의 원장과 직원들은 다음과 같은 금액을 4대보험료로 납부해야 한다.

구분	병의원 부담	본인 부담	합계
국민건강보험료	보수월액*¹의 3.545%	좌동	7.09%(2024년)
장기요양보험료	건강보험료×12.95%	좌동	–
국민연금보험료	기준보수월액*²의 4.5%	좌동	9.0%
고용보험료(사용인 150인 미만인 경우)	총임금의 1.15%	총임금의 0.9%	2.05%
산재보험료	업종별로 규정		

*¹ : 보수월액 1억 453만 원 초과인 경우 1억 453만 원 적용
*² : 기준소득월액은 최저 35만 원에서 최고 553만 원까지의 범위에서 결정

2. 사례

〈사례 1〉

K병의원의 직원에 대한 급여대장이 다음과 같다고 하자. 물음에 답하면?

(단위 : 원)

이름	기본급	연장수당	식대	월 지급액	연간
성미영	2,800,000	–	200,000	3,000,000	36,000,000
김영수	2,000,000	–	200,000	2,200,000	26,400,000

☞ **물음 1** : 성미영 씨의 산재보험료를 제외한 4대보험료는 얼마나 되는가?
☞ **물음 2** : 이들에 대한 4대보험료 절약법은 무엇인가?

물음에 대한 답을 찾아보자.

· 물음 1의 경우

산재보험료를 제외한 4대보험료를 병의원분과 직원분으로 나눠 대략적으로 계산하면 다음과 같다. 국민건강보험료와 국민연금보험료는 비과세소득을 제외한 금액에 대해 부과된다.

구분	기준금액	병의원	직원	계
국민건강보험료	2,800,000원	99,260원	99,260원	198,520원
장기요양보험료	국민건강보험료	12,850원	12,850원	25,730원
국민연금보험료	2,800,000원	126,000원	126,000원	252,000원
고용보험료	3,000,000원	34,500원	27,000원	61,500원
계		272,610원	265,100원	537,720원

· 물음 2의 경우

국민건강보험료와 국민연금보험료는 소득세법상 비과세소득을 제외한 소득에 대해 부과되므로 이러한 항목을 최대한 활용한다.

☑ 월 20만 원 이하의 식대
☑ 월 20만 원 이하의 자가운전보조금 등
☑ 사회보험료 세액공제 등 활용 → 병의원이 고용을 늘리는 경우 건강보험료 등 사회보험료를 산출세액에서 공제받을 수 있다(2023년부터는 통합고용세액공제로 적용됨. 조세특례제한법 제29조의 8).

〈사례 2〉

K병의원의 원장에 대한 소득자료가 다음과 같다고 하자. 물음에 답하면?

구분	연간 수입	연간 비용	연간 이익	연간 소득금액
개원 연도	1억 원	3억 원	△2억 원	△2억 원
개원 다음 연도	4억 원	2억 원	2억 원	0원(결손금 통산)
개원 다음다음 연도	5억 원	2억 원	3억 원	3억 원

☞ **물음 1** : 원장이 4대보험에 가입하게 되면 어떤 기준하에 보험료가 책정되는가?

☞ **물음 2** : 개원 연도에는 2억 원의 손실이 났고 그다음 연도에는 2억 원의 이익이 나서 결손금을 이월해 통산한 결과 소득금액은 0원이 되었다. 이 경우 개원 다음 연도의 보험료는 어떤 기준으로 책정되는가?

☞ **물음 3** : 개원 다음다음 연도에는 3억 원의 소득금액이 발생했다. 이 경우에는 보험료가 어떤 기준에 의해 책정되는가?

물음에 대해 답을 찾아보면 다음과 같다.

· **물음 1의 경우**

직원이 1명 이상 있는 병의원에서 원장은 직장에서 4대보험에 가입해야 한다. 그런데 이러한 상황에서는 원장의 소득에 대한 자료가 없으므로 이때에는 부득이 직원들 중 가장 급여가 높은 금액을 기준으로 보험료를 책정해야 한다(건강보험법 규정). 따라서 사례의 경우 성미영 씨의 급여를 기준으로 4대보험에 가입하게 된다.

· **물음 2의 경우**

이 경우 소득금액은 0원이 되므로 소득이 발생하지 않는 것으로 볼 수 있다. 따라서 이러한 상황에서도 앞의 성미영 씨의 급여를 기준으로 보험료를 납부하게 된다.

· **물음 3의 경우**

이 경우에는 3억 원의 소득금액에 맞춰 보험료를 내야 한다. 현행 사업자의 건강보험료는 일단 전년도 소득을 기준으로 우선 부과한 후, 다음 해 5월, 6월 사업장에서 확정된 소득에 의해 전년도 보험료를 다시 산정해 기납부한 보험료와 정산해 6월, 7월 보험료에 추가해 부과하는 식으로 매년 정산을 하게 된다.

포괄임금제에 의한 급여설계

직원 관련 급여를 어떤 식으로 지급하는 것이 좋을지 알아보자. 이러한 급여설계는 사업주와 직원 간의 분쟁을 예방하고, 관련 기관의 세무나 노무 간섭을 방지하는 역할을 한다.

K병의원은 다음과 같이 급여대장을 작성해 비치하고 있다. 이 경우 세무상 그리고 노무상 어떤 문제가 있는가?

(단위 : 원)

기본급	연장수당	식대	월 지급액	연간
1,900,000	-	100,000	2,000,000	24,000,000

Solution | 위의 급여대장은 급여체계가 잘 정비되어 있지 않은 경우에 해당한다. 그렇다면 세무상 그리고 노무상 어떤 문제점이 있을까?

① 세무상 문제점
세법에서는 급여대장이 어떤 식으로 되어 있는지 그 자체를 문제 삼지 않는다. 비용처리가 세법에 맞게 되었다면 문제 삼을 이유가 없기 때문이다. 따라서 급여대장은 세법상 문제가 없다.

② 노무상 문제점
이와 같이 급여대장이 작성되었다면 '근로기준법' 및 '근로자퇴직급여보장법'에 따른 법정수당 및 퇴직금이 지급되고 있지 않는 것으로 나타나기 때문에 자칫 임금 및 퇴직금 체불이라는 분쟁에 휘말릴 소지가 있다.

Consulting | 급여대장은 노무관리관점에서 관리가 되어야 한다. 따라서 노무관리상 문제점이 없으려면 급여대장은 다음과 같이 작성되어야 한다. 아래의 조정 후의 방법을 '포괄임금제'라고 한다. 참고로 아래 연장수당과 연차수당 등은 '근로기준법'상의 법정산식을 적용해 산정할 수 있다. 참고로 아래의 연장수당 등은 임의로 가정한 것이다. 자세한 것은 노무전문가와 상의하기 바란다.

(단위 : 원)

구분	기본급	식대	연장 수당	연차 수당	월 지급액	연봉
조정 전	1,900,000	100,000	–	–	2,000,000	24,000,000
조정 후	1,600,000	100,000	250,000	50,000		

이와 같이 연봉을 재설계하면 조정 전과 조정 후가 동일하나 임금의 구성 항목이 바뀌게 된다. 참고로 퇴직금의 경우에는 중간정산이 원칙적으로 제한되므로 별도로 계산해 퇴직 시에 지급하거나, 퇴직금을 감안해 연봉을 하향조정하든지 해야 한다.

실전연습 서울에서 개원 중인 H원장이 직원을 채용하면서 순급여(세금 등을 병의원이 책임지는 형태의 급여로 네트급여라고도 함)로 300만 원을 책정한 경우 이에 대한 타당성 분석을 해보자. 단, H원장은 네트급여인 300만 원으로 소득을 신고하고 세율은 38.5%와 동일하다.

위의 내용에 맞춰 급여지출에 따른 순지출액을 계산하면 다음과 같다.

구분	현금흐름	비고
월급여	3,000,000원	
+근로소득세	100,000원	국세청 홈페이지에서 검색
+4대보험료	480,000원	300만 원×16% 가정(전액 병의원 부담)
−절세효과	△1,247,400원	(300만 원+48만 원×1/2)×38.5%=1,247,400원
순지출액 계	2,332,600원	

이와 같이 네트급여에 맞춰 신고를 하면 4대보험료가 줄어든다는 이점이 있다. 하지만 실제 지급된 급여로 소득신고가 되지 않아 절세효과가 줄어든다는 불리한 점이 있다. 따라서 총급여(그로스급여)로 신고하는 경우와 순급여로 신고한 경우를 비교해 의사결정을 내릴 필요가 있다.

사례에서 병의원이 부담하는 근로소득세와 4대보험료 등 58만 원을 월급에 포함시켜 신고하면 ① 근로소득세 6만 원(국세청사이트 조회)과 4대보험료 9만 원(58만 원×16%) 등 15만 원이 증가한다. 하지만, ② 추가되는 급여에 대해서는 세금감소효과가 22만 원(58만 원×38.5%)이 발생한다. 따라서 다음과 같은 의사결정을 내릴 수 있다.

· 58만 원을 급여에 포함시켜 신고한 경우가 월 7만 원(=22만 원-15만 원) 정도 유리하므로 총급여로 신고한다.

※ 네트급여의 장단점
〈장점〉
☑ 근로자의 입장에서는 동기부여가 된다.
☑ 4대보험료가 축소된다.

〈단점〉
☑ 정상적으로 신고하는 경우가 현금흐름이 더 좋다(적용세율이 높은 경우).
☑ 추가부담분에 대해선 투명성에서 문제점이 발생한다.
☑ 연말정산 과정에서 근로자의 비협조로 환급을 받지 못할 수 있다.

페이닥터와 네트급여 세금정산법

페이닥터(Pay Doctor), 즉 월급을 받는 의사를 봉직의(奉職醫), 또는 고용의(雇傭醫)라고 한다. 세법은 이들이 받는 소득을 근로소득으로 구분하고, 이들의 신분을 근로소득자로 명하고 있다. 지금부터는 봉직의를 둘러싼 세금문제를 알아보도록 한다.

H한의원에서는 봉직의를 채용하려고 한다. 봉직의를 근로소득자로 신고하지 않고 채용기간 동안 사업소득으로 3.3% 징수해 신고해도 되는지 궁금하다. 이 봉직의는 별도의 사업자등록을 하지 않고 있다.

Solution | 문제를 해결하기 위해서는 고용의에게 지급되는 소득의 성격을 먼저 밝혀낸 뒤에 세법의 내용을 확인하는 것이 중요하다. 일단 사람이 제공하는 용역으로부터 발생하는 소득은 크게 근로소득, 사업소득, 기타소득으로 구분된다. 따라서 앞의 경우 봉직의가 고용관계에서 채용된 것이라면 근로소득에 해당한다. 그러므로 이 사례에서 근로소득자를 대상으로 3.3% 원천징수를 하는 것은 잘못된 것으로 판정할 수 있다.

구분	근로소득	사업소득	기타소득
개념	고용관계에 의해 계속적으로 근로를 제공해 발생한 수입	사업활동으로 볼 수 있을 정도의 계속성과 반복성에 의해 발생한 수입	일시적이고 우발적으로 발생하는 비경상적 수입
적용례	직원, 페이닥터	대진의 등	외부 강의 등

※ 참고예규

의사가 독립된 자격으로 고용관계가 없는 병의원과 약정을 체결해 마취의료영역을 제공하고 받는 수당 기타 이와 유사한 성질의 대가는 사업소득에 해당해 소득세가 과세되는 것임(서일46011-10045, 2003. 01. 14).
참고로 소득분류에 따른 과세방법을 알아보면 다음과 같다.

구분	내용
근로소득에 해당하는 경우	지급 시 간이세액표에 의해 원천징수하고 다음 해 2월 중에 연말정산을 통해 세금을 정산해야 한다.
사업소득에 해당하는 경우	다음 해 5월(6월) 중에 종합소득세 계산구조에 의해 세금을 정산해야 한다.
기타소득에 해당하는 경우	수입금액에서 필요경비를 차감한 금액이 연간 300만 원 초과 시 다른 소득에 합산해 종합과세가 적용된다.

개인 병의원을 운영하는 K의사는 한 달에 두 번 정도 타 요양원으로 외부진찰을 나가고 일정금액의 보수를 받는다. 20×9년에만 11회 정도 수령한 경우 이 소득은 사업소득인가 아니면 기타소득인가?

개인 병의원을 운영하는 원장이 한 달에 두 번 정도 타 요양원에서 외부진찰을 하고 대가를 받는 경우 해당 대가는 사업소득에 해당한다.

Consulting 봉직의의 경우 보통 네트급여의 조건으로 채용하는 경우가 많다. 만약 봉직의의 네트월급여가 1,000만 원인 경우 당해 병의원의 재무분석을 해보자. 이 경우 봉직의의 4대 보험료는 월급여의 12% 정도가 된다고 하자. 비율이 떨어진 것은 국민연금의 경우 대략 월 550만 원이 최대 기준소득월액이 되기 때문이다. 따라서 이 금액을 초과한 부분에 대해서는 국민연금이 추가되지 않으므로 12%로 가정해도 무방하다.

1. 현금지출분석

① 현재의 경우

구분	① 급여	② 근로소득세	③ 4대보험료	⑤ 총지출금(=①+②+③)
부과기준	네트기준	월 1,000만 원 기준 (기본공제자 2인)	급여의 12%기준	
월기준	1,000만 원	150만 원	120만 원	1,270만 원
연간기준	1억 2,000만 원	1,800만 원	1,440만 원	1억 5,240만 원

이 병의원의 경우 네트급여 외에 약 3,240만 원(1억 5,240만 원-1억 2,000만 원)의 현금지출이 발생하고 있다. 그리고 3,240만 원에 대해서는 비용처리를 할 수 없는 상황에 이르고 있다.

② 정상화를 시키는 경우

①처럼 3,240만 원만큼이 비용처리가 되지 않으므로 이를 급여에 반영시킨 후 국세청에 신고하면 어떤 효과가 발생하는지 알아보자. 단, 추가급여로 인해 증가되는 4대보험료는 없으나 근로소득세는 월 100만 원이 증가한다고 하자(국세청 홈페이지에서 조회가능).

구분	① 급여	② 근로소득세	③ 4대보험료	④ 추가급여 절세효과(35%)	⑤ 총지출금액 (=①+②+③)
부과기준	네트기준	월 1,270만 원 기준 (기본공제자 2인)	급여의 12% 기준 (위와 동일)	추가계상 급여 3,240만 원 기준	–
월기준	1,000만 원	250만 원	120만 원	95만 원*	1,275만 원
연간기준	1억 2,000만 원	3,000만 원	1,440만 원	1,134만 원	1억 5,300만 원

* 32,400,000원/12개월×35%(가정) = 945,000원(천단위 반올림)

이 표를 보면 추가급여(사례 : 연간 3,240만 원)에 대해 비용처리가 가능하므로 이에 대한 절세효과(연간 1,134만 원)가 추가적으로 발생하나, 병의원이 부담해야 하는 근로소득세가 종전보다 1,200만 원(3,000만 원-1,800만 원)이 더 증가된다. 따라서 오히려 종전처럼 네트급여로 세금신고를 하는 것이 다소 유리한 것처럼 보인다. 다만, 실무에서는 조건이나 가정이 바뀌면 앞의 내용이 달라질 수 있으므로 좀 더 정교하게 분석하는 것이 좋다. 예를 들어 추가급여를 계상함으로써 예상되는 절세금액이 1,500만 원이고 증가되는 근로소득세와 4대보험료가 1,000만 원이라면 급여를 정상화시키는 것이 투명성 확보측면에서 중요하다. 특히 경비가 부족해 가공비용을 넣어 신고한 후 세무조사로 적출이 되면 가산세가 최고 40% 이상 나올 수 있으므로 가급적 실제대로 신고하는 것이 좋다.

참고로 실무에서 봉직의의 급여를 일부만 신고하는 경우가 많은데, 이때 어느 수준으로 신고해야 할지에 대해서는 이와 같은 논리로 따져볼 수 있다. 하지만 세무조사 또는 공단실사를 통해 미신고된 부분에 대해 세금 등이 추징될 수 있으므로 이 경우에도 급여를 정상화시키는 것이 바람직할 것으로 보인다(저자의 카페에서는 이와 관련된 의사결정 툴을 제공하고 있다).

※ 페이닥터의 네트급여의 문제점

☑ 병의원이 부담한 추가 비용을 장부에 반영하지 못한다.

☑ 경비부족으로 가공비용이 발생할 수 있다(부정과소가산세가 40%에 이를 수 있음).

☑ 세금이 추가되는 경우 납부주체를 두고 분쟁이 발생할 수 있다.

실전연습 | 김말봉 씨는 P병의원에서 봉직의로 근무하다가 개원을 위해 중도에 병의원을 그만두었다. 한편 P병의원에서는 중도퇴사 시 연말정산을 해서 세금신고를 마쳤다. 김 씨가 같은 해에 개원해 ① 1억 원의 손실을 본 경우, ② 1억 원의 이익을 본 경우 P병의원은 어떤 식으로 세금정산을 하게 될까?

〈P병의원의 연말정산자료〉 (단위 : 원)

구분	금액	비고
근로소득	100,000,000	비과세소득 제외
−근로소득공제	14,750,000	1,200만 원＋4,500만 원 초과금액의 5%
=근로소득금액	85,250,000	
−종합소득공제	10,000,000	

=과세표준	75,250,000	
×세율	24%	
-누진공제	576만 원	
=산출세액	12,300,000	
-세액공제	-	근로소득세액공제, 기타 세액공제(0원 가정)
=결정세액	12,300,000	
-기납부세액	2,300,000	
=납부할세액	10,000,000	

자료를 바탕으로 물음에 대한 답을 찾아보자. 단, 종합소득공제는 1,000만 원이며, 근로세액공제 등은 없다고 가정한다.

구분	① 1억 원 손실을 본 경우	② 1억 원 이익을 본 경우
종합소득금액	0	2억 원
-종합소득공제	1,000만 원	1,000만 원
=과세표준	0	1억 9,000만 원
×세율	-	38%
-누진공제	-	1,994만 원
=산출세액	0	5,226만 원
-세액공제	-	-
=결정세액	0	5,226만 원
-기납부세액*	1,230만 원	1,230만 원
=납부할세액	△1,230만 원	3,996만 원
결과	환급	추가납부

* 연말정산 시의 결정세액을 말함.

①처럼 개원으로 손실이 발생한 경우 근로소득과 사업소득 결손금을 통산하면 과세표준은 0원이 되어 근로소득세로 낸 세금(결정세액을 의미) 1,230만 원을 환급받게 된다. 그렇다면 이 환급세액은 P병의원의 것인가? 아니면 김 씨의 것인가? 일단 1,230만 원은 P병의원이 부담한 것이므로 환급세액도 P병의원에 귀속되는 것으로 볼 수 있으나, 김 씨의 결손금이

없었다면 환급이 발생하지 않았을 것이기 때문에 김 씨에게 주어지는 것이 타당하다. 그렇다면 ②의 경우에는 어떻게 할까? 이러한 상황은 앞의 것과 상당히 다르다. 그렇다면 어떤 식으로 추가되는 세금을 처리해야 할까? 이러한 상황에서는 다음과 같은 절차로 해결한다.

STEP1 근로소득과 사업소득의 결합으로 인해 증가하는 세금을 계산한다.

      총결정세액 : 5,226만 원

      – 근로소득세 : 1,230만 원(근로소득만 있었을 경우의 결정세액)

      – 사업소득세 : 1,230만 원(사업소득만 있었을 경우의 결정세액)

      = 차액 : 2,766만 원(근로소득과 사업소득이 결합해 증가한 세금)

STEP2 차액을 소득금액을 기준으로 안분한다.

증가한 세금	P병의원	김 씨
2,766만 원	1,383만 원*	1,383만 원

* 2,766만 원×1억 원/2억 원

결국 P병의원과 김 씨가 부담하는 세금은 다음과 같다.

구분	P병의원	김 씨	계
근로소득세	1,230만 원	–	1,230만 원
사업소득세	–	1,230만 원	1,230만 원
증가한 세금	1,383만 원	1,383만 원	2,766만 원
계	2,613만 원	2,613만 원	5,266만 원

근로소득과 퇴직소득의 세금 차이

근로소득과 퇴직소득 중 퇴직소득이 세금이 더 저렴하다. 근로소득은 과세표준에 세율 6~45%를 곱해 계산하나 퇴직소득은 퇴직소득을 근속연수로 나눈 후에 6~45%를 곱해 계산하는 방식(연분연승법)을 취하고 있기 때문이다. 따라서 페이닥터에 대한 급여를 지급할 때에는 이러한 부분을 고려할 필요가 있다(저자 카페 문의).

퇴직금 지급설계

직원퇴직금과 관련해 최근 많은 내용들이 바뀌었다. 대표적인 것이 바로 퇴직급여충당금제도의 폐지와 퇴직연금제도의 확대다. 병의원 원장들은 퇴직금제도가 재무제표에 어떤 영향을 주고 이 제도를 어떻게 활용하는 것이 유리한지를 이해할 필요가 있다. 이하에서 자세히 살펴보고자 한다.

병의원 원장 J씨는 요즘 퇴직금제도가 어떤 식으로 진행되고 있는지, 그리고 퇴직금을 어떤 식으로 지급해야 하는지 등이 궁금하다. 그리고 퇴직금 지급방법에 따른 비용처리법도 궁금하다. 원장 J씨의 궁금증을 해결해보자.

Solution | 문제를 해결하기 위해서는 먼저 병의원이 당면하고 있는 퇴직금제도에 대해 알아보자.

1. 퇴직금제도
퇴직금제도에 대한 자세한 내용은 '근로자퇴직급여보장법'에서 규율하고 있다. 이 법에서는 사업자의 경우 계속근로기간 1년에 대해 30일분 이상의 평균임금을 의무적으로 지급하도록 하고 있다(4인 이하 사업장도 지급해야 함). 한편 퇴직금을 지급하는 방법에는 크게 ① 퇴직 시에 퇴직금을 일시금으로 지급하는 방법, ② 매년 퇴직연금을 불입하는 방법이 있다.

2. 퇴직금제도와 비용처리법
퇴직금 지급방법에 따라 세무상 비용처리는 어떻게 하는지 정리하면 다음과 같다.

퇴직일시금 지급		퇴직연금 지급	
퇴직급여충당금 적립 시	퇴직금 지급 시	확정급여형(DB형)	확정기여형(DC형)
퇴직급여충당금(부채)로 적립한 재원으로 지급하는 유형	실제 퇴직 시 지급하는 유형	병의원이 확정된 퇴직금을 지급하는 유형	운용책임이 직원에게 있는 유형
퇴직금추계액의 일정률만 비용 인정 * 일정률 – 2013년 : 15% – 2014년 : 10% – 2015년 : 5% – 2016년 : 0%(폐지)	실제 퇴직금 지급 시 100% 비용처리	연금불입 시 퇴직연금 불입액 100% 비용처리	연금불입 시 100% 비용처리
비용처리기능이 사실상 없어짐. 따라서 실제 퇴직 시 또는 퇴직연금가입으로 이를 보완해야 함.	실제 퇴직 시까지 비용처리를 할 수 없다는 단점이 있음.	퇴직연금은 가입유형과는 별개로 지출금액 전액을 지출된 연도에 비용처리할 수 있음.	

Consulting | 퇴직금과 관련해 병의원 원장들이 점검해야 할 내용들을 정리하면 다음과 같다.

1. 퇴직금 중간정산의 제한

2012년 7월 26일부터는 퇴직금 중간정산이 제한되고 있다. 다만, 법에서 정한 사유(아래 참조)로 근로자가 중간정산을 요구하는 경우에는 퇴직금을 미리 정산해 지급할 수 있다. 미리 정산해 지급한 후의 퇴직금 산정을 위한 계속근로기간은 정산시점부터 새로이 기산하도록 하고 있다.

※ 근로자퇴직급여 보장법 시행령 제3조(퇴직금의 중간정산 사유)

① 법 제8조 제2항 전단에서 '주택구입 등 대통령령으로 정하는 사유'란 다음 각 호의 어느 하나에 해당하는 경우를 말한다.

1. 무주택자인 근로자가 본인 명의로 주택을 구입하는 경우
2. 무주택자인 근로자가 주거를 목적으로 '민법' 제303조에 따른 전세금 또는 '주택임대차보호법' 제3조의2에 따른 보증금을 부담하는 경우
3. 6개월 이상 요양을 필요로 하는 다음 각 목의 어느 하나에 해당하는 사람의 질병이나 부상에 대한 요양비용을 근로자가 부담하는 경우 등
   가. 근로자 본인

나. 근로자의 배우자

다. 근로자 또는 그 배우자의 부양가족

2. 퇴직연금 가입 시 DB형과 DC형 중 선택

일반적으로 사업자들은 매년 연봉계약을 할 때 책정한 퇴직금을 퇴직연금으로 불입하면 그 책임이 끝나는 DC형을 채택하고 있다. 간혹 DB형을 채택하는 병의원들 중 실무적으로 부채만을 잡는 경우가 빈번한데, 자산도 함께 잡아야 한다는 점에 주의해야 한다. 자산이 과소계상되면 이익이 과소계상되어 세무조사 시 문제가 될 수도 있기 때문이다.

병의원이 퇴직연금을 가입하지 않으면 어떤 벌칙이 있을까?

퇴직연금에 가입하지 않아도 특별한 벌칙이 없다.

실전연습   L병의원의 올해 손익계산서가 다음과 같이 예측된다고 하자.

매출액	100,000,000원
−매출원가	20,000,000원
=매출총이익	80,000,000원
−판매관리비 급여 상여 퇴직급여 복리후생비 등	70,000,000원 30,000,000원 0원 0원 40,000,000원
=당기순이익	10,000,000원

L병의원은 직원에 대한 퇴직금을 실제 퇴직 시에 지급하면서 비용처리를 해왔다. 만일 이러한 상황에서 L병의원이 이번에 퇴직연금에 가입해 1,000만 원을 납입했다면 과세소득은 얼마인가? 단, 이 연금은 DB형이라고 하자.

· 당기순이익 10,000,000원

- 퇴직연금부담금 10,000,000원

= 과세소득 : 0원

※ 참고로 퇴직연금부담금(DB형)은 원래 자산성격이므로 바로 경비로 처리할 수 없다. 하지만 세법은 퇴직연금의 가입을 촉진하기 위해 종합소득세 신고과정에서 퇴직연금가입금상당액을 비용처리(필요경비산입)할 수 있도록 세무조정을 허락하고 있다. 한편 직원이 책임지는 DC형은 별도의 세무조정이 필요 없고 당기순이익에서 바로 차감된다.

퇴직금 비용 처리법(요약)

☑ 퇴직연금에 가입 시에는 연 단위로 비용처리를 할 수 있다.
☑ 퇴직연금에 미가입 시에는 원칙적으로 퇴직 시에 비용처리를 할 수 있으나, 소득세법 시행령 제43조 제2항에 해당하는 경우에는 중간지급 시에도 비용처리를 할 수 있다.

※ 소득세법 시행령 제43조 퇴직판정의 특례

② 계속근로기간 중에 다음 각 호의 어느 하나에 해당하는 사유로 퇴직급여를 미리 지급받은 경우(이를 '퇴직소득중간지급'이라 한다)에는 그 지급받은 날에 퇴직한 것으로 본다.

　1. '근로자퇴직급여 보장법 시행령' 제3조 제1항 각 호*의 어느 하나에 해당하는 경우

　　* 앞에서 본 주택구입, 6개월 이상 요양 등의 사유를 말한다.

　2. 삭제(2015. 02. 03)

　3. '근로자퇴직급여 보장법' 제38조에 따라 퇴직연금제도가 폐지되는 경우

직원 채용에 따른 인건비 관리법

1. 인건비 비용처리법
급여와 퇴직금 등의 인건비를 지급하면 해당 금액은 병의원의 비용으로 인정된다. 이 때 가족에게 인건비를 지급할 때는 실제 근무했음을 입증할 수 있는 근거를 확보해두 는 것이 좋다.

2. 원천징수
직원으로 고용되어 근무하면 근로소득, 일용직으로 근무하면 일용직 근로소득으로 보 아 세법에 맞게 원천징수를 해야 한다.

구분	원천징수세율	비고
근로소득	기본세율	
일용직 근로소득	6.6%	일당 15만 원 공제
사업소득	3.3%	
퇴직소득	기본세율	

3. 4대 보험 부담
직원을 고용하면 4대보험료를 부담해야 한다. 일용직의 경우에는 근무시간(월 60시간 등)에 따라 가입의무 내용이 달라진다.

4. 세제지원 혜택
신규로 고용증가를 시키면 세법에서 1인당 최대 1,500만 원(3년간 4,500만 원) 정도의 세액공제 혜택을 준다. 자세한 내용은 188페이지를 참조하기 바란다.

병의원 원장들이 알아두어야 할 노무관리제도를 4인 이하 사업장과 5인 이상 사업장으로 구분해 살펴보면 다음과 같다. 참고로 아래와 같은 내용들이 지켜지지 않으면 300~2,000만 원 이하의 벌금 등이 나올 수 있다. 따라서 사전에 노무리스크를 방지하는 것이 중요하다. 자세한 내용은 노무사 등 전문가들과 상의하기 바란다.

구분	4인 이하 사업장	5인 이상 사업장
근로계약	작성 후 서면발급	좌동
근로시간(주 52시간)	미적용	5인~50인 미만 : '21. 7. 1 시행
최저임금제	최저 시급 지급	좌동
퇴직금제도	1년에 대해 30일분 이상의 평균임금 지급	좌동
연장/야간/휴일수당	미적용	통상임금의 50% 지급
휴업수당	미적용	휴진 시 평균임금의 70% 지급
출산휴가 및 육아휴직	90일(배우자 출산휴가 10일)간의 출산휴가 및 요청 시 육아휴직 부여	좌동
휴게시간	4시간마다 30분 휴게시간 지급	좌동
연차휴가	미적용	1년간 80% 이상 출근 시 15일의 연차휴가 지급
취업규칙	미적용	10인 이상 사업장에 적용
해고예고*	30일 전에 해고예고 또는 30일분의 해고수당 지급	좌동(추가 : 정당한 이유 없이 해고는 할 수 없음)
기타	근로자명부 작성비치, 성희롱예방교육 등	

* 단, 3개월 미만의 일용근로자, 2개월 이내 기간제 근로자, 3개월 이내의 수습사원 등은 제외

☞ 최저임금제도에 대해서는 97페이지를 참조하기 바란다. 이외 다음 페이지에서 보는 근로계약서도 반드시 미리 작성해두는 것이 좋다.

근로계약서 샘플

아래는 근로계약서 샘플이다. 이를 작성할 때에는 앞에서 나온 내용들을 참고하고 최종적으로 노무전문가의 확인을 받아 시행하도록 하자.

근로계약서

근 로 자	성 명		주민등록번호	
	주 소		(Tel :)	
	직 급		부 서 명	
업 무 내 용				
고 용 기 간	년 월 일부터 년 월 일까지			
근 무 시 간	평 일 : 오(전, 후) 시 분부터 오(전,후) 시 분까지 토요일 :			
휴 게 시 간	중 식 :			
급 여	* 연봉액 : 원(월지급액 : 원) * 시간급(시간제의 경우) : 원(월지급액 : 원) * 급여지급일 : 매월 일			
급 여 특 약	상여금 : 원 퇴직금 : 원			

상기와 같이 근로계약을 체결하고 근로자는 아래 사항을 준수할 것을 약정합니다.

〈일반사항〉
1. 근로자는 회사의 업무를 성실히 수행하며 회사의 이익을 위해 자신의 능력을 최대한 발휘하고 회사의 제반 규정을 준수한다.
2. 근로자는 재직 중 또는 퇴직 후에라도 회사의 기밀이나, 직무상 지득한 중요사항을 무단히 타에 누설해서는 아니 된다.
3. 회사의 제반 규정을 준수하지 못하거나, 담당업무를 태만히 했을 경우에는 회사는 언제든지 고용계약을 해지할 수 있다.
4. 경영상의 불가항력적 사유를 포함한 합리적 사유로 고용이 불가능할 때에는 고용계약기간에 불구하고 계약을 해지한다.

〈특약사항〉
1. 위 퇴직금은 퇴직연금(DC형)으로 지급한다.
2.

(사용자) 병의원 명 :	(근로자)
주 소 :	주민번호 :
대 표 : (인)	성 명 : (인)

PART 02

병의원 절세 편

'병의원 절세 편'에서는 병의원들이 각종 세금신고를 할 때 대두되는 다양한 세무상 쟁점들과 이에 대한 해법을 알아본다. 먼저 병의원의 세금이 점점 증가하는 이유를 분석해보고, 이에 대한 해법의 하나로 표준소득률제도를 분석한다. 이후 원천세, 부가가치세, 종합소득세 등을 신고할 때 어떠한 점에 유의해야 하는지 그에 따른 절세전략은 어떻게 되는지도 아울러 검토한다. 한편 병의원세금 중 가장 높은 비중을 차지하는 종합소득세 절세를 위해서는 매출과 비용처리가 제대로 되어야 하는데 별도의 장을 두어 이에 대해 다각도로 분석한다. 실무적으로 매우 중요한 부분에 해당한다.

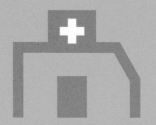

병의원의 세금이
점점 증가하는 이유

예비 원장들이 겪게 되는 세금

대한민국에서 의사는 상당히 고소득층으로 분류되고 있다. 그런데 이들의 신분이 봉직인지, 아니면 사업자인지에 따라 만나게 되는 세금이 달라진다. 이에 대해 알아보자.

서울 영등포구에서 살고 있는 성미령 씨는 개원을 고려 중에 있다. 하지만 개원가의 환경이 그렇게 녹록지가 않아 개원보다는 일정기간 동안 급여를 받거나 아니면 현재 타인이 운영 중인 병의원에 지분을 투자하는 공동개원도 생각하고 있다. 따라서 그가 선택할 수 있는 유형은 세 가지가 되는데, 이때 그가 창출한 소득에 대한 세금은 어떤 식으로 구분될까?

Solution | 성 씨가 만나는 세금은 그의 신분에 따라 다음과 같이 달라진다.

구분	봉직의*	개원	
		단독개원	공동개원
소득의 종류	근로소득	사업소득	사업소득
세금정산방법	연말정산	종합소득세정산	종합소득세정산
세금정산시기	다음 해 2월	다음 해 5월(6월)	다음 해 5월(6월)

*봉직의 : 페이닥터(Pay Doctor(PD), 월급 받는 의사를 말함)

봉직의가 받는 급여는 세법상 근로소득에 해당하며, 다음 해 2월 중에 연말정산의 방법으로 세금을 정산하게 된다. 만일 개원을 한 경우에는 원칙적으로 모두 사업소득에 해당하며, 다음 해 5월(6월) 중 종합소득세로 정산하게 된다.

Consulting | 예비 원장들의 세금을 이해하기 위해서는 먼저 신분에 따른 소득분류와 세금계산방식을 정확히 이해할 필요가 있다.

1. 소득분류

봉직의	사업자
근로소득	사업소득
총급여 −근로소득공제 =근로소득금액 −종합소득공제 =과세표준 ×세율(6~45%) =산출세액	매출 −비용 =사업소득금액 −종합소득공제 =과세표준 ×세율(6~45%) =산출세액
계산 사례	**계산 사례**
〈급여가 1억 1,000만 원이고 근로소득공제액이 1,000만 원, 소득공제액이 1,000만 원인 경우〉 총급여 : 1억 1,000만 원 −근로소득공제 : 1,000만 원 =근로소득금액 : 1억 원 −종합소득공제 : 1,000만 원 =과세표준 : 9,000만 원 ×세율(6~45%) : 35% −누진공제 : 1,544만 원 =산출세액 : 1,606만 원	〈매출이 2억 원이고 비용이 1억 원, 소득공제액이 1,000만 원인 경우〉 매출 : 2억 원 −비용 : 1억 원 =사업소득금액 : 1억 원 −종합소득공제 : 1,000만 원 =과세표준 : 9,000만 원 ×세율(6~45%) : 35% −누진공제 : 1,544만 원 =산출세액 : 1,606만 원

※ 절세포인트

☑ 근로소득의 경우에는 종합소득공제와 세액공제를 많이 받는 것이다.

☑ 사업소득의 경우에는 매출과 경비의 관리가 필요하고 종합소득공제와 세액공제를 많이 받는 것이다.

실전연습 | 앞의 성 씨는 바로 개원을 하지 않고 봉직의 형태로 근무한 후 개원하기로 마음을 먹었다. 자료가 다음과 같을 때 과세방식은 어떻게 될까?

〈자료〉
- 20×8년 1월~20×8년 7월 : 봉직의 근무해 1억 원 수령
- 20×8년 10월~ : 개원해 2,000만 원 손실발생

20×8년의 경우 성 씨의 신분은 두 가지가 된다. 이에 따라 소득도 근로소득과 사업소득 두 가지가 발생한다. 이런 경우 어떤 식으로 세금을 정산할까?
세법에서는 한 개인에게 6가지 소득(이자·배당·사업·근로·연금·기타소득)이 발생하면 원칙적으로 이를 합산해 과세하도록 하고 있다. 이를 '종합과세'라고 한다.

구분	근로소득	사업소득	비고
발생기간	20×8년 1월~7월	20×8년 10월~12월	-
소득	1억 원	△2,000만 원	근로소득과 사업소득을 합산해 과세함.

그런데 여기서 한 가지 궁금한 것은 사업소득의 손실을 근로소득에서 차감할 수 있느냐 하는 점이다. 이에 대해 세법은 사업소득에서 발생한 결손금은 보통 15년간 다른 소득에서 공제할 수 있도록 허용하고 있다. 따라서 성 씨는 2,000만 원의 손실액을 근로소득에서 차감해 8,000만 원으로 신고할 수 있다. 그 결과 근로소득에서 낸 세금을 일부 돌려받을 수 있다.

나의 신분과 소득의 종류

☑ 봉직의 : 근로소득
☑ 개원 : 사업소득
☑ 봉직의 → 봉직의 : 근로소득과 근로소득을 합산(다음 해 2월 연말정산)
☑ 봉직의 → 개원 : 근로소득과 사업소득을 합산(다음 해 5월 또는 6월 종합소득세정산)

병의원의 세금이 점점 증가하는 이유

의사들은 다른 사업자들에 비해 부가가치를 많이 창출하다 보니 상대적으로 세금을 더 많이 내는 구조로 되어 있다. 그 결과 의사들이 부담하는 세금수준은 다른 업종의 사업자들보다 상당히 높다. 지금부터는 의사들의 세금이 왜 점점 증가하는지, 이에 대한 내용을 살펴보자.

서울 자양동에서 치과를 개원하고 있는 김용 씨의 연간 매출은 5억 원 가량이 된다. 그리고 비용은 직원 인건비 및 임대료 그리고 각종 의료용품비 등을 포함하면 3억 원 가량이 된다. 이 경우 소득세는 얼마가 될까? 단, 세율은 6~45%를 적용하며, 기타 사항은 무시하기로 한다.

Solution | 일단 소득세는 소득금액에서 종합소득공제액을 차감한 과세표준에 6~45%를 적용해 산출세액을 계산한다. 이 사례에서는 종합소득공제액이 없다고 가정했으므로 다음과 같이 소득세를 간단하게 계산할 수 있다.

구분	금액	비고
소득금액	2억 원	매출 3억 원-비용 1억 원
-산출세액	5,606만 원*	2억 원×38%-1,994만 원(누진공제)
=가처분 소득	1억 4,394만 원	
조세부담율	28.0%	산출세액/소득금액

* 아래의 세율 적용법을 참조하라.

소득금액은 병의원을 운영하면서 남긴 이윤이라고 할 수 있는데, 이 중 28.0%가 세금으로 빠져나가므로 고소득자들은 기본적으로 납부해야 하는 세금에 대해서 상당한 고충을 느끼게 된다.

※ 병의원세금을 증가시키는 원인들

☑ 높은 누진세율의 적용(6~45%)

☑ 소득공제혜택 축소(소득공제방식을 세액공제방식으로 전환)

☑ 10만 원 이상 현금영수증 의무발급 및 확대(30만 원에서 10만 원으로 인하)

☑ 미용목적수술에 대한 부가가치세 확대(5개 항목에서 그 이상으로 항목확대)

☑ 성실신고확인제도 시행 및 확대(2014년 귀속분부터 7억 5,000만 원에서 5억 원으로 인하)

☑ 사후검증 및 세무조사 등 확대 등

Consulting | 앞으로 병의원세무를 이해할 때에는 개인의 소득에 부과되는 세율구조를 정확히 이해할 필요가 있다. 현행 소득세율은 다음과 같은 구조로 되어 있다(2024년 기준).

과세표준	세율	누진공제
1,400만 원 이하	6%	–
1,400만 원~5,000만 원 이하	15%	126만 원
5,000만 원~8,800만 원 이하	24%	576만 원
8,800만 원~1억 5,000만 원 이하	35%	1,544만 원
1억 5,000만 원~3억 원 이하	38%	1,994만 원
3억 원~5억 원 이하	40%	2,594만 원
5억 원~10억 원 이하	42%	3,594만 원
10억 원 초과	45%	6,594만 원

※ 누진세율 적용 예 : 과세표준이 2억 원인 경우(위의 사례)

· 2억 원×38%-1,994만 원(누진공제) : 5,606만 원

실전연습　앞의 김용 씨가 단독개원이 아닌 공동개원을 한 경우로써 소득
금액이 3억 원(김용 씨의 몫은 이 중 1억 5,000만 원이다)으로 증가
되었다고 하자. 이 경우 김 씨가 내는 세금과 가처분 소득을 단
독개원과 비교해보라.

구분	① 단독개원 시	② 공동개원 시	차이(=①-②)
소득금액	2억 원	1억 5,000만 원	5,000만 원↓
-산출세액	5,606만 원	3,706만 원	1,900만 원↓
=가처분 소득	1억 4,394만 원	1억 1,294만 원	3,100만 원↓

결과를 보면 공동개원이 단독개원보다 유리하다고 볼 수 없다. 왜냐하
면 단독개원보다 세금은 1,900만 원 줄어들었으나, 주머니에 남은 가처
분 소득은 오히려 3,100만 원이 줄어들었기 때문이다. 따라서 공동개원
이 무조건 좋은 것만은 아니라는 것을 알 수 있다.

Tip 매출액의 크기와 세법의 규제제도

의료업은 연간 매출액이 7,500만 원을 넘어가면 회계처리를 통한 장부를 작성해야 하
는 한편 매출액이 5억 원 이상 시 세무대리인으로부터 비용을 일일이 검증받는 성실신
고확인제도가 적용된다.

구분	복식부기의무제도*	성실신고확인제도
1차산업, 도소매업 등	3억 원 이상	15억 원 이상
음식점업/건설업 등	1억 5,000만 원 이상	7.5억 원 이상
부동산임대업/의료보건업 등 서비스업	7,500만 원 이상	5억 원 이상

* 복식부기의무자 : 거래금액이 건당 10만 원 이상 시 현금영수증 의무발급제도가 적용된다.

성실신고확인제도의 모든 것

이 제도는 개인사업자들의 소득투명성 제고를 위해 2012년 소득분부터 적용되고 있다.

1. 이 제도의 도입취지
직전연도 수입금액이 업종별로 일정금액 이상이 되는 경우 세무대리인으로부터 장부내용을 검증받도록 하는 제도를 말한다. 이는 개인사업자의 성실신고를 유도하고 세무조사 인력 부족 등 행정력의 한계를 보완하려는 취지하에 마련되었다.

2. 이 제도의 적용대상자
원칙적으로 모든 개인사업자를 대상으로 해야 하나 효율적인 집행을 위해 업종별로 수입금액이 다음 금액 이상이 되는 사업자로 한다. 이때 수입금액은 당해 연도를 기준으로 한다. 즉 2024년도에 개원을 해서 수입금액이 5억 원 이상인 경우 성실신고확인대상사업자가 된다는 것이다.

업종	2017년	2018년 이후
농업 등 1차 산업, 부동산 매매업, 도·소매업 등	20억 원 이상	15억 원 이상
제조업, 숙박업, 음식업, 금융 및 보험업 등	10억 원 이상	7.5억 원 이상
의료보건 및 사회복지서비스업, 부동산 임대업 등	5억 원 이상	5억 원 이상

참고로 폐업자도 이 제도를 적용받는다. 한편 공동사업자의 경우 전체 수입금액을 가지고 판단한다. 2개 이상의 사업장이 있는 경우에는 같은 업종은 각 사업장의 수입금액을 합산하며, 다른 업종은 법(소득세법 시행령 제133조 제2항)에 따라 합한 금액을 기준으로 한다.

3. 위반 시 불이익

성실신고확인대상자가 기한(다음 해 6월 30일까지) 내 성실신고확인서를 제출하지 않으면 산출세액의 5% 상당액의 가산세를 부과한다. 이외 무신고가산세 등을 부과하며, 세무조사 대상으로 선정하는 강수를 둘 수 있다.

성실신고확인제도에 대한 대책

① 매출액관리
매출액이 높으면 성실신고확인제도 등을 적용받게 된다. 따라서 매출액 수준을 관리할 필요가 있다. 한편 매출누락이 발생하면 많은 세금이 추징될 가능성이 높으므로 이에 대해서도 유의해야 한다.

② 경비처리지침
이 제도는 모든 계정과목에 대해 건별로 정당한 지출인지를 가리게 되므로 경비처리지침을 만들어 시행토록 한다. 참고로 성실신고확인제도하의 경비 검증방법에 대해서는 207페이지를 참조하기 바란다.

③ 의료법인으로 관리
이 제도는 개인사업자에게만 적용되므로 개인과 법인 간에 차이가 없다면 의료법인을 설립해 사업을 진행하는 것이 더 나을 수도 있다(이에 대해서는 PART 04를 참조할 것).

병의원 원장의 세금관리법

'경제는 심리다'라는 말이 있듯이 최근 병의원 관련 세무환경이 점점 강화되어 의사들의 진료의욕이 상당히 떨어지고 있다. 그렇다면 병의원 원장들은 세금을 어떻게 관리해야 할까?

성공한(45세) 씨는 서울 강남구 압구정동에서 성형외과를 운영하고 있다. 수입은 전과 같지 않는데 요즘 점점 강화되는 납세환경에 상당히 불안해하고 있다. 그는 구체적으로 어떤 고민을 하고 있을까?

Solution | 병의원 원장(CEO)들이 세금에 대해 걱정하는 이유를 나열하면 다음과 같다.

첫째, 고소득자에 대한 정부의 압박이 심하다.
저성장에 의해 세수가 부족해지자 고소득자를 대상으로 세수증대 확대책이 연일 쏟아지고 있다. 예를 들어 고소득자에 대한 세무조사 강화, 성실신고확인제 도입 등이 그 예다. 이러한 제도가 도입되면 자발적으로 신고소득률을 올려 신고하는 경향이 높다.

둘째, 소득세 부담이 크다.
개인들이 부담하는 소득세는 소득이 높아질수록 세금도 누진적으로 증가하게 된다. 예를 들어 과세표준이 5,000만 원인 경우의 산출세액과 1억 원인 경우의 산출세액의 차이를 비교해보면 다음과 같다.

구분	5,000만 원인 경우	1억 원인 경우	차이
산출세액	624만 원	1,956만 원	1,332만 원
평균세율*	12.48%	19.56%	7.08%

* 산출세액/과세표준

과세표준이 5,000만 원인 경우 평균세율은 12.48%가 되나 1억 원인 경우에는 19.56%로 상승하게 된다.

셋째, 재산증식 시에 다양한 세무위험에 노출된다.
고소득자들은 본인이나 가족 명의로 취득하는 부동산 등이 병의원의 소득과 연계되어 관리되므로 재산 취득자금에 대한 세무조사 등이 빈번하게 일어날 수 있다. 실제 세무조사가 발생해 탈루소득이 적출되면 상당히 큰 세금이 추징될 수 있다.

※ **재산증식 때 주의해야 할 제도들**
☑ PCI시스템(소득과 지출을 비교해 탈루소득을 찾아냄)
☑ 금융 관련 거래제도(차명계좌 처벌제도, 혐의거래보고제도, 해외계좌신고제도 등)
☑ 자금출처조사

Consulting | 병의원을 경영하는 원장의 입장에서는 병의원과 개인의 세금을 동시에 관리하는 것이 바람직하다. 물론 이 중 병의원의 세금을 더 철저히 관리하는 것이 좋다. 이때에는 다음과 같은 관점에서 관리하도록 한다.

1. 수익과 비용

관리방안	손익구조		관리방안
비용관리	비용	매출	· 매출분석 등 매출관리
· 적정한 이익관리 · 적정한 세금 및 세무조사 예방 관리	이익		· 네트워크 참여 등 사업구조조정

※ **중점관리 항목들**
☑ 보험급여의 중복매출 계상 여부(특히 사업장 현황 신고 시에 검토해야 함)
☑ 비보험급여의 누락 여부(세무조사 시 주요 점검항목임)
☑ 경비 누락 여부(매월 지출되는 관리비 등)
☑ 3개월 단위 결산체제
☑ 손익계산서상의 각 항목 전년도 비교(동종업계 비교) 등

2. 자산과 부채

관리방안	재무상태구조		관리방안
· 현금관리 · 인테리어 등 자산 관련 의사결정	자산	부채	부채조달 및 상환관리
		자본	

※ 중점관리 항목들
☑ 각 자산별 감가상각방법
☑ 부채조달 및 상환 여부 등

참고로 국세청 TIS(국세청 통합시스템, Tax Integrate System)는 개인 및 세대구성원에 대해 다음과 같은 세금정보를 보유하고 있다. 이러한 정보도 세금관리를 위해 필수적으로 알아야 한다.

소득·소비	자산·부채
· 원천징수 되는 모든 종류의 소득 · 신용카드 매출내역 및 사용 실적(해외 사용실적 포함) · 세금계산서와 POS에 의한 매출, 매입 실적 · 연말정산 관련 자료 : 보험료, 개인연금저축, 연금저축, 퇴직연금, 교육비, 직업훈련비, 의료비, 신용카드, 현금영수증 사용금액 등	· 주식 취득 및 보유현황 · 지방세 중과 대상인 고급주택, 고급선박, 별장 등 보유현황 · 자동차 보유현황 · 부동산의 취득 및 보유현황(상속, 증여, 매매 등) · 부동산 임대현황 · 외국환 매각자료, 해외 송금 자료

실전연습 K병의원의 동종업계 평균신고소득률은 30%다. K병의원은 이번 연도의 손익을 가결산해본 결과 소득률이 20% 정도가 되었다. 평균신고소득률에 비해 10%포인트가 낮은데 5%포인트를 추가하고 싶어 한다. 자료가 다음과 같을 때 어떤 방법으로 추가해야 하는가?

〈손익자료〉
· 매출(수입) : 3억 원
· 감가상각비 : 5,000만 원
· 복리후생비 : 2,000만 원 등

일단 앞의 자료로 신고상황을 추론해 보고 결론을 낼 수 있다. 다음 내용을 살펴보자.

첫째, 당기순이익은 6,000만 원 정도가 된다. 매출액 3억 원에 신고소득률 20%를 곱하면 이를 예측할 수 있다.

둘째, 신고소득률을 25%로 하는 경우 필요한 당기순이익은 7,500만 원 (=3억 원×25%)이 된다. 따라서 당기순이익을 1,500만 원 늘리면 소득률을 증가시킬 수 있다.

셋째, 매출누락이 없는 상황에서 당기순이익을 증가시키려면 비용을 줄일 수밖에 없다. 이런 상황에서는 감가상각비의 일부를 제외해 당기순이익을 끌어올리면 된다. 이때 제외된 감가상각비는 다음 해에 비용으로 계상할 수 있다.

※ 감가상각제도의 주요 특징

☑ 감가상각비는 언제든지 비용처리를 할 수 있는 아주 중요한 비용항목이다.

☑ 자산종류별로 감가상각방법을 달리 정할 수 있다. 예를 들어 인테리어와 의료장비가 있는 경우, 의료장비에 대해서만 감가상각처리를 할 수 있다.

세무조사의 종류

세무조사는 병의원 CEO들에게 매우 관심 있는 주제다. 병의원과 CEO를 대상으로 하는 세무조사는 다양하게 존재한다.

☑ 병의원을 경영하면 소득세나 부가가치세 등에 대한 세무조사가 있다.

☑ 재산을 취득하면 취득자금에 대한 자금출처조사가 있다.

☑ 부채를 상환하면 상환자금에 대한 자금출처조사가 있다.

결산보고는 이렇게 받자

당해 병의원이나 병의원을 대상으로 업무를 진행하는 세무업계에서는 다음과 같은 형식을 감안해 결산진행 및 보고가 되어야 한다.

1. 결산분석
결산은 최소한 분기별로 진행되는 것이 좋다.

(1) 1~3분기
1~3분기의 경우에는 주로 전년도의 동기와 당해 연도의 1~2사분기와 비교해 증감률 등을 확인한다.

구분		20X0년 1사분기	20X1년 1사분기	차이	증감률
매출	보험				
	비보험				
	계				
비용	인건비				
	기타 등				
	계				
이익					
소득률					

(2) 4분기
4분기는 연말이 포함되어 있으므로 1년간의 실적을 최종 집계하는 의미가 있다. 따라서 다음과 같이 전년도와 비교하는 방식으로 결산분석이 진행되어야 한다. 참고로 4분기의 결산은 다음해 1월 10일까지 완료하는 것이 이상적이다. 전자세금계산서나 전자계산서 등을 추가로 받을 수 있고, 인건비 등에 대한 실적도 이 기간 내에 신고할 수 있기 때문이다.

구분		20X0년	20X1년 1~3사분기	20X1년 4분기(가결산)	20X1년	차이	증감률
매출	보험						
	비보험						
	계						
비용	인건비						
	기타 등						
	계						
이익							
소득률							
소득세 등							

※ 3개년도 추세분석

위의 내용을 3개년도 등으로 확대해서 추세분석을 하는 경우에도 많은 정보를 얻을 수 있다.

구분		20X9년	20X0년	20X1년	20X0년 대비 증감률
매출	보험				
	비보험				
	계				
비용	인건비				
	기타 등				
	계				
이익					
소득률					
소득세 등					

2. 사업장 현황 신고 및 종합소득세 신고

사업장 현황 신고(2월 10일)나 종합소득세 신고(5월, 6월) 시에는 다음과 같은 내용들이 보고되어야 한다.

(1) 소득률 분석

구분	20x0년	20x1년	증감률
총수입금액			
신고소득률			
표준소득률 대비 신고수준			

(2) 납부세액 분석

구분	20x9년	20x0년	20x1년	전년도 대비 증감액	비고
매출액					
−필요경비					
=순이익					
±세무조정					
=소득금액					
−소득공제					
=과세표준					
×세율					
=산출세액					
−세액감면					
−세액공제					
=결정세액					
−원천징수세액					
−중간예납세액					
=총결정세액					
+지방소득세					
=총납부할 세액					
실효세율(총세액/수입)					

☞ 대책 안을 마련할 때는 성실신고안내문 등에 기재된 내용, 업계 동향 등을 감안해 최적안을 도출하도록 한다.

병의원세금은 다른 사업자에 비해 과중한 것이 일반적이다. 거기에다 세수(稅收)가 필요할 때마다 정부는 의사들을 고소득군으로 분류해 이런 저런 제도를 추가해 세금을 더 거둬가고 있는 실정이다. 이러다 보니 개원가를 중심으로 퍼지고 있는 병의원세금에 대한 오해들이 상당히 많다. 이러한 문제들을 정리해보고자 한다.

1. 수입차를 타거나 고가의 아파트를 사거나 또는 금융기관에 부채를 일시상환하면 세무조사를 받는다.
☞ 꼭 그렇다고 볼 수는 없다. 다만, 자산취득금액과 신고한 소득에서 차이가 나면 조사대상이 될 수 있다.

2. 세무조사는 5년마다 나온다.
☞ 그렇지 않다. 여러 가지 상황들이 맞아야 조사대상자가 된다.

3. 소득률이 낮으면 세무조사가 나온다.
☞ 동종업계의 평균소득률보다 현저히 떨어지면 문제가 된다. 상당히 일리가 있는 문구다. 참고로 당해 병의원의 신고소득률은 평균소득률의 80% 이상은 나오도록 관리하는 것이 사후적으로 좋다.

4. 세무조사가 나온 후에는 한동안 세무조사(재조사)는 없다.
☞ 그렇지 않다. 전혀 근거가 없는 말이다.

5. 나중의 조사를 위해 지금 대충 신고를 해도 된다.
☞ 어차피 성실하게 신고해도 세무조사가 나온다면 세금을 내야 하니 이러한 생각들을 하게 된다. 바람직한 현상은 아니다.

6. 매출을 제대로 신고하면 세무조사는 안 나온다.
☞ 그렇지 않다. 소득률이나 신고서의 내용이 부실하다면 조사가 나올 수 있다.

7. 개원 초기는 세무조사가 안 나온다.
☞ 그렇지 않다. 1~2년 차에 세무조사가 나온 사례도 많다.

8. 실력 있는 세무사를 통하면 세무조사를 받아도 세금이 거의 안 나온다.
☞ 국세청 조사관도 감사를 받기 때문에 철저하게 소명자료를 준비해야
하며, 단순히 인맥이 좋다는 등의 이유로 세금을 줄여줄 수는 없다.

9. 사업장 현황 신고는 대충해도 된다.
☞ 사업장 현황 신고 사후검증에서 현장조사 대상자로 선정되거나 수정신
고 요청을 받은 경우에는 세무조사로 이어지는 경우가 많다. 따라서 사업
장 현황 신고는 매우 중요하다.

10. 사업용계좌에서는 생활비를 인출할 수 없다.
☞ 그렇지 않다. 생활비를 인출해도 되며 개인적인 거래를 해도 된다.

11. 병의원은 접대비를 인정받지 못한다.
☞ 조사관 중에서는 병의원에는 원래 접대비란 없는 것이라는 입장을 취하
는 사람이 많다.

12. 원장의 출퇴근용 차량은 1대까지 인정받을 수 있다.
☞ 원칙적으로 그렇다. 참고로 2016년부터는 원장이 출퇴근 목적으로 사
용하는 경우에도 이를 업무용으로 사용한 것으로 간주한다.

13. 병의원에서 약제품을 팔면 부가가치세가 없다.
☞ 부가가치세가 과세되는 의료행위나 처방전 없이 판매되는 약제품은
부가가치세가 과세되는 것이 원칙이다.

14. 세무회계사무소에 다 알아서 해준다.
☞ 그렇지 않다. 세무회계사무소는 객관적인 자료를 통해 회계처리 및 세
무신고만을 대신해준다. 병의원의 내부관리나 컨설팅이 중요한 이유다.

15. 있는 그대로 매출과 경비를 신고해서 겁날 게 없다.
☞ 그렇지 않을 수 있다. 털어서 먼지 안 나는 병의원 없다. 항상 문제점을
선제적으로 파악하고 적절한 대비책을 마련할 필요가 있다.

표준소득률과
소득세 절세원리

병의원의 주요 세금들

병의원세금에 대한 절세를 위해서는 병의원이 어떤 세금을 내고 있는지 부터 살펴보는 것이 필요하다. 병의원에서 세금은 가장 큰 지출항목 중의 하나로 세금체계와 납부스케줄을 알지 못하면 제대로 된 자금관리를 할 수 없기 때문이다.

인천시에서 내과 개원을 준비하고 있는 김판석 씨가 알아야 할 세금제도들에는 어떤 것들이 있을까?

Solution | 일반적으로 개인 병의원들이 부닥치는 세금문제는 크게 사업장 현황 신고와 부가가치세 및 종합소득세 신고 정도가 있다. 이 중 가장 중요한 세금은 종합소득세다. 이 세금은 개인소득의 일부를 내는 직접세에 해당하기 때문이다.

구분	업무주기	내용
사업장 현황 신고	다음 해 2월(10일)	사업장 현황 및 매출과 비용신고(가결산) ※ 매출누락 시 다양한 가산세가 있음.
부가가치세 신고	7월(25일) 다음 해 1월(25일)	성형외과 등의 미용목적수술에 대해 매출의 10%만큼을 부과
종합소득세 신고	· 일반 : 다음 해 5월 중 · 성실신고대상자 : 다음 해 6월 중	전년도 1월 1일부터 12월 31일까지의 종합소득에 대한 신고
원천세 신고	다음 월 10일 또는 반기별(7월 또는 다음 해 1월)	직원이나 페이닥터 등에게 월급 등을 지급할 때 원천징수한 세액을 납부

☞ 이외 4대보험료도 준조세에 해당된다. 4대보험료 중 특히 건강보험료의 부담이 상당하다.

Consulting | 사업장 현황 신고나 부가가치세 신고 또한 실무적으로 매우 중요하다. 이러한 신고를 제대로 하지 못하면 종합소득세가 많아지고, 불필요한 세무간섭을 받을 가능성이 높기 때문이다. 그렇다면 이 사업장 현황 신고와 부가가치세 신고는 종합소득세 신고와 어떤 관계가 있는가?

사업장 현황 신고는 부가가치세가 면제되는 사업자가 행하는 업무에 해당한다.

〈사업장 현황 신고 요약〉

구분	내용	비고
신고 대상 병의원	소아과, 정신과, 정형외과 등	일반적인 진료행위
신고 기한	다음 해 2월 10일	
신고 내용	사업장 현황 및 수입금액 등	
무신고 시 불이익	매출누락 시 가산세 제재	

한편 부가가치세 신고는 부가가치세가 과세되는 진료를 하는 병의원이 행하는 업무에 해당한다.

〈부가가치세제도 요약〉

구분	내용	비고
신고 대상 병의원	성형외과, 피부과 등	미용목적 수술행위
신고 기한	7월 25일, 다음 해 1월 25일	
신고 내용	'매출세액−매입세액'의 차액을 납부	
무신고 시 불이익	신고불성실가산세 등	

참고로 면세와 과세사업을 겸업하는 경우에도 부가가치세 신고를 해야 한다.

실전**연습**

1. J병의원에서는 외모개선 목적으로 소위 '양악수술'을 시행한 후 500만 원을 받았다. 이 수술에 대해 부가가치세 과세가 확정되었다고 한다면 J병의원이 부가가치세로 내야 할 금액은 얼마인가? 단, 500만 원에 부가가치세가 포함되지 않는 경우와 포함되어 있는 경우를 구분해 살펴보라.

(단위 : 원)

구분	포함되어 있지 않은 경우	포함되어 있는 경우	비고
공급가액	5,000,000	4,545,454	매출에 해당함.
부가가치세	500,000	454,546	매출과 무관
소비자가격	5,500,000	5,000,000	

부가가치세를 어떤 식으로 처리하느냐에 따라 J병의원의 수입(매출)이 달라진다.

2. J병의원의 연간 수입은 총 5억 3,000만 원(이 중 3,000만 원은 부가가치세)이고 지출비용은 3억 원이다. 소득금액에서 산출세액을 차감한 가처분 소득은 얼마인가? 단, 지방소득세는 제외하며 기타 사항도 무시하기로 한다.

구분	금액	비고
소득금액	2억 원	매출 5억 원-비용 3억 원 ※ 매출세액은 매출에서 제외됨.
-산출세액	5,606만 원	2억 원×38%-1,994만 원(누진공제)
=가처분 소득	1억 4,394만 원	

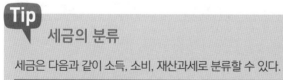

Tip
세금의 분류

세금은 다음과 같이 소득, 소비, 재산과세로 분류할 수 있다.

소득(Income and profits)과세	소득세, 법인세
소비(Consumption)과세	부가가치세, 주세, 교통·에너지·환경세, 개별소비세, 관세, 교육세 등
재산(Property)과세	상속·증여세, 증권거래세, 인지세, 종합부동산세 등

우리 병의원이 낸 세금은 적당한가?

병의원 소득세를 신고할 때 궁금한 것 중의 하나가 바로 본인이 낸 세금이 적정한지에 대한 것이다. 지금부터 이와 관련된 내용들을 살펴보자.

Y의사는 작년에 개원해 이번에 처음으로 종합소득세 신고를 준비 중에 있다. 그런데 작년의 매출은 2억 원이었으나 초기 개원비용도 많아 순이익은 2,000만 원에 불과하다. 따라서 순이익(소득금액)을 수입금액으로 나누면 10%의 이익률이 나오는데, 이 정도의 이익률로 신고하면 과세관청으로부터 간섭을 받지 않을까? 그가 운영하는 병과는 이비인후과다.

Solution | 이러한 물음에 답을 하기 위해서는 먼저 동종 병의원들이 내는 평균적인 세금을 알아보는 것이 중요하다. 쉽게 말하면 옆 병의원이 얼마를 내는지를 미리 파악해 이와 비교해 보는 것이다. 이럴 때 '표준소득률'이란 개념을 이용한다. 여기서 소득률은 수입금액에서 필요경비를 차감한 소득금액을 수입금액으로 나눈 비율을 말한다.

그렇다면 동종업계의 평균치인 표준소득률은 어떻게 계산할까?
이는 국세청에서 고시하고 있는 업종별로 고시된 단순경비율로 추정할 수 있다. 즉 100%에서 이를 차감하면 표준소득률을 계산할 수 있다는 것이다. Y씨가 운영하고 있는 병과인 이비인후과에 대한 단순경비율을 확인하면 다음과 같다. 이는 국세청 홈택스를 통해 조회할 수 있다.

코드번호	종목		적용범위 및 기준	단순경비율
	세분류	세세분류		
851206	의원	·일반의원	·이비인후과 ·고문료, 수당, 기타 이와 유사한 대가 포함	73.1

따라서 이비인후과의 표준소득률은 다음과 같이 계산할 수 있다.
· 이비인후과의 표준소득률 = 100%-73.1% = 26.9%

그렇다면 Y원장의 예상 소득률과 앞의 표준소득률의 차이는 얼마인가?
· 소득률 차이 = 26.9%-10% = 15.9%

이는 국세청에서 보는 표준소득률과 Y원장이 신고예정인 소득률의 차이가 15.9%로써 국세청 소득률의 37% 수준에서 신고가 이루어질 수 있음을 말해준다. 따라서 실제 평균에 비해 낮게 신고가 되면 과세관청의 간섭이 발생할 소지가 높다. 다만, 위의 병의원은 개원 초기에 해당하므로 특별한 징후가 없는 이상 큰 문제점은 없다고 할 수 있다(개원 초기에는 실질을 반영해 신고하면 문제가 없다).

Consulting | 앞의 표준소득률은 세금을 예측하는 데 활용할 수 있다. 예를 들어 앞의 Y원장의 수입금액만을 가지고 세금을 예측해보자. 단, 소득공제액은 500만 원이라 하자.

· 산식 : [(수입금액×표준소득률) - 종합소득공제]×세율
· 계산 : [(2억 원×26.9%)-500만 원]×6~45%
    = (5,380만 원-500만 원)×6~45%
    = 4,880만 원×6~45% = 4,880만 원×15%-126만 원(누진공제)
    = 6,060,000원

하지만 실제로 내는 세금은 다음과 같다.
· 계산 : (2,000만 원-500만 원)×6~45% = 1,500만 원×6~45%
    = 1,500만 원×15%-126만 원(누진공제) = 990,000원

※ **예측한 세금과 실제 세금과의 차이**

예측	실제	차이
6,060,000원	990,000원	5,070,000원
계산근거 : (4,880만 원×6~45%)	계산근거 : (1,500만 원×6~45%)	

실전연습　수입금액이 5억 원인 경우 병과별 적정한 세금을 예측해보자. 세율은 6~45%를 적용한다.

(단위 : 원)

병과	수입금액	소득률	소득금액	산출세액	조세부담률
내과	5억	29.5%	1억 4,750만	36,185,000	7.2%
외과	5억	25.2%	1억 2,600만	28,660,000	5.7%
신경정신과	5억	26.1%	1억 3,050만	30,235,000	6.0%
피부비뇨기과	5억	31.7%	1억 5,850만	40,290,000	8.1%
안과	5억	30.5%	1억 5,250만	38,010,000	7.6%
이비인후과	5억	26.9%	1억 3,450만	31,635,000	6.3%
산부인과	5억	35.0%	1억 7,500만	46,560,000	9.3%
방사선과	5억	28.9%	1억 4,450만	35,135,000	7.0%
성형외과	5억	57.3%	2억 8,650만	88,930,000	17.8%
치과의원	5억	38.3%	1억 9,150만	52,830,000	10.6%
한의원	5억	43.4%	2억 1,700만	62,520,000	12.5%

표에서 조세부담률(= 산출세액/수입금액)은 외과가 가장 낮은 5.7%이고, 성형외과가 가장 높은 17.8%다. 즉 성형외과의 경우 총수입의 17.8% 정도는 세금으로 납부된다고 볼 수 있다.

병과별 세금특징

성형외과, 안과, 내과 등 병과별 세금특징에 대해서는 이 책의 부록에서 정리하고 있다.

의료업의 표준소득률과 세무위험(리스크) 진단

표준소득률은 과세관청이 성실신고를 판단하는 잣대 중 가장 중요한 역할을 한다. 과세관청이 파악하고 있는 동종업계의 평균신고소득률, 즉 표준소득률보다 높게 신고하면 성실신고한 것으로 추정이 가능하고, 그에 미달하게 신고하면 불성실신고한 것으로 추정이 가능하기 때문이다. 따라서 병의원이 표준소득률과 얼마나 차이가 나게 신고했는지의 여부는 향후 세무조사 등에 상당한 영향을 미치게 된다. 표준소득률 대비해 신고수준이 어떤가에 따라 세무조사 등에 미치는 위험도를 상중하로 평가해보면 다음과 같다. 참고로 최근은 전국평균이 아닌 지역평균을 사용하는 추세에 있다.

1. 개원 시기별

신고수준	개원~3년	개원 후 3~5년	개원 후 5년 이후
20% 이하	상	상	상
50% 이하	중	상	상
80% 이하	하	중	상
100% 이하	하	하	중
120% 이하	하	하	하
150% 이상	하	하	하

개원 시기별로 보았을 때에는 개원 초기에는 결손이 나거나 이익규모가 작으므로 소득률을 평균에 떨어지게 신고해도 리스크가 크지 않다. 하지만 개원한 후 3년 이상이 된 경우에는 신고소득률이 표준소득률의 80% 이하에 떨어지면 리스크가 상당히 높다는 것을 알 수 있다.

2. 매출액별

신고수준	매출액 5억 원 이하	5~10억 원 이하	10억 원 이상
20% 이하	상	상	상
50% 이하	중	상	상
80% 이하	하	중	상

100% 이하	하	하	중
120% 이하	하	하	하
150% 이상	하	하	하

병의원의 매출액도 상당히 중요한 변수가 된다. 일반적으로 개인 병의원의 연간 매출액이 10억 원 이상인 상태에서 신고소득률이 표준소득률의 80% 이하로 떨어진 경우에는 리스크가 상당히 높다는 것을 알 수 있다.

3. 병과별

신고수준	보험수입 비중이 높은 과	보험수입과 비보험수입 비중이 비슷한 과	비보험수입 비중이 높은 과
20% 이하	상	상	상
50% 이하	중	상	상
80% 이하	하	중	상
100% 이하	하	하	중
120% 이하	하	하	하
150% 이상	하	하	하

병과별로도 이러한 위험을 진단할 수 있는데 일반적으로 보험수입이 많은 내과 등과 비보험수입이 많은 성형외과 등은 같은 소득률로 신고하더라도 리스크에서 차이가 있음을 알 수 있다.

☞ 참고로 과세관청에서는 표준소득률 대비 80% 이하로 신고하는 경우 불성실신고한 것으로 추정하는 경향이 있다.

※ 의료업의 단순경비율과 표준소득률

다음 표는 의료업종의 단순경비율과 표준소득률을 나타낸 표다. 단순경비율은 병의원의 수입 중 동종업계의 평균적인 경비율을 말하며, 표준소득률은 100%에서 단순경비율을 차감한 율을 말한다. 이 율은 매년 조금씩 변동할 수 있다(국세청 홈택스에서 조회 가능).

· 단순경비율과 표준소득률의 관계 : '1−단순경비율=표준소득률'

(단위 : %)

코드 번호	종목		적용범위 및 기준	단순 경비율	표준 소득률
	세분류	세세분류			
851101	병의원	· 종합병의원 · 일반병의원	· 종합병의원, 일반병의원, 요양병의원 · 고문료, 수당 기타 이와 유사한 대가 포함	78.6	21.4
851102	병의원	· 치과병의원	· 고문료, 수당, 기타 이와 유사한 대가 포함	63.6	36.4
851103	병의원	· 한방병의원	· 고문료, 수당, 기타 이와 유사한 대가 포함	67.5	32.5
851201	의원	· 일반의원	· 일반과, 내과, 소아과 · 고문료, 수당, 기타 이와 유사한 대가 포함	70.5	29.5
851202	의원	· 일반의원	· 일반외과, 정형외과 · 항문과, 신경외과 포함 · 고문료, 수당, 기타 이와 유사한 대가 포함	74.8	25.2
851203	의원	· 일반의원	· 신경과, 정신과 · 신경정신과 포함 · 고문료, 수당, 기타 이와 유사한 대가 포함	73.9	26.1
851204	의원	· 일반의원	· 피부과, 비뇨기과 · 고문료, 수당, 기타 이와 유사한 대가 포함	68.3	31.7
851205	의원	· 일반의원	· 안과 · 고문료, 수당, 기타 이와 유사한 대가 포함	69.5	30.5
851206	의원	· 일반의원	· 이비인후과 · 고문료, 수당, 기타 이와 유사한 대가 포함	73.1	26.9
851207	의원	· 일반의원	· 산부인과 · 고문료, 수당, 기타 이와 유사한 대가 포함	65.0	35.0
851208	의원	· 방사선진단 및 병리검사 의원	· 영상의학과(방사선과) · 고문료, 수당, 기타 이와 유사한 대가 포함	71.1	28.9
851209	의원	· 일반의원	· 성형외과 · 고문료, 수당, 기타 이와 유사한 대가 포함	42.7	57.3
851211	의원	· 치과의원	· 치과의원 · 고문료, 수당, 기타 이와 유사한 대가 포함	61.7	38.3
851212	의원	· 한의원	· 한의원 · 고문료, 수당, 기타 이와 유사한 대가 포함	56.6	43.4
851219	의원	· 일반의원	· 기타의원 · 마취과, 결핵과, 가정의학과, 재활의학과 등 달리 분류되지 않은 병과 · 고문료, 수당, 기타 이와 유사한 대가 포함	67.1	32.9
851901	기타 보건업	· 그 외 기타 보건업	· 조산소, 조산원(독립된 간호사 포함) · 고문료, 수당, 기타 이와 유사한 대가 포함	75.2	24.8

병의원소득세 절세원리

병의원에서 발생하는 세금을 절약하기 위해서는 절세원리에 대해 기본적으로 알고 있어야 한다. 지금부터 병의원의 CEO로서 병의원세금을 절약하는 방법에 대해 알아보자.

K원장은 1억 원짜리 의료장비를 구입하려고 한다. 본인에게 적용되는 세율이 15%인 경우와 38%인 경우 이 의료장비로부터 기대되는 절세효과는? 단, 의료장비에 적용되는 세율(지방소득세율 10% 포함)을 곱해 절세효과를 계산하기로 하며 이외의 상황은 무시하기로 한다.

Solution | 이런 내용에 따라 순현금지출액을 계산해보면 다음과 같다.

구분	① 세율이 16.5%인 경우	② 세율이 41.8%인 경우	차이(=①-②)
의료장비 구입액	1억 원	1억 원	–
적용세율	16.5%	41.8%	–
절세효과	1,650만 원	4,180만 원	△2,530만 원
순현금지출액	8,350만 원	5,820만 원	2,530만 원(②가 유리)

이러한 원리는 향후 투자나 지출에 대한 의사결정을 위해 반드시 알아둬야 한다. 예를 들어 100만 원의 경비를 지출하는 경우 다음과 같은 절세효과가 발생한다.

과세표준	적용세율	최대절세액	순현금지출액
1,400만 원	6.6%	66,000원	934,000원
1,400만 원~5,000만 원	16.5%	165,000원	835,000원
5,000만 원~8,800만 원	26.4%	264,000원	736,000원
8,800만 원~1억 5,000만 원	38.5%	385,000원	615,000원
1억 5,000만 원~3억 원	41.8%	418,000원	582,000원

Consulting | 병의원에서 발생한 소득에 대한 절세전략을 수행하기 위해서는 기본적으로 다음과 같은 소득세 계산구조에 밝아야 한다. 그리고 각 요소별로 절세포인트를 찾는 것이 중요하다.

> 당기순이익 ①
> ± 세무조정(당기순이익을 세법기준에 맞게 고치는 작업과정) ②
> = 사업소득금액(다른 소득이 있으면 이 금액을 다른 소득금액에 합산)
> − 종합소득공제(인적공제, 노란우산공제 등) ③
> = 과세표준
> × 세율(6~45%)
> = 산출세액
> ± 가산세, 세액공제, 세액감면(조세특례제한법 규정) ④
> = 결정세액
> − 기납부세액(원천징수세액, 중간예납세액 등) ⑤
> = 차감 납부할 세액

이런 구조를 바탕으로 절세포인트를 찾아보면 다음과 같다.

구분	절세포인트	비고
① 당기순이익	이익을 합법적으로 줄인다.	당기순이익은 수익에서 비용을 차감해서 계산한다.
② 세무조정	세법규정을 위반하지 않는다.	세무조정은 회계상의 이익을 세법상의 소득으로 바꾸는 과정을 말한다.
③ 종합소득공제	많이 받는다.	변화되는 세액공제 내용을 파악해야 한다.
④ 가산세, 세액공제, 세액 감면 등	가산세는 부과 받지 않는다. 세액공제와 세액감면 등은 최대한 많이 받는다.	증빙불비 가산세를 내지 않기 위해 증빙을 철저히 확보한다.
⑤ 기납부세액	신고 시 누락하지 않는다.	

이 내용을 좀 더 세부적으로 알아보자.

① 당기순이익을 줄이기 위해서는 매출을 줄이고 경비를 늘리는 것이다. 다만, 이를 위해서는 법규정을 준수해야 한다.

② 세법규정을 준수하는 것도 필요하다. 예를 들어 접대비의 경우 한도를

지켜 지출하도록 한다.

③ 종합소득공제는 미리 준비를 통해 최대한 많이 받도록 한다.

④ 가산세는 세법규정을 지키면 이를 피할 수 있다. 세액공제와 세액감면
도 빠짐없이 받도록 한다.

⑤ 기납부세액은 11월에 미리 선납한 중간예납세액을 말한다.

실전연습

Y병의원은 2013년 매출액이 6억 원으로써 의료업 성실확인대
상기준인 7억 5,000만 원에 미달하므로 성실신고확인대상이 아
니다. 하지만 2014년 이후부터 이 기준금액이 5억 원으로 인하
되어 매출액이 전과 동일함에도 불구하고 세금이 크게 증가했다.
그런데 이 병의원은 소득률이 20%가 적용되고 있었으나 성실신
고확인제도가 적용된 이후에는 이 율이 30%로 올라갔기 때문이
다. Y병의원은 종전에 비해 세금은 얼마가 증가되었을까? 단, 소
득공제액은 1,000만 원이라고 하자.

	2013년	2014년 이후	차이
이익	1억 2,000만 원	1억 8,000만 원	
-소득공제	1,000만 원	1,000만 원	
=과세표준	1억 1,000만 원	1억 7,000만 원	
×세율	35%	38%*	
-누진공제	1,490만 원	1,940만 원	
=산출세액	2,360만 원	4,520만 원	2,160만 원 ↑

* 2024년의 누진공제액은 1,994만 원이다.

※ **성실신고확인대상자가 되면 세금이 증가하는 이유**

☑ 업무무관비용에 대한 판단이 엄격해진다.

☑ 적격증빙(세금계산서 등)을 받지 않으면 비용처리가 사실상 힘들어진다.

☑ 불성실신고 시 세무검증이나 세무조사의 가능성이 높아 미리 성실신고
를 하게 된다.

구분	내용	세무상 쟁점	비고
매출액	보험급여+비보험급여	매출누락 시 세금추징	매출관리
-) 비용	매출액을 달성하기 위해 들어간 원가	부당경비 계상 여부	항목별 관리
매입비	재료비용을 말함.	매출원가비율의 급격한 증가	재고대장관리
인건비	직원 및 페이닥터의 급여	가공인건비	정확한 인건비 계상
잡급	일용직 급여	3개월 이상 근무 시	일용직 신고누락 방지
복리후생비	직원을 위해 복리후생성격으로 사용한 금액	과다지출 시 가공경비 혐의	인건비의 20% 내외 관리
교육훈련비	직원의 교육훈련을 위해 지출한 비용	해외여행비 계상 여부	사규 등에서 지급근거 보관
여비교통비	업무 관련 교통비	내근직의 여비교통비 부인	지출품의서 등 구비
접대비	업무 관련 향응 제공비	한도초과 시 경비부인 골프장 비용과 가사경비	사적 접대비 계상 여부 및 한도 관리
감가상각비	의료장비 등에 대한 상각비	세무조사 시 중점점검 항목임.	취득가액 입증 및 적절한 감가상각시행
차량유지비	업무용 차량에 관련된 비용(원장의 출퇴근 비용도 포함)	연간 한도 1,500만 원 초과 시는 운행일지로 업무용으로 사용되었음을 입증해야 함.	운행일지 작성 등
지급임차료	월세나 리스료 등	리스료 중 일부는 이자비용으로 처리해야 함.	계약서 관리
세금과공과	종합소득세 등	비용처리 시 부인	대부분 비용으로 인정되지 않음.
통신비	병의원 및 원장의 통신비	가사통신비 계상 유무	
지급수수료	대진의, 세무회계사무소 수수료 등	세무조사 시 중점점검항목	3.3% 원천징수나 세금계산서 등 수취
광고선전비	포털광고비 등	공동광고비 한도초과액 부인, 특수관계인과 거래 시 조사 등	적절한 예산관리
소모품비	일상적인 소모품구입	가사경비 유무	사업 관련성 증명
수선비	의료장비 수선비 등	감가상각 방법의 적절성	자본적 지출과 수익적 지출의 구분
도서인쇄비	병의원 내에서 구입한 책들과 인쇄비용	도서상품권 변칙처리	영수증 구비(책)

의료소모품비	의료용 소모품 구입비	의료소모품의 사용량으로 매출추정	의료소모품비율의 적정성관리
무형자산상각비	병의원 인수 시 지급한 권리금	비용불인정 가능성	계약서 및 지급근거 (자금흐름) 구비
기부금	종교단체 등	가공기부금 부인	가공기부금 계상금지
이자비용	업무 관련 대출이자비용	세무조사 시 중점점검항목임.	업무와의 관련성 점검 및 초과인출금에 대한 이자 비용부인을 검토해야 함.
기타잡비	위의 항목에 없는 비용	가사비용은 부인당함.	지출근거에 대한 적격증빙 구비
=) 회계상 이익	기업회계기준에 의해 도출		
±) 세무조정	회계와 세법 간의 차이를 조정하는 방법	조정 누락 시 세무간섭이 유발됨.	세무전문가 관리
=) 소득금액	세법상 과세소득을 말함. 이 소득을 기준으로 세금과 건강보험료 등이 부과됨.		
-) 종합소득공제	기본공제, 노란우산공제 등		최근 제도변경에 따른 관리 필요
=) 과세표준			
x) 세율	6~45%	과다한 세금납부	45%를 적용받지 않도록 관리
=) 산출세액			
-) 세액공제, 감면	산출세액의 일부를 공제 또는 감면 적용	통합투자세액공제, 통합고용세액공제 등	세무전문가의 관리
=) 결정세액			
+) 가산세	납세의무협력의무 위반	막대한 가산세 추징	세법규정준수
-) 기납부세액	11월 중에 납부한 중간예납세액		누락되지 않도록 관리
=) 차가감납부세액	실제 납부하는 세금	지방소득세 별도 있음.	전년도와 동종업계 비교

※ 저자 주

병의원세금을 관리하기 위해서는 앞에서 본 사업소득 계산구조의 각 항목들에 대한 의사 결정이 정교히 이루어져야 한다. 예를 들어 승용차를 구입할 때에는 미리 비용으로 인정되는 범위를 확인하고 차량종류 등을 결정할 수 있어야 한다. 또한 광고선전비를 지출할 때에는 비용은 인정되겠지만 그보다는 수입증가에 얼마나 기여할 것인지의 여부도 볼 수 있어야 한다. 이런 식으로 각 항목들이 관리된다면 수입 대 비용 구조가 상당히 견실하게 흘러간다. 물론 이러한 기조하에서 결산을 진행하게 되면 자연스럽게 세금을 관리할 수 있게 된다.

Tip

병의원의 수정신고와 경정청구

병의원 개인사업자는 매년 종합소득세 신고를 하게 되는데 만약 신고한 내용에 오류가 있는 것을 발견한 경우 어떻게 해야 할까?

이러한 신고 오류는 크게 두 가지 경우로 구분할 수 있다. 하나는 오류로 인해 당초 납부해야 할 세금보다 적게 신고 및 납부한 경우이고, 또 하나는 반대로 납부해야 할 세금보다 더 많게 신고 및 납부한 경우다. 이렇게 신고한 내용에 오류가 있는 경우에는 그러한 오류 내용을 바로잡아 세액을 다시 신고할 수 있는데, 전자의 경우에는 이를 수정신고라 하고, 후자의 경우에는 경정청구라고 한다. 즉 세액이 과소신고된 오류를 바로잡고 세금을 추가로 더 납부하는 경우를 수정신고라 하고, 반대로 세액이 과다신고된 오류를 바로잡아 세금을 환급받을 수 있는 경우를 경정청구라 해서 세법상 명칭을 구분하고 있다.

그렇다면 이러한 수정신고나 경정청구는 언제까지 할 수 있을까?

납세자가 신고한 세금내용에 대해 과세관청이 세무조사 등을 통해 직권으로 추가세액을 부과할 수 있는 기간을 국세부과 제척기간이라 하는데(283페이지 참고), 수정신고는 이러한 기간 내에 하면 된다. 즉 세무조사가 나오기 전에 먼저 수정신고를 해서 가산세 등의 불이익을 감소시킬 수 있는 것이다. 한편 국세부과 제척기간이 경과한 부분에 대해서는 과세관청이 더 이상 세무조사 등을 통해 국세부과권을 행사할 수 없다.

최근에는 매년 종합소득세 신고기간이 지나고 나면 과세관청이 신고된 내용을 분석해 수정신고 안내문을 발송하고 있는데 이에 관해서는 230페이지에서 자세히 설명했다.

한편 경정청구는 당초 신고한 내용에 대해 법정신고기한으로부터 5년이 지나기 전에 할 수 있으므로 이 기한을 놓치지 않도록 해야 한다. 경정청구서를 제출하면 과세관청은 원칙적으로 2개월 이내에 그 경정청구한 내용에 대해 인용 또는 거부를 결정해 통보하게 된다.

병의원세금
신고전략

원천세 신고

원천징수는 주로 병의원에서 일한 사람에게 지출하는 금전 중에서 일부의 세금을 미리 징수하는 제도이며, 또한 공식적으로 병의원의 경비로 인정되는 시스템이다. 어떤 경우에 원천징수의무를 이행하는지 알아보자.

경기도 고양시에서 개인 병의원을 운영 중인 L씨가 특정일만 대신해 진료를 해주는 의사를 초빙했다. 이때 L씨는 시간단위로 임금을 계산해 월별로 지급하고 있는데, 이 경우 어떤 식으로 세금을 징수해야 하는가?

Solution | 이 물음에 대해 답을 하기 전에 먼저 소득의 성격부터 파악해보자. 현행 세법에서는 인적용역(사람이 직접 제공하는 용역)은 크게 세 가지 형태의 소득으로 구분한다. 다음의 국세청 예규를 살펴보자.

> 고용관계 등에 의한 근로제공대가는 '① 근로소득', 고용관계 없이 독립된 자격으로 용역을 제공하고 받는 대가의 경우 일시적인 것은 '② 기타소득', 계속·반복적인 것은 '③ 사업소득'에 해당함(서일 46011-10237, 2001. 09. 25).

따라서 앞의 L씨가 초빙한 의사의 경우에는 고용관계 없이 계속·반복적으로 소득을 창출한 것에 해당되므로 ③의 사업소득에 해당한다. 따라서 다음과 같이 세금을 징수해야 한다.

※ 사업소득을 지급할 때 징수해야 하는 세금

☑ 지급금액의 3%(지방소득세 포함 시 3.3%)을 원천징수해야 한다.
☑ 원천징수된 세금은 다음 월 10일 또는 반기 마지막 달의 다음 월 10일까지 관할 세무서 등에 납부해야 한다.

☑ 이를 지급받은 사업자는 다음 해 5월(6월) 중에 소득세를 신고해야 한다.
☑ 사업소득자에 대해서는 병의원입장에서 4대보험료 납부의무가 없다.

Consulting 병의원에서 인건비나 각종 수수료를 지급할 때 원천징수 여부를 확인해야 한다. 이를 어길 시에는 가산세가 부과되며, 향후 지출 입증 시 상당히 곤란을 겪을 수 있다.

1. 병의원에서 원천징수하는 경우

구분	소득종류	원천징수세액
정직원을 채용할 때	근로소득	정부에서 정한 표로 징수
일용직을 채용할 때	근로소득	6.6%
봉직의를 채용할 때	근로소득	정부에서 정한 표로 징수
대진의를 채용할 때	사업소득	3.3%
명절선물비를 줄 때	근로소득	연말정산 때 선물비를 포함해 정산하는 것이 원칙
퇴직금을 지급할 때	퇴직소득	6~45%(연분연승법)

근로소득은 연말정산을 거쳐, 그리고 사업소득은 5월(6월) 종합소득세 신고기간에 세금정산을 하게 된다.

2. 원천징수 사례

서울 서초구에서 병의원을 운영 중인 K원장은 의사협회에서 강연을 하고 100만 원을 받았다. 이에 대한 세법상 소득종류는 무엇이고 원천징수는 어떻게 할까?

일시적으로 발생한 것인 만큼 기타소득으로 구분된다. 강연료의 경우 수입금액에서 수입금액의 60%를 차감한 기타소득금액에 20%(지방소득세 포함 시 22%, 지급금액 기준은 8.8%) 세율로 원천징수된다.

· 기타소득으로 원천징수되는 세액 : [100만 원-(100만 원×60%)]×20%
= 8만 원(지방소득세 포함 시 8만 8,000원)

참고로 세법에서는 각 소득에 대해 다음과 같이 원천징수를 하도록 하고
있다(지방소득세 포함).

구분	내용	원천징수 대상과 세율
이자소득	금융기관으로부터 받은 이자, 개인 간의 이자 등	· 금융기관 이자 : 15.4% · 개인 간 이자 : 27.5%
배당소득	주식 투자 중에 주식발행회사로부터 받은 배당금	15.4%
사업소득	사업을 해서 얻은 소득(프리랜서, 접대부 포함)	· 자유직업소득 : 3.3% · 유흥업소 접대부 : 5.5%
근로소득	근로를 제공해서 받은 소득(아르바이트, 일용직 포함)	· 정직원 : 간이세액조견표상 · 일용직 : 일당 15만 원 초과분의 6.6%
연금소득	국민연금, 퇴직연금, 개인연금에 가입해 연금을 수령하는 경우	· 공적연금 : 정부의 조견표 · 사적연금 : 3.3~5.5%
기타소득	강의나 인세, 위약금, 권리금 등	· 22%(소득금액 기준)
양도소득	부동산이나 기타 주식 등을 처분해서 받은 소득	없음.
퇴직소득	퇴직금을 받은 경우	6~45%(연분연승법)
금융 투자 소득	2025년부터 발생한 주식 양도소득 등	20~25%

※ 미지급 근로소득 원천징수(국세청)

1월분부터 11월분까지의 근로소득을 12월 31일까지 지급하지 아니한 경우에는 그 근로소득을 12월 31일까지 지급한 것으로 보아 소득세를 원천징수해야 하며, 12월분의 근로소득을 다음 연도 2월 말일까지 지급하지 아니한 경우에는 그 근로소득을 다음 연도 2월 말일에 지급한 것으로 보아 소득세를 원천징수해야 한다.

실전연습 서울병의원에서 신입직원을 다음과 같은 조건으로 채용하고자한다. 이 경우 세무상 어떤 문제가 있을까?

☞ 물음 1 : 입사 후 3개월 수습기간 : 일용직 처리
☞ 물음 2 : 입사 후 3개월 이후 정직기간 : 직원 처리

· **물음 1의 경우**
입사 후 3개월(미만) 동안 수습을 받고 채용이 안 되는 경우 일용직으로 분류된다. 따라서 일당이 15만 원이 넘지 않는 한 원천징수할 세금은 없다. 다만, 일용직이라도 월 60시간 이상 근로하면 건강보험 등에 가입하는 것이 원칙이다.

· **물음 2의 경우**
입사 후 3개월이 지난 상황에서 정직원이 된 경우 근로자 신분이 된다. 따라서 이때에는 근로소득에 대한 원천징수를 시행해야 한다.

※ **일용직의 세금 및 4대보험료 처리**
☑ 일용직은 근무기간이 보통 3개월 이내인 경우를 말한다.
☑ 일용직은 일당 15만 원까지는 원천징수할 세금은 없다(초과 시는 6%로 원천징수함).
☑ 일용직의 근무시간이 월 60시간 이상되면 건강보험 등에 의무가입해야 한다.

연말정산의 구조

직원이나 페이닥터에 대한 연말정산은 어떤 방식으로 진행되는지 대략적으로 알아보자.

예) 근로소득이 1억 원이고 종합소득공제액 1,000만 원, 세액공제 184
만 원, 기납부세액 500만 원인 경우

(단위 : 원)

구분	금액	비고
근로소득	100,000,000	비과세소득 제외
− 근로소득공제(아래)	14,750,000	1,200만 원＋4,500만 원 초과금액의 5%(아래 참조)
= 근로소득금액	85,250,000	
− 종합소득공제	10,000,000	2014년부터는 종합소득공제방식이 일부 바뀌었다(아래 참조).
= 과세표준	75,250,000	
×세율	24%	누진공제 576만 원
− 누진공제	576만 원	
= 산출세액	1,230만 원	
− 세액공제	130만 원	가정(근로소득세액공제 등)
= 결정세액	1,100만 원	
− 기납부세액	500만 원	가정
= 납부할세액	600만 원	

• 근로소득공제

구분	공제금액
근로소득 500만 원 이하	근로소득의 70%
500만 원 초과 1,500만 원 이하	350만 원＋500만 원 초과금액의 40%
1,500만 원 초과 4,500만 원 이하	750만 원＋1,500만 원 초과금액의 15%
4,500만 원 초과 1억 원 이하	1,200만 원＋4,500만 원 초과금액의 5%
1억 원 초과	1,475만 원＋1억 원 초과금액의 2%

※ 확 바뀐 연말정산방법

2014년도 이후부터 근로소득에 대한 연말정산방법이 확 바뀌었다. 종전
에는 소득공제를 받을 수 있던 항목들 대부분이 세액공제 대상으로 변한

까닭이다. 소득공제는 세율(6~45%)별로 절세효과가 나타나나 세액공제는 소득의 크기를 불문하고 정률로 공제되는 차이가 있다. 어떤 항목들이 바뀌었는지 점검하기 바란다.

구분	종전	개정
근로소득		
– 근로소득공제	총급여액의 수준에 따라 최고 80%~최저 5% 공제	총급여액의 수준에 따라 최고 70%~최저 2% 공제(공제축소)
= 근로소득금액		
– 종합소득공제		
인적소득공제	① 기본공제/추가공제 ② 다자녀추가공제	좌동(단, 자녀양육비공제는 세액공제로 이동) 폐지(→ 세액공제로 이동)
특별소득공제	① 보험료/의료비/교육비/ 　기부금공제 ② 주택자금공제	폐지(→ 세액공제로 이동) 좌동(월세소득공제는 세액공제로 이동)
조특법상 소득공제	① 신용카드공제 ② 연금저축공제	좌동 폐지(→ 세액공제로 이동)
= 과세표준		
×세율	6~40%	6~45%
= 산출세액		
– 세액공제	① 근로세액공제(한도 50만 원)	① 좌동(한도 74만 원) ② 자녀세액공제(1명 : 15만 원, 2명 : 35만 원 등) ③ 특별세액공제 　– 보험료 : 한도 내 지출액의 12~15% 　– 의료비 : 한도 내 지출액의 15% 　– 교육비 : 한도 내 지출액의 15% 　– 월　세 : 한도 내 지출액의 15~17% 　– 기부금 : 한도 내 지출액의 15%(1,000만 원 　　　　　 초과 시 그 초과분은 30%) ④ 연금계좌세액공제 : 한도 내 지출액의 12~15%
= 결정세액		
– 기납부세액		
= 납부 또는 환급세액		

예를 들어 연금저축에 400만 원 가입한 경우에 변경효과를 알아보면 다음과 같다(세율 35% 적용).

종전(소득공제)	변경(세액공제)	차이
140만 원 환급(=400만 원×35%)	48만 원(=400만 원×12%)	92만 원↓

사업장 현황 신고

사업장 현황 신고는 개인 병의원의 사업장 현황과 수입 및 비용 등에 대해 다음 해 2월 10일까지 신고하는 제도를 말한다. 주로 부가가치세 면세 사업자가 부가가치세 신고 대신 행하는 업무에 해당한다. 참고로 병의원에 대한 세무조사는 이 신고서의 검토로부터 시작된다고 해도 과언이 아님을 알아두자.

다음의 사업장 현황 신고서과 관련해 물음에 답하라.

☞ **물음 1** : 수입금액을 누락해 신고한 경우 가산세는 부과되는가?
☞ **물음 2** : 현금수령액이 1억 원이 있다면 사업장 현황 신고서상의 3번 란의 어느 곳에 기재되는가?
☞ **물음 3** : 시설현황이나 인건비 등이 사실과 차이가 나면 관할 세무서에서는 어떤 조치를 취하는가?

사업장 현황신고서

1. 인적사항

2. 수입금액(매출액) 내역 (단위 : 원)

업 태	종 목	업종코드	수 입 금 액 (매 출 액)		
			소계	계산서 발급금액	그 밖의 수입금액
01					
⑩ 합 계					

3. 수입금액(매출액)결제수단별 구성명세 (단위 : 원)

합계	신용카드/ 선불카드매출액	현금영수증 매출액	지로(GIRO) 매출액	금융기관 수납금액(지로 중복분 제외)	그 밖의 매출액

4. 계산서·세금계산서·신용카드 수취금액 (단위 : 원)

합 계	계산서를 받고 매입한 금액	세금계산서를 받고 매입한 금액	신용카드 등으로 매입한 금액 (중복분은 제외)

5. 기본경비(연간 금액) (단위 : 원)

합 계	임 차 료	매 입 액	인 건 비	그 밖의 제경비

Solution | 물음에 대해 순차적으로 답변해보자.

· **물음 1의 경우**

수입금액을 미달하게 신고한 경우에는 사업장 현황 신고 불성실가산세를 미달신고한 금액의 0.5%만큼 부과한다. 예를 들어 1억 원을 누락한 경우 50만 원이 가산세가 된다. 참고로 경비의 경우에는 일부 누락이 되더라도 가산세는 부과되지 않는다.

· **물음 2의 경우**

다음 표에서 '그 밖의 매출액' 란에 표시된다.

3. 수입금액(매출액)결제수단별 구성명세

합계	신용카드/ 선불카드매출액	현금영수증 매출액	지로(GIRO) 매출액	금융기관 수납금액 (지로 중복분 제외)	그 밖의 매출액
					100,000,000

☞ 수입금액 결제수단별 구성명세는 사업장 현황 신고 시 매우 중요한 작업에 해당한다. 이에 대한 관리 요령은 뒤에서 언급된다.

· **물음 3의 경우**

관할 세무서에서는 사업장 현황을 조사·확인하거나 이에 관한 장부·서류 등의 제출 등을 요구할 수 있다. 불필요한 세무간섭을 받을 수 있음을 알 수 있다.

Consulting | 사업장 현황 신고는 종합소득세와 밀접한 관련을 맺고 있다. 따라서 종합소득세 절세를 위해서는 사업장 현황 신고를 정확히 하는 것이 중요하다. 한편 사업장 현황 신고는 매출을 확정하는 것이 중요하고 경비는 대강 신고했다가 종합소득세를 신고할 때 정확하게 하면 된다고 생각하는 경우가 많은데, 결산을 통해 경비도 정확히 신고하는 것이 중요하다. 경비를 대충 신고해 소득률이 낮아지는 경우에는 세무조사를 촉발시키는 경우도 많다.

1월 이전 가결산	· 매년 1월 1일부터 12월 31일까지의 사업실적에 대한 가결산을 진행한다. · 통상 다음 해 1월 이전에 가결산이 완료되어야 한다.
2월 사업장 현황 신고	· 다음 해 2월 10일까지 사업장 현황 신고서를 사업장 소재지 관할 세무서에 제출해야 한다. 〈제출서류〉 – 사업장 현황 신고서 – 종목별 수입금액검토표 등
5월, 6월 종합소득세 신고	· 5월 : 성실확인대상 병의원 외의 병의원들이 종합소득세를 신고한다. 사업장 현황 신고서상의 내용과 일치하지 않아도 큰 문제는 없으나, 수입의 경우 가산세 문제가 있고, 사업장 현황 신고와 너무 차이가 나는 경우 세무조사 등의 불이익이 있을 수 있다. · 6월 : 성실신고확인대상 병의원들이 종합소득세를 신고한다.

실전연습

1. 치과의원으로서 2월 사업장 현황 신고 시 임플란트 구입에 대한 카드결제금액 1억 원이 누락되었다. 이러한 상황에서 누락된 경비에 대해 수정신고를 해야 할까? 그리고 이 경우 가산세 불이익이 있을까?

일단 당초 사업장 현황 신고 시 임플란트 재료구입액에 대한 매입액 기재사항을 누락한 경우 해당 항목을 올바르게 기재해 사업장 현황 신고서를 수정해 사업장 관할 세무서에 서면으로 제출하는 것이 원칙이다. 이때 수입금액을 과소신고하는 경우 사업장 현황 신고 불성실가산세(0.5%)가 적용된다. 하지만 매입액을 잘못 기재한 경우에는 이 가산세가 적용되지 않는다.

2. 한 치과의원에서 사업장 현황 신고 시 교정용 브라켓(Bracket) 세트 구입수량을 300세트로 신고했으나 실제 교정인원을 200명으로 신고한 경우 사업장 현황 신고의 적정성은 어떻게 되는가?

환자 교정용 브라켓 세트의 구입수량이 300개이므로 다음과 같이 사용량 파악이 우선되어야 한다.

기초재고	당기구입	기말재고	당해 연도 사용량
10개	300개	50개	260개

결과와 앞의 신고 내용을 비교해보면 신고서상에는 교정용 브라켓 세트의 사용량이 260개이고 교정인원은 200명이 된다. 따라서 60개의 차이가 난다.

그렇다면 이에 대해 과세관청은 어떤 식으로 반응을 할까?
일단 세트 사용량과 환자의 인원수는 연관성이 있으므로 매출누락이 있지 않았을까 의심할 가능성이 있다. 그 결과 이에 대해 소명자료를 요구할 수 있다.
하지만 환자에 따라 브라켓을 일부나 전부 사용하는 경우 이의 사용 개수가 달라져, 사용량이 치료인원과 일치되지 않는 경우가 많으므로 실제 내용에 따라 신고하면 문제가 없다. 참고로 세무공무원이 현장방문한 경우에는 이러한 내용을 설명하고 관련 자료를 제출하면 큰 문제는 없다.

※ 환자별 재료사용량 파악법

당해 연도 사용량	사용 환자 수	차이 개수	차이원인

Tip 면세사업자의 지급명세서 등 제출기한

☑ 매출계산서, 매입계산서, 매입세금계산서 → 다음 해 2월 10일
☑ 기타·연금·이자소득 → 다음 해 2월 말일
☑ 근로·퇴직소득 → 다음 해 3월 10일
☑ 사업소득 → 반기 말의 다음 달 말일(2021. 7. 1 이후 지급분은 매월)
☑ 일용직 원천징수자료* → 매 분기 다음 달 말일(2021. 7. 1 이후 지급분은 매월)

　* 고용보험법에 따른 근로내용확인서를 고용부에 매월 제출한 경우 세법상의 지급명세서를 제출한 것으로 본다.

부가가치세 신고

성형외과 등의 업무 중 하나인 부가가치세 신고에서는 원칙적으로 매출세액에서 매입세액을 차감한 금액을 납부한다. 하지만 실무적으로 따져보아야 할 것들이 상당히 많다. 이하에서는 부가가치세 계산구조를 바탕으로 부가가치세의 절세원리를 알아보도록 하자.

아래 부가가치세 신고서를 보고 다음 물음에 답하면?

☞ **물음 1** : 330만 원을 현금영수증으로 발급하면 부가가치세는 얼마이며 어느 곳에 기록이 되는가?

☞ **물음 2** : 부가가치세를 공제받지 못할 매입세액에는 어떤 것들이 있는가?

☞ **물음 3** : 병의원도 신용카드 발행세액공제를 받을 수 있는가?

구분			금액	세액
과세표준 및 매출세액	과세	세금계산서 발급분		
		기타		
	영세율	세금계산서 발급분		
		기타		
	예정신고누락분			
	합계			
매입세액	세금계산서 수취분	일반매입		
		고정자산매입		
		합계		
	공제받지 못할 매입세액			
	차감계			

납부(환급)세액(매출세액-매입세액)			
경감·공제세액	기타공제·경감세액		
	신용카드 매출전표등 발급공제 등		
	합계		
예정고지세액			
가산세액			
차가감납부할 세액(환급받을세액)			

Solution | 물음에 대해 순차적으로 답을 찾아보자.

· 물음 1의 경우
총매출을 1.1로 나눈 금액인 30만 원이 부가가치세다. 그리고 과세표준 및 매출세액란에 다음과 같이 기재된다.

구분		금액	세액
과세	세금계산서 발급분		
	기타	3,000,000	300,000

· 물음 2의 경우
일단 병의원이 전부 면세매출로만 이루어지면 모든 부가가치세를 환급받지 못한다. 다만, 일부라도 과세되는 매출이 있다면 과세매출비율만큼은 환급을 받을 수 있다. 참고로 성형외과 등에서 공제를 받을 수 있는 신용카드 매출전표 중 다음의 것은 공제가 되지 않는다.

▶ 비영업용 소형승용차 관련 매입세액(유류대 등)·접대비 관련 매입세액·사업과 관련 없는 매입세액(가사용 매입 등)을 신용카드 매출전표 등으로 수취한 경우
▶ 개인사업자 본인의 식비
▶ 타인(직원 및 가족 제외)명의 신용카드를 사용한 경우
▶ 항공권·KTX·고속버스·택시요금, 목욕·이발·미용요금, 공연(영화)입장권 등 구입비용

※ 부가가치세 공제 여부

재료비 등을 매입하면서 부담한 부가가치세는 매출세액에서 공제되나, 접대비 관련 지출 등은 매출세액에서 공제받을 수 없다. 병의원(예 : 성형외과)을 경영하면서 자주 발생하는 주요 경비유형을 가지고 매입세액공제 여부 판단을 하면 다음과 같다.

구분	공제내용
전화료	전화료에 붙은 10%의 부가가치세도 사업과 관련된 것이라면 전액 공제를 받을 수 있다. 참고로 전화료 영수증은 일반적인 세금계산서 형태가 아니나, 세금계산서와 동일한 효력을 가지고 있으므로 세금계산서에 의한 공제로 본다.
인건비	부가가치세가 발생하지 않으므로 당연히 공제를 받지 못한다. 인건비는 사업자가 제공하는 용역에 해당하지 않으므로 용역의 공급에서 제외한다.
소모품비	소모품비는 세금계산서를 받거나 신용카드 매출전표 또는 현금영수증을 받으면 매입세액으로 공제가능하다.
접대비	접대비 관련 매입세액은 세금계산서를 받든지 신용카드 매출전표를 받든지 간에 모두 공제를 받을 수 없다.
복리후생비	업무와 관련성이 있으므로 신용카드 매출전표나 현금영수증을 통해 공제를 받을 수 있다. 회식비 비용이 크더라도 복리후생비에 해당하면 당연히 공제를 받을 수 있다.
차량유지비	차량유지비와 관련되어 발생한 부가가치세는 주로 당초 구입 시 부가가치세가 환급되는 차량(앰뷸런스, 밴류 등)에 대한 것만 환급이 가능하다. 기타 부가가치세가 환급되지 않은 승용차 등에 관련된 매입세액은 공제되지 않는다.
가사비용	집에서 사용되는 물품 구입비 등에서 발생한 부가가치세는 공제되지 않는다.

· 물음 3의 경우

병의원도 신용카드 발행세액공제를 받을 수 있는가?

부가가치세가 과세되는 병의원이 신용카드 매출전표나 현금영수증을 발급한 경우 500만 원(발급한 신용카드 매출의 1.3%)을 한도로 세액공제를 받을 수 있다. 단, 최근 영세사업자들의 세부담을 줄여주기 위해 연간 매출액이 10억 원 이하인 사업자의 신용카드 발행세액공제 한도가 1,000만 원으로 상향조정되었다(단, 2026년 말까지 한시적으로 적용).

Consulting | 병의원에서 발생하는 부가가치세에 대해 자세히 알아보자.

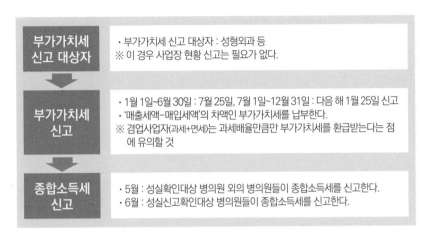

부가가치세 신고 대상자	· 부가가치세 신고 대상자 : 성형외과 등 ※ 이 경우 사업장 현황 신고는 필요가 없다.
부가가치세 신고	· 1월 1일~6월 30일 : 7월 25일, 7월 1일~12월 31일 : 다음 해 1월 25일 신고 · '매출세액–매입세액'의 차액인 부가가치세를 납부한다. ※ 겸업사업자(과세+면세)는 과세배율만큼만 부가가치세를 환급받는다는 점에 유의할 것
종합소득세 신고	· 5월 : 성실확인대상 병의원 외의 병의원들이 종합소득세를 신고한다. · 6월 : 성실신고확인대상 병의원들이 종합소득세를 신고한다.

※ 면세사업자에서 과세사업자로 과세유형이 전환되는 경우의 신고방법

1. 부가가치세 신고

예를 들어 2024년 7월 1일부터 과세사업자로 과세유형이 바뀌는 경우에는 다음과 같이 신고를 한다.

☑ 2024년 1월 1일~2024년 6월 30일 → 사업장 현황 신고(2025년 2월 10일, 면세사업자등록번호로 신고)

☑ 2024년 7월 이후 → 부가가치세 신고(과세사업자등록번호로 신고)

☞ 참고로 면세사업와 과세사업을 겸업하는 경우에는 사업장 현황 신고 대신 부가가치세 신고를 해야 한다. 면세수입금액은 부가가치세 신고 서상에 별도로 표기해야 한다.

2. 종합소득세 신고

종합소득세는 면세사업분과 과세사업분을 합해 신고를 하면 된다. 따라서 원칙적으로 구분기장 등을 할 필요가 없다.

실전연습

R병의원은 부가가치세가 면세되는 매출과 과세되는 매출이 동시에 발생한다. 대략 총매출의 20%는 과세가 되고, 나머지 80%는 면세가 된다. 이러한 상황에서 이번에 대대적인 인테리어 공사를 벌어 1억 원을 지출했다. 물론 부가가치세는 1,000만 원이었다. 이 경우 부가가치세는 어떻게 환급이 될까?

일반적으로 과세사업자는 부가가치세를 전액 환급받을 수 있다. 하지만 R병의원처럼 겸업사업자의 경우에는 과세비율만큼 환급받게 된다.

· 환급받을 수 있는 부가가치세 = 1,000만 원×20% = 200만 원

참고로 환급받지 못한 800만 원은 인테리어 취득가액에 합산되어 감가상각을 통해 비용처리가 된다.

※ 겸업사업자가 부가가치세 신고 시 주의할 점들

☑ 면세수입금액을 누락하지 않는다.
☑ 공통매입세액은 과세와 면세공급가액 비율로 안분해야 한다. 따라서 면세와 관련된 매입세액은 불공제처리를 해야 한다.

Tip 부가가치세 신고 시 점검할 것들

첫째, 4월과 10월 중 미리 납부한 예정고지세액은 누락하지 않는다. 일반과세자의 경우 직전 과세기간의 납부세액의 1/2을 올해 4월과 10월 중에 예정신고납부한다. 이 1/2금액은 상반기에 확정된 납부세액에서 차감되므로 이를 누락하지 않도록 한다.
둘째, 가공이나 위장매입세금계산서가 있는지 점검한다. 실적이 없는데도 세금계산서를 받거나 실적이 있더라도 부풀려 세금계산서를 수취하는 경우도 있다. 심지어 자료상 등을 통해 세금계산서를 돈을 주고 사서 신고하는 경우가 있다. 이러한 행위들을 통해 매입세액을 신고하는 경우 세무조사의 가능성이 존재한다. 따라서 이러한 행위들은 사업의 세무리스크를 올리게 되므로 가급적 하지 않는 것이 상책이다.
셋째, 부가가치세 신고 전에는 부가가치율을 점검한다. 부가가치율은 일종의 마진율로 '매출-매입'을 '매출'로 나눈 비율을 말한다. 예를 들어 매출이 100이고 매입이 900이라면 10%가 된다. 이러한 율이 직전 과세기간 또는 동종업계의 평균과 차이가 난 경우에는 매출축소나 가공매입 등의 가능성이 있으므로 주의해야 한다.

부가가치세 신고에 대한 세무리스크 예방법

매년 상반기나 하반기가 되면 부가가치세 신고를 하는데 이 신고를 어떻게 하느냐에 따라 세무리스크가 새롭게 발생한다. 그 결과 실제 부가가치세 세무조사로 이어지면 부가가치세 추징에서 그치는 것이 아니라 종합소득세 추징으로 이어진다는 점에서 부가가치세 신고의 중요성이 있다. 이하에서는 성형외과 등의 부가가치세 신고와 관련된 세무리스크 사례 및 그에 대한 예방법에 대해 알아보자.

1. 부가가치세 세무리스크 사례

사업자 A씨는 실물거래 없이 공급가액이 1억 원인 가공세금계산서를 자료상을 통해 샀다고 가정할 경우 다음 자료를 보고 물음에 답하면?

〈자료〉
· 부가가치세 및 소득세 신고불성실가산세율 : 40% 적용
· 납부지연가산세율 적용 시 과소납부기간 : 500일
· 소득세율 : 45% 적용
· 세금계산서 관련 가산세 등은 제외

☞ 물음 1 : 이 경우 세무조사의 가능성은 얼마나 되는가?
☞ 물음 2 : A씨의 부가가치세와 소득세 예상추징세액은?
☞ 물음 3 : 매입에 대한 세무리스크를 예방하기 위해서는 어떤 조치를 취해야 하는가?

물음에 따라 순차적으로 답을 찾아보면 다음과 같다.

· **물음 1의 경우**

가공매입을 포함해 신고했다고 해서 바로 세무조사로 연결되는 것은 아니다. 해당 업체에 대해 신고한 내역에서 탈루 등의 혐의가 적출되거나 거래 상대방의 세무조사 시 과세자료가 파생되는 등의 행위가 있어야 세무조사로 연결될 수 있기 때문이다.

· 물음 2의 경우

개인사업자가 가공세금계산서를 구입해 이를 소득세 신고 때 경비처리를 한 경우에는 우선 부가가치세와 관련된 세금이 추징되고 이후 소득세에 관련된 세금이 추징된다. 이를 정리하면 다음과 같다.

(단위 : 만 원)

구분	탈루세액	추징세액			
		본세	신고불성실가산세	납부지연가산세*	계
부가가치세	1,000	1,000	400	80	1,480
소득세	4,500	4,500	1,800	361	6,661
계	5,500	5,500	2,200	441	8,141

* 과소납부액 × 과소납부기간 × 2.2/10,000

사례의 경우 1억 원의 가공매입으로 인해 부가가치세와 소득세의 추징세액이 8,000만 원을 넘고 있다.

· 물음 3의 경우

매입에 대한 세무조사를 예방하기 위해서는 다음과 같은 점들에 주의해야 한다.

☑ 실제 거래처인지 반드시 확인한다.
☑ 거래 전에 계약서를 작성하고 사업자등록증 사본과 통장사본을 징구한다.
☑ 세금계산서를 법에서 정한 시기에 맞춰 정확하게 받아야 한다.
☑ 대금은 실제 거래처의 통장에 직접 입금되어야 한다.

2. 부가가치세 세무리스크 예방법

부가가치세와 관련된 세무리스크는 매우 다양하므로 평소 거래 시나 신고 시에 이에 대한 예방을 철저히 할 필요가 있다. 다음의 사례는 실무에서 자주 등장하는 세무리스크 유형이다. 과세관청은 어떤 식으로 대응하고 있는지도 아울러 알아두자.

(1) 매출 관련 세무리스크 예방법

☑ 매출누락의 경우

상황		과세관청의 대응
· 사업자가 매출을 누락한 경우		· 다양한 방법에 의해 이를 적발하기 위해 노력하고 있다. → 주로 현금수입업종, 고소득업종 등 전통적인 탈루업종에 대해 중점적인 감시가 이루어지고 있다.

성형외과 등 병의원들은 부가가치세 신고 시에 신용카드나 현금영수증 매출은 절대 누락하지 않도록 한다. 한편 부가가치세가 면세되는 매출도 누락하지 않도록 한다. 병의원의 경우 매출누락에 대한 검증시스템이 상당히 발달되어 있다.

☑ 현금영수증을 발급 거부한 경우

상황		과세관청의 대응
· 건당 10만 원 이상의 거래에서 현금영수증을 발급하지 않은 경우		· 20% 가산세 등을 부과한다.

특히 현금영수증을 발급 거부한 사실이 적발되면 거래금액의 20%가 발급 거부 가산세로 부과되는 한편 매출누락에 따른 본세와 가산세 등이 부과되어 막대한 타격을 입게 된다는 점에 주의해야 한다.

(2) 매입 관련 세무리스크 예방법

☑ 가공 또는 위장매입의 경우

상황		과세관청의 대응
· 실제 거래가 없었음에도 불구하고 세금계산서를 받은 경우 · 실제 거래가 있었으나 실거래처가 아닌 곳에서 세금계산서를 받은 경우		· 자료상 등을 조사해 자료를 파생시킨다. · 거래처 등을 조사해 관련 내용을 확인한다.

☞ 거래금액이 큰 경우에는 조세범처벌법상의 처벌을 받을 수 있다.

☑ 무자료거래의 경우

상황	과세관청의 대응
· 자료 없이 거래를 한 경우	· 매입세금계산서 관련 가산세를 부과한다. · 무자료에 의해 공급받은 자는 원가입증을 못하면 원가를 인정하지 않는다.

☞ 자료 없이 거래를 하는 경우 공급받는 자는 다음과 같은 조치를 취한다.
   · 거래사실확인서 징구(상대방의 주민등록번호, 주소 등 기재)
   · 송금영수증 구비 등

(3) 부가가치세 신고 관련 세무리스크 예방법

☑ 매입세액공제를 부당하게 신청한 경우

상황	과세관청의 대응
· 사실과 다른 세금계산서를 수취해 공제를 받은 경우 · 접대비 또는 사업과 무관한 부가가치세를 환급받은 경우	· 부가가치세 신고서 등을 확인해 부당공제를 받은 경우 시정을 요구한다.

☞ 사업과 관련 없는 비용에 대한 환급이 과다한 경우에는 해명요구를 받을 수 있다. 따라서 세무리스크가 급격히 증가하므로 사업과 무관한 부가가치세는 환급을 받지 않도록 한다.

☑ 겸업사업자의 매입세액공제 등에서 오류가 발생한 경우

상황	과세관청의 대응
· 과세업과 면세업을 동시 영위 시 매입세액공제액을 잘못 계산한 경우 · 신용카드 발행세액공제 등의 한도를 잘못 계산해 적용한 경우 등	· 부가가치세 신고서 등을 확인해 부당공제를 받은 경우 시정을 요구한다.

☞ 과세업과 면세업을 겸영하는 업종(성형외과, 피부과 등)에서는 매입세액공제와 불공제에 대한 안분계산문제로 세무조사가 자주 발생하고 있다.

☑ 부가가치율이 떨어진 경우

상황		과세관청의 대응
· 동종병과보다 부가가치율이 낮은 경우 · 전년도보다 부가가치율이 떨어진 경우 등		· 서면분석을 해서 해명을 요구한다.

☞ '매출액－매입액'을 매출액으로 나눈 부가가치율이 동종업계에 비해 심하게 차이가 나는 경우에는 불성실신고로 보아 세무조사 등을 받을 수 있다. 적절한 마진율 관리가 필요하다.

Tip 외국인관광객 미용성형 의료용역 부가가치세 사후환급 적용기한 연장

이 제도는 외국인환자가 국내 의료기관에서 피부·성형시술 등 의료용역을 공급받을 때 부담한 부가가치세를 사후환급을 해주는 것을 말한다. 불법브로커의 시장 교란행위 차단 및 의료기관의 과표 양성화를 위해 2025년 12월 31일까지 한시적으로 적용되고 있다.

① 개정 취지
   외국인환자 유치 지원 및 외국인환자 유치시장의 투명성 제고
② 대상 용역
   – '의료법'에 따라 등록한 의료기관 또는 유치업자가 직접 유치
   – 등록한 의료기관에서 공급받은 부가가치세 과세대상 의료용역*
   * 쌍꺼풀수술, 코성형수술, 유방확대·축소술, 지방흡인술, 주름살제거술, 치아성형 등

종합소득세 신고

종합소득세는 개인이 벌어들인 종합소득에서 직접 납부되는 직접세를 말한다. 현행 소득세법에서는 종합소득 과세표준에 6~45%의 세율로 과세하고 있다. 종합소득세 신고 시 병의원 CEO가 점검해야 할 것들을 위주로 살펴보자.

어떤 원장의 종합소득금액이 1억 2,000만 원이고 소득공제액이 1,000만 원인 경우 ①~③의 금액을 계산하라. 단, 기납부세액은 500만 원이다.

(단위 : 원)

구분	종합소득세	지방소득세	농어촌특별세
종합소득금액	120,000,000		
소득공제	10,000,000		
과세표준	110,000,000	–	
세율	35%	10%	20%
산출세액	①	③	
세액감면	–		
세액공제	–		
결정세액	–		
가산세	–		
기납부세액	5,000,000		
납부할세액	②		

Solution | 자료 등을 토대로 순차적으로 금액을 계산하면 다음과 같다.

① 산출세액 = 1억 1,000만 원×35%-1,544만 원(누진공제) = 2,306만 원
② 납부할 세액 = 2,306만 원-500만 원 = 1,806만 원

산출세액	23,060,000원	
세액감면	-	
세액공제	-	
결정세액	23,060,000원	
가산세	-	
기납부세액	5,000,000원	
납부할세액	18,060,000원	

③ 지방소득세 = 2,306만 원(결정세액)×10% = 230만 원

Consulting | 원장들은 소득세 신고를 하기에 앞서 다음과 같은 사항들을 중점적으로 점검해야 한다.

구분	내용
① 소득률 분석	· 전년도와 비교(시계열분석) · 동종업계와 비교(차이분석)
② 사업장 현황 신고 및 부가가치세 신고와 비교	신고서상의 내용을 비교해 차이 난 부분 등을 분석
③ 납부세액 예측	· 추가적인 절세대책 검토(기부금 추가 등) · 세액공제 등을 검토

* 세율이 높은 경우에는 연금저축이나 노란우산공제 등에 가입하면 세금을 줄일 수 있다.

실전연습 | 실제 종합소득세 신고를 어떻게 하는 것이 좋을지 아래 사례를 통해 알아보자. 물론 세무회계사무소에서 신고업무를 대행하는 경우도 많겠지만 흐름 정도는 알아두는 것이 좋을 것으로 보인다.

> 〈사례〉
> 서울에서 거주하고 있는 신중기 씨는 병의원(표준소득률 30% 가정)을 운영하고 있다. 작년의 수입금액이 5억 원이고 각종 경비는 대략 3억 원 정도가 된다. 신 씨는 어떻게 신고하는 것이 절세할 수 있는 길일까?

이러한 상황에서는 다음과 같은 절차를 밟도록 한다.

STEP1 적정 소득금액 예측

신 씨가 운영하고 있는 업종에 대한 표준소득률은 30%라고 가정했으므로 수입금액 5억 원의 30%인 1억 5,000만 원이 적정 소득금액이라고 할 수 있다.

STEP2 절세전략 수립

신 씨의 실제 소득금액은 수입금액 5억 원에서 경비 3억 원을 차감한 2억 원이 된다. 따라서 앞의 적정 소득금액과 차이가 많이 나므로 다음과 같이 전략을 수립한다.

☑ 먼저 소득금액을 최대한 낮추는 작업을 진행한다. 이를 위해서는 누락한 경비가 있는지, 장부에 계상할 수 있는 경비 등이 있는지 살펴본다. 예를 들어, 거래처나 임직원을 위해 지출한 경조사비는 증빙이 없더라도 건당 20만 원 내에서 비용처리가 가능하다. 이외 자동차운행비용이나 사업자의 핸드폰 요금도 비용처리가 가능하다.

☑ 다음으로 소득공제와 세액공제 등을 최대한 많이 받는다. 소득공제는 과세표준을 줄여주고 세액공제 등은 산출세액을 줄여주므로 절세측면에서 매우 중요한 제도다. 소득공제에는 부모 등에 대한 기본공제가 대표적으로 있고, 세액공제에는 연금저축세액공제 등이 있다. 직원을 신규채용한 경우에는 고용과 관련해 다양한 세제혜택을 받을 수 있다는 점도 놓쳐서는 안된다. 대표적인 것이 신규채용한 직원들을 위해 부담한 건강보험료에 대한 세액공제다. 세법에서는 신규채용하면 관할 공단에 지급된 사회보험료의 일부나 전부를 되돌려 받을 수 있는 제도를 운영 중에 있다. 188페이지를 참조하기 바란다.

STEP3 최종 신고수준 검토

이와 같은 과정을 밟아 세금이 확정되면 본인이 속한 업종의 표준소득률과 본인이 신고할 소득률을 최종적으로 비교·확인해야 한다. 만일 표준소득률보다 높게 신고한다면 세무조사 등의 세무리스크는 감소하지만 불필요한 세금을 많이 내는 결과가 되기 때문이다. 세금은 무조건 덜 내는 것이 중요한 것이 아니라 나의 소득에 맞는 적정 세금을 내는 것이 중요하다.

종합소득세 신고에 대한 세무리스크 예방법

매년 5월이나 6월이 되면 종합소득세 신고를 하는데, 이 신고를 어떻게 하느냐에 따라 세무리스크가 새롭게 발생한다. 이하에서는 모든 개인 병의원들의 종합소득세 신고와 관련된 세무리스크 사례와 그에 대한 예방법에 대해 알아보자.

1. 종합소득세 세무리스크 사례
P병의원의 종합소득세 신고내역이다. 작년의 경우와 비교해볼 때 세무상어떤 문제점이 있나?

구분	전년도	당해 연도	비고
수입금액	5억 원	7억 원	2억 원, 40% 증가
소득금액	1억 원	1억 원	변동 없음.
소득률	20%	14.2%	감소

표를 보면 전년도보다 수입이 40% 증가되었음에도 불구하고 소득금액은 오히려 하락해 소득률 또한 하락한 것으로 나타난다. 이러한 상황에서는 다음과 같은 세무상 문제점이 발생한다.

· **당해 연도** : 전년도에 비해 매출이 신장했음에도 불구하고 소득률이 하락했으므로 가공경비의 장부계상을 의심할 수 있다.
· **전년도** : 당해 연도가 정상이라면 전년도에서는 매출누락이 의심된다.

※ **비율이 급격히 변동하는 경우의 대처법**
☑ 그 원인을 분석한다.
☑ 분석한 원인에 대해 그 근거자료를 만들어둔다.
☑ 필요경비(특히 감가상각비 등)의 하향조정 여부를 검토한다.

2. 종합소득세 세무리스크 예방법

종합소득세 세무조사도 다양한 관점에서 발생한다. 이하에서 종합소득세와 관련해 발생하기 쉬운 세무리스크 예방법에 대해 알아보자.

1. 수입 관련

☑ 매출누락의 경우

상황		과세관청의 대응
· 부가가치세 과세업종 및 면세업종(의료업 등)에서 매출을 누락한 경우 · 해외에서 발생한 소득을 신고하지 않은 경우 등 ☞ 과세관청은 건당 1만불 초과 송금자료 등 수집하고 있다. · 외국인을 대상으로 한 수술비를 신고하지 않은 경우		· 세무조사 등을 통해 매출누락에 대해 집중적인 조사를 한다.

☞ 가장 이슈가 되는 항목에 해당한다. 특히 외국인 진료와 관련해 매출을 누락한 사례가 적발되는 경우가 많다.

☑ 특수관계인 간에 거래를 한 경우

상황		과세관청의 대응
· 특수관계인 간에 저가로 거래한 경우 · 무상으로 거래하는 경우		· 신고한 자료나 파생자료 또는 세무조사 등을 통해 관련 내용을 파악한다. · 소득세법상 부당행위계산의 부인규정을 적용한다. · 상증법을 적용해 증여세를 부과하기도 한다.

☞ 특수관계인에게 무상으로 상품을 지급하는 경우에는 수입금액에 포함된다.

2. 비용 관련

☑ 업무무관비용 및 가사비용의 경우

상황		과세관청의 대응
· 업무와 관련 없는 비용을 장부에 계상한 경우 · 가사 관련 비용을 장부에 계상한 경우		· 신고서 등을 분석해 모두 직부인한다. ☞ 휴일에 사용한 경비 등이 이에 해당한다.

☞ 가장 많이 볼 수 있는 유형이다. 가사 관련 비용 중 백화점에서 지출한 비용, 골프비용 등은 병의원과 무관한 비용에 해당된다.

☑ 가공비용의 경우

상황		과세관청의 대응
· 거래실적이 없음에도 이를 장부에 반영한 경우		· 주로 가공세금계산서를 수취한 경우로 관련 사실을 확인한다. · 부가가치세 조사와 관련해 적발되는 경우가 많다.

☞ 비용을 이중으로 계상하거나 지출 사실이 없는 비용을 장부에 계상하는 경우가 있다.

☑ 재고자산 조절의 경우

상황		과세관청의 대응
· 장부상 재고자산을 조절해 이익을 축소해 신고한 경우		· 기말재고액을 조사해 신고내용을 경정한다.

☞ 재고자산이 중요한 치과와 한의원 등은 별도의 재고대장을 만들어 관리하는 것이 좋다. 참고로 특정약품 사용량을 가지고 매출누락 여부를 판단하는 경우가 있으므로 주의해야 한다.

☑ 인건비의 경우

상황		과세관청의 대응
· 가족의 급여를 신고한 경우		· 실제 근무하는지 그리고 급여수준이 적정한지를 점검한다.

☞ 원장의 배우자나 가족 등이 병의원에 근무하는 경우에도 급여처리는 가능하나 근무하지도 않는데도 급여로 처리한 경우에는 세무리스크를 올리는 역할을 한다.

☑ 복리후생비 과다의 경우

상황		과세관청의 대응
· 복리후생비가 과다하게 잡힌 경우 · 복리후생비 계정에 접대비가 있는 경우		· 접대성 경비가 들어 있는지 점검한다. · 계정별 원장을 통해 접대성 경비 등이 들어 있는지 확인한다.

☞ 복리후생비가 과다한 경우에는 사후검증이나 세무조사의 대상이 된다. 인건비 총액의 10~20% 내에서 집행이 되어야 사후적으로 문제가 없다.

☑ 감가상각비 오류의 경우

상황		과세관청의 대응
· 감가상각비를 세법상 한도를 초과해 신고한 경우 · 가공자산에 대한 감가상각비를 계상해 신고한 경우 · 소득세 감면받은 사업자가 감가상각비를 계상하지 않은 경우 등		· 신고자료를 서면분석해 감가상각비가 정확히 계상되었는지 확인한다. · 신고된 자료 외에 추가자료(감가상각비 명세서, 취득계약서 등)를 요청받아 분석해 해명을 요구한다. · 세무조사 시 집중적으로 이에 대해 점검한다.

☞ 가공자산에 대한 감가상각비 계상 등이 실제 문제가 된다.

☑ 이자비용 과다계상의 경우

상황		과세관청의 대응
· 이자비용을 세법상의 한도를 초과해 계상한 경우 · 공동사업자의 이자비용을 필요경비로 처리한 경우		· 신고한 서류 등을 검토해 관련 내용을 확인한다.

☞ 이자비용이 과도하는 경우 법에 따라 계산된 금액이 부인된다.

병의원소득 외에 임대소득이 있거나 기타소득 또는 근로소득 등이 있는 경우에는 이를 합산해 과세해야 한다. 지금부터는 이러한 상황에서 알아두면 유용할 종합소득세 과세원리를 살펴보자.

경기도 일산에서 병의원을 운영하고 있는 김영춘 씨는 연간 병의원에서 발생한 수입과 비용이 각각 5억 원, 3억 원이었다. 이외 부동산임대소득이 1억 원, 이에 대한 필요경비가 4,000만 원이 발생했다. 김 씨의 종합소득금액은 얼마일까?

Solution | 문제를 풀기 위해서는 소득구분에 따른 과세방식부터 살펴볼 필요가 있다. 다음 표를 보면 종합과세되는 종합소득에는 이자·배당·사업·근로·연금·기타소득 등 여섯 가지 항목이 있으며, 분류과세되는 소득에는 퇴직소득과 양도소득이 있음을 알 수 있다.

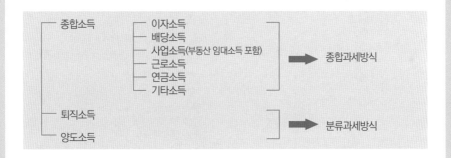

따라서 김 씨의 경우 병의원소득과 부동산 임대소득이 있으므로 이 소득을 더해야 한다. 참고로 소득금액은 소득에서 필요경비를 차감한 금액을 말한다. 병의원에서 발생한 사업소득금액은 5억 원에서 3억 원을 차감한 2억 원이 되며, 부동산에서 발생한 사업소득금액은 1억 원에서 4,000만 원을 차감한 6,000만 원이 된다.

· 종합소득금액 = 2억 원+6,000만 원 = 2억 6,000만 원

Consulting | 사례의 연장에서 종합소득공제액이 2,000만 원이라면 과세표준과 산출세액은 얼마가 될까?

이를 이해하기 위해서는 종합소득세 계산구조를 이해할 필요가 있다.

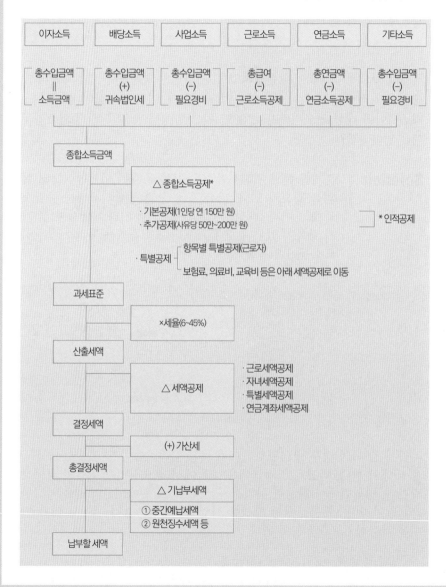

과세표준은 종합소득금액에서 종합소득공제를 차감하므로 2억 4,000만 원이 된다.

· 과세표준 = 2억 6,000만 원-2,000만 원 = 2억 4,000만 원

그렇다면 산출세액은 얼마나 될까? 일단 산출세액은 위의 과세표준에 6~45%를 적용한다. 따라서 다음과 같이 계산된다.

· 산출세액 = 2억 4,000만 원×6~45% = 2억 4,000만 원×38%-1,994 만 원(누진공제) = 7,126만 원

6~45%는 다음과 같은 구조로 되어 있다.

구분	과세표준	세율(%)	누진공제
1구간	1,400만 원 이하	6	-
2구간	5,000만 원 이하	15	126만 원
3구간	8,800만 원 이하	24	576만 원
4구간	1억 5,000만 원 이하	35	1,544만 원
5구간	3억 원 이하	38	1,994만 원
6구간	5억 원 이하	40	2,594만 원
7구간	10억 원 이하	42	3,594만 원
8구간	10억 원 초과	45	6,594만 원

 Tip 소득세가 증감되는 경우

소득세가 증가되거나 감소되는 경우를 살펴보면 다음과 같다.
· **증가되는 경우**
  - 소득이 합산되는 경우
  - 필요경비가 없는 경우
· **감소되는 경우**
  - 공동사업 등을 통해 소득을 분산하는 경우
  - 경비처리를 많이 하는 경우
  - 이월결손금을 공제받는 경우
  - 소득공제를 많이 받는 경우
  - 세액공제와 세액감면을 많이 받는 경우

이 책을 읽는 독자들은 '의료법'상의 병원과 의원(치과의원·한의원포함)을 엄격히 구별해야 한다. 세법에서는 병원과 의원을 차별해 법을 적용하고 있기 때문이다.

1. '의료법'상 의료기관의 구분

'의료법' 제3조(의료기관)에서는 의료기관을 다음과 같이 구분하고 있다.

> **제3조(의료기관)** ① 이 법에서 '의료기관'이란 의료인이 공중(公衆) 또는 특정 다수인을 위하여 의료·조산의 업(이를 '의료업'이라 한다)을 하는 곳을 말한다.
> ② 의료기관은 다음 각 호와 같이 구분한다. 〈개정 2009. 1. 30, 2011. 6. 7〉
> 1. 의원급 의료기관 : 의사, 치과의사 또는 한의사가 주로 외래환자를 대상으로 각각 그 의료행위를 하는 의료기관으로서 그 종류는 다음 각 목과 같다.
>   가. 의원
>   나. 치과의원
>   다. 한의원
> 2. 조산원 : 조산사가 조산과 임부·해산부·산욕부 및 신생아를 대상으로 보건활동과 교육·상담을 하는 의료기관을 말한다.
> 3. 병원급 의료기관 : 의사, 치과의사 또는 한의사가 주로 입원환자를 대상으로 의료행위를 하는 의료기관으로서 그 종류는 다음 각 목과 같다.
>   가. 병원
>   나. 치과병원
>   다. 한방병원
>   라. 요양병원
>   마. 종합병원

한편 같은 법 제3조의2에서는 병원과 한방병원은 30개 이상의 병상을 갖추도록 요구하고 있다.

> **제3조의2(병원 등)** 병원·치과병원·한방병원 및 요양병원(이하 '병원 등'이라 한다)은 30개 이상의 병상(병원·한방병원만 해당한다) 또는 요양병상(요양병원만 해당하며, 장기입원이 필요한 환자를 대상으로 의료행위를 하기 위하여 설치한 병상을 말한다)을 갖추어야 한다.

2. 병의원과 의원에 대한 구분의 실익

현행 세법에서는 다양한 조세특례제도(통합투자세액공제, 중소기업 특별세액감면, 통합고용세액공제 등)를 두고 있는데 일부 조항에서는 의원과 병의원을 차별적으로 적용하고 있다. 의료기관에 대한 주요 조세특례제도를 살펴보자.

구분	근거법	세금 혜택	적용대상
① 통합투자세액공제	조세특례제한법 제24조	투자금액의 10% 등	'의료법'에 따른 의료기관을 운영하는 사업
② 중소기업 특별세액 감면	조세특례제한법 제7조	산출세액의 5~30% 감면	상동(단, 일정한 의원, 치과의원, 한의원 제외)
③ 통합고용세액공제	조세특례제한법 제29조의 8	1인당 최대 1,550만 원 공제(3년간)	'의료법'에 따른 의료기관을 운영하는 사업

현재 위의 규정 중 ②의 경우만 의원·한의원·치과의원(단, 요양급여비율이 80% 이상이고 종합소득금액이 1억 원 이하 의원 등은 감면적용)에 대해 감면이 배제되고 있다. 물론 병원급에 대해서는 이 감면을 적용한다. 한편 ②를 제외한 나머지 규정들은 수도권 과밀억제권역 내에 소재한 병의원에 대해서는 감면을 배제하나, 1989년 이전에 수도권 과밀억제권역 내에서 개원한 경우로 의료장비를 대체 투자용(증설 투자는 제외)으로 구입하면 예외적으로 세액공제를 적용한다. 투자세액공제나 세액감면제도들은 절세의 관점에서 매우 중요하다. 따라서 병의원전문 세무사를 통해 이 부분을 확인할 필요가 있다.

고용의사 5명과 병상 30개 이상을 갖추고, 외래환자와 입원환자를 대상으로 수도권에서 개인사업자로 산부인과(산부인과, 소아과)를 운영하고 있는 경우, 중소병의원에 해당되어 조세특례제한법 제7조에 의한 중소기업 특별세액감면을 적용받을 수 있는가?

30개 이상의 병상을 갖춘 병의원은 중소기업에 대한 특별세액감면대상 의료기관에 해당한다. 따라서 원칙적으로 중소기업 특별세액감면을 받을 수 있다(감면율 5~30%, 소재한 지역 등에 따라 감면율이 달라지므로 세무전문가로부터 확인받을 것).

2024년 병의원이 검토해야 할 주요 조세감면 규정들

각 병의원들은 투자 그리고 채용 등을 할 때 다양한 세제지원을 받을 수 있다. 이러한 내용들은 대부분 조세특례제한법에 규정되어 있으므로 반드시 해당 규정을 정확히 따져보는 것이 좋을 것으로 보인다.

1. 투자 관련 세액공제
조세특례제한법 제24조에서는 병의원이 사업용 유형자산(의료기기 등을 말함. 비품 등은 제외)에 투자한 경우 아래와 같이 통합투자세액공제를 적용한다.

> ■ (공제율) 당기분 기본공제(Ⓐ) + 투자 증가분 추가공제(Ⓑ)
> - (기본공제(Ⓐ)) 당해 연도 투자액 × 기본공제율(중소 10%, 중견 3%, 대 1%)
> - (추가공제(Ⓑ)) [당해 연도 투자액 – 직전 3년 평균 투자액] × 추가공제율(모든 기업 3%)

그런데 조세특례제한법 제130조에서는 수도권 과밀억제권역 내의 투자에 대해서는 이 공제를 적용하지 않는다. 인구집중 등을 억제하는 취지에서다. 다만, 대체 투자(기존 의료기기를 대체) 시에는 이 공제를 적용한다.

※ 수도권 과밀억제권역 투자에 대한 세액공제 적용 판단

구분	1990. 1. 1 이후 사업 개시		1989. 12. 31 이전 사업 개시	
	증설 투자	대체 투자	증설 투자	대체 투자
일반기업	×	×	× (산업단지·공업지역○)	○
중소기업	× (산업단지·공업지역○)	○		

2. 고용지원 관련 세액공제
2023년부터 고용지원 관련 세액공제제도가 통합해 적용된다. 이 제도는 병의원도 적용받으므로 좀 더 자세히 알아보자.

1) 공제율
종전의 고용증대 세액공제(400~1,200만 원, 중소 3년 지원), 사회보험료 세액공제(사용자분 사회보험료의 50~100% 감면, 2년 지원), 경력단절여성 세액공제(인건비의 15~30%, 2년 지원), 정규직 전환 세액공제(700~1,000만 원, 1년 지원), 육아휴직 복귀자 세액공제(인건비의 15~30%, 1년 지원) 대신에 이를 통합해 다음처럼 공제를 적용한다.

· (기본공제) : 고용증가인원×1인당 세액공제액(중소 병의원은 3년, 대기업 2년 지원)

(단위 : 만 원)

구분	공제액			
	중소		중견	대기업
	수도권	지방		
상시근로자	850	950	450	–
청년정규직, 장애인, 60세 이상, 경력단절여성 등	1,450	1,550	800	400

– 우대공제 대상인 청년 연령범위* 확대, 경력단절여성을 우대공제 대상에 추가
  * 청년 연령범위 : 15~34세(2022년 이전은 15~29세)
– 공제 후 2년 이내 상시근로자 수가 감소하는 경우 공제금액 상당액을 추징

· (추가공제) : 정규직 전환·육아휴직 복귀자 인원×공제액(1년 지원)

(단위 : 만 원)

구분	공제액	
	중소	중견
정규직 전환자	1,300	900
육아휴직 복귀자		

– 전체 상시근로자 수 미감소 시에 적용
– 전환일·복귀일로부터 2년 이내 해당 근로자와의 근로관계 종료 시 공제금액 상당액 추징

| 사례 |

수도권 병의원이 30세 근로자 1인 추가 고용 시(평균임금 월 259만 원 가정)

현행	개정안
■ 고용증대 세액공제 : 700(일반)만 원×3년 = 2,100만 원 ■ 사회보험료 세액공제 : 427만 원(농특세 반영)×50%(일반)×2년 = 427만 원 ■ 계 : 2,527만 원	통합고용세액공제 : 1,450만 원(청년 우대)×3년 = 4,350만 원

2) 통합고용세액공제 신청 관련 주의할 점

첫째, 전년도보다 상시근로자 수가 증가해야 한다.

상시근로자 수는 해당 과세연도의 매월 말일 현재 상시근로자(가족, 1년 미만 계약 근무자, 일용직 등 제외) 수의 합을 해당 과세연도의 개월 수로 나눈다. 예를 들어 2023년 말에 10명, 2024년 10월에 2명을 채용하면 다음처럼 상시근로자 수를 계산한다.

· 상시근로자 수 : Σ(10명×9개월+12명×3개월=126명)/12개월=10.5명
· 2024년도 고용증가 인원=10.5명－10명=0.5명

둘째, 통합고용세액공제는 2025년까지 매년 단위로 적용된다. 따라서 매년 상시근로자 수를 계산해 증가한 인원이 발생하면 당해 연도와 그 이후 2년간(총 3년간) 적용한다. 한편 해당 연도에 결손이나 최저한세에 걸려 공제를 못 받은 경우 향후 10년간 이월공제가 된다.

셋째, 공제를 받은 후 2년 내에 고용이 감소된 경우에는 추가공제가 중단되며 당초 공제받은 세액도 추징이 된다. 먼저 이월된 세액을 차감해 계산한 세액으로 납부해야 한다(서면법규과-438, 2014. 4. 29).

Tip 중소기업 특별세액 감면

조세특례제한법 제7조에서는 중소기업에 대해 소득세 산출세액의 5~10% 정도의 세액감면을 적용하고 있다. 병의원은 다음처럼 정리된다.

구분	소기업(병의원)	중기업(병의원)
적용 대상	· 병원 · 의원·치과의원·한의원 : 요양급여비율이 80% 이상이고, 해당 연도의 종합소득금액이 1억 원 이하인 경우만 적용	좌동
공제율	10%	5%
한도	· 상시근로자 수 감소 시 : 1억 원－감소 1인당 500만 원 · 이 외 : 1억 원	

수익 및 비용
세금설계

내 병의원의 이익구조

병의원의 이익구조를 이해하는 것은 각종 세무신고 그리고 내실 있는 경영이나 세무조사 예방 등을 위해 아주 바람직하다. 지금부터는 원장이 평소에 꼭 알고 있어야 하는 병의원의 이익구조에 대해 알아보자.

서울병의원은 매월 3,000만 원 정도의 매출이 발생한다. 그리고 인건비와 임차료 그리고 감가상각비 등 고정비가 1,000만 원 정도 발생하고 의료소모품비 등 변동비는 매출액의 30% 정도가 발생한다. 서울병의원의 이익구조는 어떻게 될까?

Solution | 이익구조는 보통 다음과 같이 그림으로 표현할 수 있다. 이 그림은 매출에서 비용을 차감하면 이익이 발생한다는 사실을 보여주고 있다.

비용 　고정비 　변동비	매출
이익	

이러한 이익구조에다 앞의 숫자를 대입하면 이익이 얼마인지를 알 수 있다.

비용 1,900만 원 　고정비 1,000만 원 　변동비　900만 원*	매출 3,000만 원
이익 1,100만 원	

* 변동비 : 매출×30% = 3,000만 원×30% = 900만 원

이러한 이익구조를 알면 경영변화에 따른 의사결정을 쉽게 내릴 수 있다. 예를 들어 매출액이 월 4,000만 원으로 증가하는 경우 인건비가 500만 원 증가하고 변동비율은 40%로 증가한다면 이익은 다음과 같이 된다.

비용 3,100만 원 고정비 1,500만 원 변동비 1,600만 원*	매출 4,000만 원
이익 900만 원	

* 변동비 : 매출×40% = 4,000만 원×40% = 1,600만 원

매출은 33% 신장했으나 오히려 이익은 18% 하락했다. 이렇게 된 이유는 고정비의 과다발생 또는 변동비의 급격한 증가에 기인한다. 따라서 원장은 수익성 악화의 원인을 찾아 이를 개선시키는 업무에 착수하는 것이 필요하다.

돌발 퀴즈!

K병의원에서 지출한 비용에는 인건비, 임차료, 감가상각비, 재료비, 성과수당이 있다. 이 중 변동비는 어떤 것인가?

변동비는 매출에 비례해 발생하는 비용으로 재료비, 성과수당이 있다. 나머지는 매출과 무관하게 발생하는 고정비에 해당한다. 병의원이 이익을 내기 위해서는 일단 매출이 고정비를 상회해야 한다. 고정비보다 매출이 안 나오면 병의원이 적자를 보게 된다.

※ 이익구조를 알면 좋은 점

☑ 평소에 이익관리를 알 수 있다.

☑ 세금예측을 하는 데 도움을 얻을 수 있다.

☑ 직원을 채용할 것인가, 말 것인가에 대한 의사결정을 과학적으로 할 수 있다.

☑ 원가절감을 실행할 수 있다.

☑ 병의원 원장은 경영마인드를 함양시킬 수 있다.

Consulting | 병의원의 이익구조가 어느 날 갑자기 흔들리는 경우가 있다. 예를 들어 매출액 대비 변동비율이 30% 내외에서 머물던 것이 10%포인트 이상 차이가 나는 것이 대표적이다. 고정비 측면에서도 고정비율이 갑자기 흔들리는 경우가 있다. 물론 이러한 변동비와 고정비는 다음과 같이 세분화시켜서 살펴볼 수도 있다.

구분	비용성격	전년도	당해 연도
매출액	–	100%	100%
매출원가	변동비	30%	40%
판매관리비		30%	40%
인건비	고정비	10%	20%
임대료	고정비	5%	5%
광고선전비	고정비	10%	10%
의료소모품비	변동비	5%	5%
영업이익			
영업외비용			
이자비용	고정비	5%	5%
당기순이익			
비고	–	변동비율 : 35% 고정비율 : 30% 총비용비율 : 65%	변동비율 : 45% 고정비율 : 40% 총비용비율 : 85%

전년도와 비교해볼 때 변동비율과 고정비율이 모두 증가되었다. 변동비의 경우 매출원가비율이 10%포인트 증가되었고, 고정비의 경우 인건비가 10%포인트 증가되었다. 이렇게 비율이 급격하게 증가되면 과세관청은 다음과 같이 의심할 수 있다.

· **매출누락이 있지 않는가?**

→ 매출누락이 있다고 추정하는 이유는 매출원가율이 증가되었기 때문이다. 매출누락이 있으면 매출원가율이 증가하는 경우가 일반적이다.

· **가공 인건비가 계상되어 있지 않는가?**

→ 세금을 줄이기 위해 고정비인 가공인건비를 계상할 가능성이 있다는

것이다. 한편 매출액은 증가되지 않았음에도 불구하고 인건비 등 고정
비가 늘어나면 매출의 탈루가능성도 있다고 추정할 수 있다.

※ 매출과 비용이 급격히 변동하는 경우의 대처요령
☑ 급격히 변동하는 원인을 파악한다.
☑ 변동하는 원인에 맞는 근거서류를 비치해두고 언제든지 소명할 수 있
  도록 한다.
☑ 비용의 경우에는 관련 영수증, 계약서 등을 준비해 나중을 대비하도
  록 한다.

실전연습 L병의원의 작년도 매출액은 4억 원이었으나 올해의 매출액은 6
억 원이었다. 한편 작년도의 이익률(소득률)은 20%였으나, 올해
는 25% 정도가 된다고 하자. 이렇게 신고를 하면 문제는 없는지
그리고 문제가 없다면 어떤 식으로 해명을 해야 하는지 알아보자.

먼저, L병의원의 매출액 증감률과 이익률 증감률을 비교해보자.

구분	전년도	당해 연도	증감률
매출액	4억 원	6억 원	50%
이익률	20%	25%	25%

다음으로 위의 내용을 분석해보자. 표를 보면 매출액은 전년도에 비해
50% 신장했으나 이익률은 25% 증가에 그치고 있다. 그 결과 이익률이
매출액신장율에 비해 떨어진 이유에 대해 세무간섭이 있을 수 있다. 따라
서 원장의 입장에서는 이에 대해 해명을 요구받을 수 있으므로 이익률이
생각보다 늘어나지 않은 이유에 대해 객관적인 근거를 제시할 수 있어야
한다. 예를 들어 다음과 같은 것들이 있을 수 있다.

· 인테리어 리모델링 : 감가상각비의 증가
· 신규의료장비의 구입 : 감가상각비의 증가
· 페이닥터나 종업원 신규채용으로 인한 인건비 지출 : 인건비의 증가
· 광고실시에 의한 광고비 지출 등 : 광고비의 증가
· 퇴직연금의 가입 : 퇴직급여의 증가 등

병의원 매출관리법

병의원의 매출(수입)관리는 세무상 매우 중요하다. 매출이 커질수록 세금도 증가하게 되고, 세무당국의 감시를 집중적으로 받기 때문이다. 따라서 병의원 CEO들은 무엇보다도 매출에 대한 관리를 잘 할 필요가 있다.

K병의원의 2024년의 매출자료가 다음과 같은 경우 사업장 현황 신고를 할 때 신고할 수입금액은 얼마인가?

청구일자	보험공단청구액	입금액	입금일자	비고
10월 31일	2,000만 원	2,000만 원	11월 25일	
11월 30일	3,000만 원	2,900만 원	12월 25일	이의신청포기
12월 31일	4,000만 원	-	다음 해 2월 입금예정	
계	9,000만 원	4,900만 원		

Solution | 물음의 쟁점은 다음 두 가지다.

☞ **물음 1** : 11월 진료비청구액은 3,000만 원이나 실제 입금액은 2,900만 원인데 어느 것을 기준으로 국세청에 보고하느냐 하는 것이다.
☞ **물음 2** : 12월 청구금액은 4,000만 원이나 입금일자는 다음 해 2월인데 어떤 식으로 신고매출을 잡느냐 하는 것이다.

· **물음 1의 경우**
실제 받은 금액을 기준으로 수입금액을 잡는 것이 타당하다. 국세청 예규(소득-203, 2010. 02. 08)에서도 이에 대해 다음과 같이 해석하고 있다.

'의료업을 경영하는 거주자가 사업소득에 대한 총수입금액으로 신고한 금액 중 '국민건강보험법' 제52조에 따라 환수되는 금액은 그 환수가 확정되는 날이 속하는 과세기간의 총수입금액에서 차감하는 것임.'

· 물음 2의 경우

세법규정부터 자세히 검토하는 것이 필요하다. 이에 대해 '소득세법 시행령 제48조'에서는 인적용역의 제공에 따른 사업소득의 수입시기를 '용역대가를 지급받기로 한 날 또는 용역의 제공을 완료한 날 중 빠른 날'로 하고 있다. 따라서 12월분의 매출에 대한 보험급여는 다음 해에 받을 예정이나, 용역은 12월에 제공되었으므로 12월에 청구한 4,000만 원은 2024년도의 매출로 계상해야 한다.

돌발 퀴즈!

1. 12월분 청구분 4,000만 원을 2024년도의 매출로 신고했으나 2025년에 실제 입금된 돈은 3,500만 원이라고 하자. 차액 500만 원은 2024년의 매출에서 차감될까? 아니면 2025년의 매출에서 차감될까?

   정답은 2025년의 매출에서 차감된다. 앞의 예규(소득-203, 2010. 02. 08)를 보면 공단에서 삭감된 금액은 환수가 확정된 기간의 총수입금액에서 차감하도록 하고 있기 때문이다.

2. J병의원은 재활병의원으로서 대부분의 환자가 장기 입원환자다. 이 경우 장기 입원환자들 중 일부는 중간정산을 신청하는 경우도 있고 퇴원 시에 일괄 정산하는 경우도 있다. 수입의 귀속시기는 어떻게 될까?

   이에 대해서는 '그 대가를 지급받은 날이 속하는 연도의 귀속시기'로 보고 있다(아래 판례 참조).

> ※ 판례[조심2009서2945, 2010. 09. 01] 다수의 환자에게 의료용역을 제공하고 그 진료의 시작과 완료가 복수의 과세기간에 걸쳐 있는 점에 비추어 의료용역의 수입시기를 그 대가를 지급받은 날이 속하는 연도의 귀속시기로 본 것은 정당함.

Consulting 병의원의 수입과 관련해 원장들이 알아야 할 내용을 정리하면 다음과 같다.

1. 병의원 수입(매출)의 구조

구분	내용
보험수입	건강보험적용분(공단에서 지급분의 3.3%로 원천징수, 원천징수된 세액은 소득세 신고 시 기납부세액으로 공제됨. 누락하지 않도록 함)
비보험수입	보험적용이 안 되는 수입금액(현금 또는 현금영수증, 신용카드로 결제됨). 세무조사 집중 타깃이 됨.
기타	의료보호수입, 보험회사 수입 등

2. 병의원 매출관리요령

병의원 매출은 평소에 다음과 같은 형태로 관리되도록 한다.

날짜	환자명	보험급여				계	비보험급여			계	총계
		본인부담			청구분		현금	카드	현금영수증		
		현금	카드	현금영수증	현금						

· **보험급여 중 본인부담금** : 외래환자들이 병의원에 방문하면서 내는 본인부담금을 말함. 보통 현금이나 신용카드 또는 현금으로 결제함.
· **보험급여 중 보험공단청구분** : 외래환자들의 진료용역에 대해 국민건강보험공단에 청구한 금액. 자체 심사를 거쳐 확정된 급여를 지급함. 지급금액의 3.3% 원천징수함.
· **비보험급여** : 국민건강보험이 적용되지 않은 진료용역에서 발생한 수입을 말함. 현금 또는 신용카드, 현금영수증으로 결제가 됨.

참고로 사업장 현황 신고 시에는 매출이 결제수단(카드/현금영수증/그 밖의 매출)로 집계된다. 따라서 앞과 같이 관리가 되지 않으면 신고 시 상당히 애를 먹는 경우가 많다. 따라서 미리 앞과같이 관리를 하도록 한다(병의원 CEO가 알아두면 좋을 정보다).

※ **주의!**

실무에서 보면 보험급여와 비보험급여의 신용카드 사용분이 구분이 안 되는 경우가 있다. 이렇게 되면 매출이 중복계상될 가능성이 있다. 예를 들어 안과의 경우 백내장수술은 100만 원대의 수술비가 발생하나 국민건강보험이 적용된다. 따라서 이런 보험수입은 카드가 결제되는 경우가 보통인데, 이를 안과의 비보험수입에서 발생한 카드사용분이라고 단정하고 신고를 한다면, 매출이 중복되어 불필요한 세금만 발생한다. 따라서 병의원 원장이나 실무자들은 매출파악을 정확히 할 수 있어야 하고 향후 신고가 어떤 방식으로 이뤄지는지, 이에 대한 관심이 필요하다.

※ **병의원 원장들의 매출관리법**

☑ 비보험급여의 경우 신고된 자료와 내부자료(컴퓨터, 장부 등)가 일치해야 한다.

☑ 비보험급여의 경우, 특수관계인에게 무상진료나 무상공급을 하면 부당행위계산제도가 적용된다. 따라서 시가와의 차이금액을 총수입금액에 산입한다.

☑ 차등수가 등으로 감액된 진료비는 수입과 무관하다.

☑ 병의원의 총매출액이 5억 원 이상이면 성실신고확인제도가 적용된다.

☑ 진료 중 부가가치세가 과세되는 항목을 구별해야 한다.

☑ 건별 진료비가 10만 원을 넘으면 의무적으로 현금영수증을 발급해야 한다.

☑ 카드매출 중 보험급여와 비보험급여가 중복되지 않도록 한다.

☑ 카드결제수수료(2% 내외)에 대한 비용처리 시 이를 누락하지 않도록 한다.

실전연습　　K병의원에서 다음과 같은 진료행위가 있었다.

> · 보험급여 환자 본인부담금 경감 : 1,000만 원
> · 비보험급여 환자(원장의 친지 등) 무료 시술 및 판매용 의약품 제공 : 1억 원(시세)

그리고 K병의원의 종합소득세 신고서는 다음과 같았다.

(단위 : 원)

구분	금액	비고
종합소득금액	120,000,000	
소득공제	10,000,000	
과세표준	110,000,000	
세율	35%	
누진공제	15,440,000	
산출세액	23,060,000	

이러한 상황에서 본인부담금 경감과 특수관계인에 대한 무료시술에 대한 내용을 반영해 세금을 계산해보면?

물음에 대해 답을 찾아보자. 먼저, 본인부담금 경감액은 총수입금액에서 차감되므로 신고서를 수정할 필요가 없다. 다음으로, 특수관계인에게 무상으로 제공된 수술 등은 부당행위에 해당되어 이에 해당되는 금액을 총수입금액에 산입해야 한다.

· 수정 전 종합소득금액 : 120,000,00원
  + 총수입금액 산입 : 100,000,000원
  = 수정 후 종합소득금액 : 220,000,000원

(단위 : 원)

구분	당초	수정 후
종합소득금액	120,000,000	220,000,000
소득공제	10,000,000	10,000,000
과세표준	110,000,000	210,000,000
세율	35%	38%
누진공제	15,440,000	19,940,000
산출세액	23,060,000	59,860,000

진료비 경감과 세무처리

병의원이 진료비를 경감하는 행위는 세법규제를 받게 되는데, 이하에서 살펴보자.

1. 경감액의 성격분류
① 특수관계인인 경우
부당행위계산부인제도가 적용된다.
- 무상으로 제공 : 시가를 총수입금액에 산입한다.
- 저가로 제공 : 시가와 대가와의 차이액을 총수입금액에 산입한다.

참고로 병의원과 특수관계 위치에 있는 임직원을 대상으로 할인하는 경우에는 할인받은 금액은 연말정산 때 포함해 정산하는 것이 원칙이다.

② 특수관계인이 아닌 경우
병의원에서 특수관계인이 아닌 외부의 환자를 대상으로 진료비를 경감하는 금액은 크게 판매부대비용, 접대비 중의 하나로 분류하는 것이 원칙이다.

구분	판매부대비용	접대비
업무 관련성	업무와 관련	업무와 관련
대상	불특정인	특정인
지출목적	판매촉진	거래관계 유지
세무처리	비용으로 처리	적격증빙 미비 시 전액 비용부인

판매부대비용은 불특정 고객을 상대로 사전 약정(신문, 방송 및 기타 광고 방법에 의해 공시한 경우를 포함함)에 따라 지급하는 장려금, 매출할인 및

사은품, 답례품, 경품권 등의 증정에 따른 지출액을 말한다. 그러나 특정 고객을 상대로 지출하거나 사전 약정이 없이 지출하는 경우에는 접대비에 해당한다.

2. 입증서류

해당 사유별로 진료비면제 사실을 확인할 수 있는 증빙(예, 할인과 관련된 규정, 할인해 청구된 영수증, 확인서 등)을 구비하는 것이 좋다. 다만, 접대비의 경우 1회 지출비용이 3만 원(경조금의 경우 20만 원) 이상인 경우로서 정규증빙(세금계산서, 계산서, 신용카드 매출전표, 현금영수증, 원천징수영수증)을 받지 않은 경우에는 사업자의 필요경비로 처리할 수 없다.

※ 소득세법 집행기준 35-83-4【접대비 등의 구분】

사업을 위해 지출한 비용으로서 접대비, 광고선전비 또는 판매부대비용은 다음과 같이 구분한다.

1. 지출의 상대방이 사업에 관계 있는 자들이고 지출의 목적이 접대 등의 행위에 의해 사업관계자들과의 사이에 친목을 두텁게 해서 거래관계의 원활한 진행을 도모하는 데 지출한 비용은 접대비에 해당하며, 지출의 상대방이 불특정다수인이고 지출의 목적이 구매의욕을 자극하는 데 지출한 비용은 광고선전비에 해당한다.
2. 특수관계인 외의 자에게 지급하는 판매장려금·판매수당 또는 할인액 등으로써 건전한 사회통념과 상관행에 비추어 정상적인 거래라고 인정될 수 있는 범위의 금액으로서 판매와 직접 관련된 경비는 판매부대비용에 해당한다.

병의원 비용관리법

병의원에서 지출되는 비용에는 크게 인건비, 임차료, 의료소모품비, 광고선전비 등이 있다. 이하에서는 주로 재무적인 관점에서 지출비용을 어떤 식으로 관리하는 것이 좋은지 알아보자.

U병의원은 한 해 동안 발생한 매출과 비용을 기준으로 가결산을 했다. 매출은 5억 원이고 이익을 매출액으로 나눈 비율은 40%가 나왔다. 만약 U병의원이 이익률을 30%에 맞춰 신고하고자 할 경우 추가로 필요한 비용은 얼마인가?

Solution | 먼저 가결산한 결과를 정리해보자. 5억 원의 40%인 2억 원이므로 나머지 3억 원(60%)은 비용에 해당함을 알 수 있다.

다음으로, 이익률을 30%로 맞출 경우 추가로 필요한 비용은 얼마나 되는지 알아보자. 사례에서 매출액의 30%가 이익이므로 나머지 70%는 비용에 해당한다. 따라서 필요한 비용은 3억 5,000만 원이라는 것을 알 수 있다.

결론을 내리면 필요한 경비는 3억 5,000만 원인데, 현재는 3억 원에 불과하므로 5,000만 원의 비용이 부족하다.

※ 부족한 경비를 채우는 방법

☑ 누락하기 쉬운 비용을 먼저 중점적으로 점검한다. 매월 정기적으로 나가는 임차료 같은 비용과 거래금액이 큰 항목(예 : 의료소모품비, 광고선전비) 위주로 점검한다.

☑ 조절하기 쉬운 비용을 점검한다. 이에는 감가상각비나 인건비 등이 있다.

☑ 지출근거가 없는 경우에는 입금 영수증으로 비용처리를 한다(단, 적격증빙을 받지 못하면 가산세 2%가 부과된다).

☑ 기타 정책적으로 집행한다(예 : 광고선전비 등).

Consulting | 최근 과세관청의 세무조사는 투명성이 강화된 매출보다는 아직도 투명성이 떨어진 비용 쪽에 초점을 맞추고 있다. 따라서 각 병의원들은 미리 비용관리에 만전을 기할 필요가 있다.

첫째, 영수증 등 지출근거를 확실히 보관하고 있어야 한다.

구분	필요한 영수증	필요한 행위
인건비	원천징수이행신고서	과세관청에 보고
인테리어 설치비	세금계산서, 계약서 등	입증서류 보관
감가상각비	감가상각비명세서	취득가액 서류
약품비	세금계산서	입증서류 보관
복리후생비	신용카드 또는 현금영수증	3만 원 이하는 간이영수증도 가능
리스료	입금증	리스계약서, 통장사본 등
이자비용	–	대출약정서 등

둘째, 세법상 인정받지 못하는 비용에 대해 이해해야 한다.

이와 같이 아무리 지출근거를 가지고 있더라도 세법에서 정하고 있는 규정을 위배한 경우에는 비용 자체를 인정받지 못한다. 이렇게 되면 소득이 증가하는 효과가 발생해 세금이 증가하게 된다. 대표적인 것들을 알아보면 다음과 같다.

구분	내용	비고
벌금	주차위반료	법률 위반
접대비	· 적격증빙을 못 받은 경우 · 한도(연간 3,600만 원 등)를 초과해 사용한 경우	소비성 경비 규제 목적
건강보험법 위반	'국민건강보험법' 위반해 과징금을 납부한 경우	법률 위반
유류대	연간 1,500만 원 한도 초과분에 대해 업무 관련성 입증 못하는 경우 경비부인	과다 경비 규제 목적
종합소득세 납부액	–	종합소득세는 사업의 경비가 아님.
가사비용 또는 사적 사용비용	업무와 관련 없이 지출	–

※ '국민건강보험법' 위반으로 부과된 과징금의 필요경비 산입 여부

[물음] ○○○은 개인 병의원을 운영하면서 '국민건강보험법' 제85조의 사항에 위반해 과징금을 부과 받아 이를 납부한 바가 있음. 이때 과징금을 사업소득금액의 계산에 있어 필요경비에 산입할 수 있는지 여부

[회신] 거주자의 사업소득금액 계산에 있어서 사업과 관련 있는 공과금을 법령에 의해 의무적으로 납부하는 것이 아니거나, 법령에 의한 의무의 불이행 또는 금지·제한 등의 위반에 대한 제재로써 부과되는 것인 경우에는 소득세법 제33조 제1항 규정에 의해 필요경비로 산입할 수 없는 것임(서면1팀-724. 2004. 6. 1).

셋째, 사후관리에 최선을 다해야 한다.

일반적으로 세무조사는 병의원의 장부를 중심으로 지출근거를 대조하는 형식으로 이루어진다. 따라서 장부상에 나타난 지출내역과 보관한 지출증빙들이 일치하는지를 점검해야 한다. 더 나아가 납품한 거래처로부터 실적자료를 입수해 대조*하기도 하므로 이에 유의해야 한다.

* 세무조사 시 이러한 식으로 대조를 많이 하므로 가공매입 등이 발생하지 않도록 해야 한다.

돌발 퀴즈!

병의원에서 접대비가 아닌 일반경비를 지출할 경우 배우자나 직원 명의의 신용카드를 사용해도 될까?

배우자의 경우에는 그 경비가 사업과 관련해 사용되었다는 것을 입증할 수 있어야 된다. 직원의 경우에는 통상적으로 사업과 관련성이 많으므로 병의원의 경비로 인정받을 수 있다. 단, 이때 카드사용액은 직원에게 지급해야 문제가 없다.

실전연습

L병의원에서는 직원들의 사기진작 차원에서 체력단련비를 지급하고 있다. 지급금액은 복리후생비로 처리하고 있다. 다음 물음에 답을 하면?

☞ 물음 1 : 복리후생비로 처리했을 경우 급여의 성격으로 보아 소득세를 원천징수해야 하나?

☞ **물음 2** : 운동지원비를 경비로 인정받기 위해서는 갖추어야 할 증빙 서류는?

☞ **물음 3** : 지원비는 사업용계좌에서 직원계좌로 이체해줘야 하나?

☞ **물음 4** : 직원이 본인 이름으로 신용카드나 현금으로 결제하고, 당해 영수증을 병의원에 제출하면 확인서를 받고 직원에게 계좌 송금 또는 현금으로 지급했을 경우도 경비처리가 가능한가?

☞ **물음 5** : 직원과 병의원 원장이 동시에 체력단련비를 지출하면 원장분의 것도 비용으로 인정되는가?

물음에 대해 차근차근 답변을 해보면 다음과 같다.

· **물음 1의 경우** : 복리후생비는 병의원의 경비에 해당하나 해당 금액은 직원의 근로소득에 해당한다. 따라서 이에 대해서는 근로소득세가 부과된다.

· **물음 2의 경우** : 체력단련비 지급규정 및 근로소득원천징수부와 근로소득지급명세서를 보관하는 것으로써 족하다.

· **물음 3의 경우** : 병의원 사업자가 복식부기의무자(연간 매출이 7,500만 원 초과하는 사업자)에 해당하는 경우에는 운동 지원금은 인건비에 해당하므로 사업용계좌로 지원금을 지급해야 한다.

· **물음 4의 경우** : 가능하다. 다만, 사후검증에 대비하기 위해서는 체력단련비에 대한 지급규정을 만들어 두고 이에 따라 지급하는 것이 좋을 것으로 보인다.

· **물음 5의 경우** : 이론적으로는 인정되지 않는다. 다만, 실무적으로는 이를 포함해 비용처리를 하고 있는 실정이다.

과다한 복리후생비의 문제점

복리후생비는 통상 인건비의 10~20% 내에서 사용되는 경우가 보통이나, 복리후생비가 총인건비의 20%를 넘지 않도록 주의하자. 이를 넘어서면 불성실신고자로 분류되기 쉽기 때문이다.

성실신고확인제도하에서의 경비 검증방법

성실신고확인사업자인 병의원들은 종합소득세 신고 때 다음과 같은 항목에 대해서는 매우 신경을 써야 한다. 이에 대해서는 사후검증을 하기 때문이다.

1. 인건비 검증
인건비는 제3자와의 거래가 아닌 지급사실 정도만 입증하면 경비로 인정받을 수 있다는 특징이 있다. 그런데 지급되지도 않은 인건비가 자칫 사업경비로 둔갑되어 비용으로 처리될 수 있는 가능성이 있다. 이러한 점에 착안해 성실신고확인제도하에서는 이에 대해 다음과 같이 검증하고 있다.

· 배우자 및 직계존비속에 지급한 인건비가 있는 경우, 실제 근무 여부를 확인한다. 실제 근무 여부는 주위 동료들의 확인이나 업무일지 등으로 확인할 수 있다.
· 유학·군복무 중인 자 등에 대한 인건비 계상 여부를 확인한다.
· 아르바이트나 일용직 등의 가공 인건비 여부 등을 확인한다.

이러한 유형을 점검하기 위해 다음과 같은 기초자료를 요구하고 있다.

구분		금융회사 등의 결제금액 (①)	사업용계좌거래금액 (②)	차이금액(③:①-②)	
				금액	사유
인건비	입금				
	출금				

인건비는 보통 금융회사 등의 계좌를 통해 출금되므로 사업용계좌에서 빠져나간 돈과 일치하는지를 점검하도록 하고 있다. 이는 인건비를 가공으로 신고한 후 사업용계좌에서 인건비를 현금으로 인출하는 것을 확인하기 위한 표에 해당한다. 이외에도 배우자 등에 대한 지급명세도 요구하고 있다.

2. 복리후생비 검증

원래 복리후생비는 임직원을 위해 지출되는 비용을 말한다. 그런데 개인
사업체에서는 대표자가 혼자 지출하는 비용을 복리후생비로 처리하거나
접대성 비용 또는 사업과 무관한 비용을 복리후생비로 처리할 수 있다.
성실신고확인제도하에서는 이러한 점에 착안해 다음과 같이 검증한다.

· 접대성 경비를 복리후생비로 계상하는지를 검토한다.
· 가족이나 개인 지출 경비를 복리후생비로 계상하는지의 여부를 검토한다.

이러한 복리후생비 검증은 영수증으로 하게 된다. 따라서 세법에서는 복
리후생비를 포함해 기타 비용에 대해서는 다음과 같은 형식으로 자료를
제출하도록 하고 있다.

항목	당기지급액	적격증빙 수취의무 제외		적격증빙 수취 의무			
		건당 3만 원 이하	기타	계	적격증빙	적격증빙 외의 증빙	증빙불비
복리후생비							
소모품비							

여기서 적격증빙이라는 세금계산서, 계산서, 신용카드 매출전표, 현금영
수증을 말한다. 따라서 당기에 지급한 금액에 대해 적격증빙을 받지 않으
면 가산세 등이 부과될 수 있다.

3. 접대비 검증

접대비는 자칫 사적으로 비용처리가 될 수 있다. 따라서 이러한 관점에서
세무검증을 할 가능성이 높다.

· 지출내용, 목적, 장소 등을 검토해 개인적 경비의 변칙 계상 여부를 확
  인한다. 만일 개인적 경비의 변칙 계상이 확인이 되면 필요경비로 인정
  받지 못할 것으로 보인다.
· 복리후생비 계정 중에 접대비 성격이 있는지를 확인한다.

4. 차량비 검증

사업자의 경우 차량비가 비용 중에서 차지하는 비중이 상당히 높은 편이다. 차량가격에 대해서도 비용처리가 되고 이와 관련된 유지비용도 비용으로 인정되기 때문이다. 따라서 그만큼 세무검증의 주요 대상이 될 가능성이 높다. 그렇다면 차량비에 대해서는 어떤 방식으로 검증할까? 이에 대해서는 다음과 같은 것을 생각해볼 수 있다.

· 업무용 차량 보유 현황, 용도 등을 검토해 가정용 차량 유지·관리비 등
  업무무관경비의 변칙 계상 여부 등을 확인한다.

이를 위해서는 다음과 같은 차량소유현황 자료를 제출하도록 하고 있다.
단, 업무용 차량에 한한다.

(단위 : 천 원)

차종	배기량	차량번호	취득일	보험계약상 소유자	용도	취득금액

5. 감가상각비 검증

감가상각비는 인위적으로 비용을 장부에 계상하므로 자칫 잘못하다가는 이익의 조절이나 세금의 조절수단으로 사용될 수 있다. 따라서 다음과 같은 관점에서 이에 대한 세무검증을 실시한다.

· 사업내용, 유형자산의 취득목적 및 실물 등을 검토해 업무무관자산, 가
  공자산에 대한 감가상각비 계상 여부를 확인한다.

이를 위해서는 주요 유형자산에 대한 명세서를 제출하도록 하고 있다.

(단위 : 천 원)

계정과목	자산내역	수량	취득가액	연간리스료	취득일

전략적으로 비용 계상하는 방법 : 감가상각비와 성과급 설계법

분기나 반기 또는 연말결산을 진행한 결과 비용이 부족한 경우가 많다. 이때에는 비용을 전략적으로 추가하는 것이 좋다. 이에는 다양한 방법이 있을 수 있다. 이 중 대표적으로 감가상각제도가 있는데, 이는 이익을 조절할 수 있는 합법적인 수단이 된다. 이하에서는 감가상각비 등을 가지고 병의원이 이익을 조절하는 원리를 설명한다. 물론 이러한 원리는 법에서 허용되고 있음을 알려드린다.

K병의원은 5년 전에 개업을 했다. 이번에 감가상각이 완료된 장비를 중도에 매각하고 새로운 장비를 구입했다. 구입가격은 무려 2억 원에 달한다. K병의원은 가급적 감가상각비의 조기상각을 위해 감가상각연수를 4년으로 하고 정률법으로 상각하는 방법을 채택하고 있다. 하지만 조기상각을 하면 이익이 평준화되지 못해 이익률이 급격히 변동하는 문제가 있다. 그래서 이번 신규자산에 대해서는 5년간 정액법으로 상각하고 싶다. 이게 가능한가?

Solution | 가능하지 않다. 현행 세법은 자산별·업종별로 적용한 신고내용연수 또는 기준내용연수는 그 후의 사업연도에 있어서도 계속해 그 내용연수를 적용하도록 하고 있기 때문이다. 다만, 경제적 여건의 변동으로 조업을 중단하거나 생산설비의 가동률이 감소한 경우 등 일정한 사유가 발생한 때에는 사업장별로 납세지 관할 지방국세청장의 승인을 얻어 기준내용연수와 달리 내용연수를 적용하거나 적용하던 내용연수를 변경할 수 있다. 또한 감가상각방법도 변경가능하다. 하지만 사례의 경우 이러한 변경사유에 해당하지 않으므로 신규

자산에 대해서는 4년, 정률법으로 신고를 해야 한다.

참고로 사례의 K병의원이 4년 정률법에서 5년 정액법으로 감가상각방법 등을 변경하는 경우 비용처리가 어떤 식으로 변화하는지 알아보자.

(단위 : 원)

구분	4년 정률법(상각률 52.8%)	5년 정액법
1년 차	105,600,000	40,000,000
2년 차	49,843,200	40,000,000
3년 차	23,525,990	40,000,000
4년 차	21,030,810	40,000,000
5년 차	–	40,000,000
계	200,000,000	200,000,000

돌발 퀴즈!

올해 이익을 늘리기 위해 감가상각비를 일부 계상하지 않아도 되는가?

감가상각제도는 한도 내에서 계상하면 되므로 올해 이익을 늘리기 위해 감가상각비의 일부나 전부를 계상하지 않아도 세법은 이를 문제 삼지 않는다.

※ 병의원의 감가상각방법 선택

☑ 이익의 평준화를 원한다면 정액법을 선택하는 것이 좋다.

☑ 조기상각에 의한 절세효과를 원한다면 정률법을 선택하는 것이 좋다.

☑ 신규 자산은 원칙적으로 종전과 다른 방법을 선택할 수 없다.

☑ 아래와 같은 자산들은 당해 연도의 필요경비로 산입이 가능하다.

- 각 자산별 수선비로 지출한 금액이 600만 원 미만인 경우
- 전화기(휴대용 전화기를 포함한다) 및 개인용 컴퓨터 등(가격 불문)

Consulting | 다음은 병의원의 이익구조를 나타낸 그림이다. 이를 통해 이익을 조절하는 원리를 살펴보자.

	이익	매출액
판매관리비(임차료, 인건비 등)	총원가	
상품구입원가(또는 제조원가)		

이러한 상황에서 이익을 줄이는 방법은 매출액을 감소시키든지 아니면 총원가(판매관리비 등)를 늘리는 방법밖에 없다. 다만, 매출액을 감소시키고 비용을 늘리는 것은 합법적인 범위 내에서 이뤄져야 한다. 따라서 실무적으로 이익을 줄이는 방법은 주로 비용을 늘리는 것이 해당된다.

그렇다면 비용을 조절해도 문제가 없는 항목에는 어떤 것들이 있을까? 다음과 같은 것들이 있다.
☑ 감가상각비 이연
☑ 인건비 계상(성과급, 네트급여의 현실화, 퇴직연금불입 등)
☑ 경조사비, 상품권 지출
☑ 접대비, 기부금 지출(아래 참조)
☑ 정책적인 비용 집행(광고선전비 등)
☑ 의료소모품 등을 공급하는 자회사 설립 등

실전연습 | K병의원에서는 이번에 이익이 상당히 많이 나 이익률이 40%에 이른다. 동종업계 평균은 30%인 바, 추가되는 이익에 대해 세금을 내는 것보다는 차라리 직원들에게 성과급을 지급하는 안을 검토하고 있다. 이 병의원의 매출이 10억 원이고 5,000만 원을 성과급으로 지급하는 경우의 경제적인 효과를 분석하면? 이외 상황은 무시한다.

답을 표로 정리하면 다음과 같다.

구분	현재의 상황	성과급지급 후	비고
이익률	40%	35%	-
이익	4억 원	3억 5,000만 원	5,000만 원↓
산출세액	이익 4억 원 ×세율 6~45% = 산출세액 1억 3,406만 원	이익 3억 5,000만 원 ×세율 6~45% = 산출세액 1억 1,406만 원	2,000만 원↓
가처분 소득	2억 6,594만 원	2억 3,594만 원	3,000만 원↓

이 표를 보면 당초 내야 할 세금은 1억 3,406만 원이나 성과급처리로 인해 1억 1,406만 원이 되어 2,000만 원 정도의 세금이 줄었다. 즉 직원의 사기 진작을 위해 5,000만 원이 쾌척되었는데 이 중 2,000만 원은 세금감소의 혜택이 발생해 총 3,000만 원이 지출된 것으로 분석되었다.

다만, 이러한 분석을 할 때에는 추가되는 4대보험료나 증가하는 근로소 득세 등을 감안해야 한다. 따라서 이러한 요소를 추가하면 절세금액이 줄 어드는 것이 일반적이다.

성과급 지급 시 10% 세액공제

2019년 이후부터 중소기업(병의원 포함)에 근무하는 근로자의 임금 또는 복지 수준을 향상시키기 위해 성과공유제를 도입한 기업에 대해 지급액의 10%를 세액공제한다. 한편 경영성과급을 받은 근로자들에 대해서는 근로소득세를 감면한다. 단, 상시근로 자 수 감소 시에는 이 제도를 적용하지 않음에 유의해야 한다(조세특례제한법 제19조).

접대비 활용법

병의원도 접대비를 지출할 수 있다. 다만, 세법은 접대비가 비생산적으로 지출되기 쉬우므로 이를 다양하게 규제하고 있다. 따라서 이러한 규제내용을 정확히 이해한 후에 지출하는 것이 절세를 위해 필요하다.

첫째, 접대비는 신용카드 등으로 결제되어야 한다.

신용카드가 아닌 간이영수증에 의해서는 접대비로 인정받을 수 없다. 다만, 거래처의 임직원 등을 대상으로 하는 경조사비를 지출할 경우에는 청첩장 사본 등을 구비해두면 건당 20만 원까지는 접대비로 인정한다.

둘째, 접대비는 무한대로 인정되는 것이 아니라 일정한 한도가 있다는 점에 주의해야 한다.

접대비는 원래 소비성 지출에 해당되므로 세법에서는 이를 생산적으로 사용하는 것을 유도하기 위해 다음과 같이 한도를 두고 있다.

구분	중소기업	일반기업
기본 한도	연간 3,600만 원	연간 1,200만 원
추가 한도	수입금액 0.3%(100억 원 이하 시)	좌동

병의원은 조세특례제한법 시행령 제2조에서 규정하고 있는 중소기업의 범위에 포함되므로 연간 3,600만 원 정도의 접대비를 사용할 수 있다.

※ 병의원이 사용할 수 있는 접대비 종류

병의원이 사용할 수 있는 접대비에는 다음과 같은 것들이 있을 수 있다.

☑ 거래처(제약업체, 의료기업체 등)를 위한 식대 등 지출
☑ 사회통념을 벗어난 회의비(골프비용 등)
☑ 상품권 지급 등

셋째, 업무와 관련된 접대비에 해당되어야 한다.

만일 업무와 관련 없이 지출한 접대비는 한도와 무관하게 전액 인정이 되지 않는다. 예를 들어 친구들과 함께 술을 마신 후 이 금액을 접대비로 처리한 경우에는 사적으로 사용하는 것인 만큼 접대비에 해당되지 않는다는 것을 의미한다. 하지만 실무적으로는 이러한 비용들도 대부분 접대비로 처리하고 있는 실정에 있다. 업무와 관련성이 있는지 등을 구분하는 것이 쉽지 않기 때문이다.

돌발 퀴즈!

병의원을 방문한 고객들이 오면 근처의 카페에서 상담을 한다. 이 경우 음료수 결제금액은 접대비인가? 아니면 판매부대비용인가?

이는 판매부대비용에 해당한다. 특정거래처가 아닌 일정 기준에 해당하는 모든 회원에게 지급하는 물품으로써 사회통념과 상관행에 비추어 정상적인 거래라고 인정될 수 있는 범위 내에 해당하기 때문이다.

상품권을 구입해 이를 거래처에 지급하면 접대비로 인정받는가?

그렇다. 다만, 상품권 구입액이 큰 경우에는 불필요한 세무간섭을 받을 수 있음에 유의해야 한다.

위험대비를 위한 보험설계법

보험은 사업적인 측면에서도 가입되고 있다. 대표적으로 건물이나 기계 장치 등에 가입된 화재보험이 있고, 직원에 대한 상해보험, 법률보험 등 도 있다. 이러한 보험료에 대한 지출은 원칙적으로 모두 비용으로 처리 된다. 이하에서는 주로 개인사업과 관련해 발생한 보험에서 발생하는 세 금문제를 살펴보자.

어떤 병의원에서 화재보험료를 100만 원 지출하려고 한다. 이에 대한 절 세효과는 얼마나 될까? 세율은 지방소득세를 포함해 38.5%라고 한다.

Solution | 일단 병의원이 사업과 관련해 지출하는 보험료는 사업경비 로 처리된다. 따라서 궁극적으로 이익을 축소시키는 결과를 가져오게 되므로 절세효과가 즉시 발생한다. 예를 들어 보 험료를 100만 원 지출한 경우로써 적용세율이 35%(지방소득 세 포함 38.5%)라면 다음과 같은 효과가 발생한다.

> · 순현금지출액 = 100만 원-절세효과(100만 원×38.5%) = 615,000원

병의원이 가입하는 보험에 대한 세법의 태도를 정리하면 다음과 같다. 이 러한 보험료는 대부분 병의원의 경영과 밀접한 관련을 맺고 있으므로 당 연히 필요경비에 해당한다. 이 중 단체보장성보험의 경우에는 보험료가 1인당 연간 70만 원을 초과하면, 그 초과한 부분에 대해서는 근로소득세 가 부과된다.

구분	내용
단체순수(또는 환급부) 보장성보험	직원의 사망재해를 보험금의 지급사유로 하고 직원을 피보험자와 수익자로 하는 보장성 보험료는 필요경비로 전액 인정하고 근로소득에서 제외한다(단, 단체순수보장성보험과 환급 부보장성보험의 보험료가 일인당 연간 70만 원을 초과하면 그 초과한 부분은 근로소득으로 본다).
화재보험료	병의원의 건물이나 의료장비 등에 대한 화재를 대비하는 보험료는 전액 필요경비로 인정 된다.
법률보험료	병의원에서 발생할 수 있는 각종 의료사고 등을 대비하기 위해 가입하는 법률보험료도 전액 비용으로 인정된다.
저축성보험료	사업과 무관하므로 경비로 인정받을 수 없다. 개인의 재테크 측면에서 가입하면 비과세 혜택을 받을 수 있다.

실전연습

1. K병의원은 개인사업 형태로 운영되고 있다. 최근 핵심직원의 이탈을 방지하기 위해 일인당 연간 100만 원 정도 되는 보장성 보험에 단체로 가입했다. 그런 후 특정 직원이 상해를 당해 보험금 1,000만 원을 수령해 그 직원에게 지급했다. 가입시점부터 보험금 지급까지의 회사와 직원의 세무문제를 나열해보면?

구분	회사*	직원
보험료 불입 시	자산처리(비용처리 불가)	30만 원에 대해서는 근로소득으로 보아 과세
보험금 수령 시	총수입금액에 산입(사례 : 1,000만 원)	–
보험금 지급 시	필요경비에 산입(사례 : 1,000만 원)	– (비과세)

* 동일한 금액이 수입과 비용으로 처리되므로 세금에 미치는 효과는 없다. 참고로 병의원이 납입한 보험료는 비용으로 인정되는 것이 타당하다고 본다.

2. (주)엠오스는 자사의 브랜드를 사용하는 가맹점에 대해 생활 속에서 발생하는 여러 가지 법률문제를 예방하기 위해 법률보험에 가입을 요구하고 있다. 월보험료가 10만 원인 경우의 비용처리 여부와 절세효과를 따져보면?

일단 보험이 사업과 관련성이 있으면 비용처리 되는 것이 원칙이다. 따라서 법률보험은 사업과 관련성이 밀접하므로 당연히 비용처리가 된다. 이렇게 비용처리가 되면 보험료에 적용세율을 곱해 절세효과를 계산할 수 있다. 세율이 26.4%인 경우를 살펴보자.

· 월 보험료 10만 원×26.4% = 2만 6,400원

의료사고 합의금은 경비로 인정될까?

인정되는 것이 일반적이다. 다음의 예규를 참조하자.

※ 관련 예규
사업자 또는 사용인이 업무와 관련해 고의 또는 중대한 과실로 타인의 권리를 침해함으로써 지급되는 손해배상금 등은 필요경비에 산입되지 아니하는 것이며, 선량한 관리자로서의 주의책임을 다한 경우에 발생한 사고에 대한 손해배상금 등은 필요경비에 산입할 수 있는 것이나, 이에 해당하는지는 사실판단할 사항임(소득 46011-1596, 1999. 4. 28).

병의원에서 지출한 각종 비용들이 세무상 인정되는지 이를 정리해보자.

구분	세법상 내용	점검
체력단련비	· 종업원 대상 : 복리후생비 · 원장 대상 : 가사비용(단, 금액이 소소한 경우 필요경비로 처리)	
경조사비	· 종업원 대상 : 복리후생비(사회통념상 금액 범위 내는 근로소득과 무관) · 거래처 대상 : 접대비(단, 건당 20만 원 이하의 경우는 비용으로 인정됨) ※ 결혼축의금이나 부의금 등은 병의원의 경비로 인정될 수 있다. 다만, 적격증빙을 수취할 수 없는데, 이에 세법은 건당 20만 원 이하의 금액에 대해서는 이러한 영수증 없이도 비용처리를 할 수 있게 하고 있다(단, 청첩장 사본 등을 구비).	
상품권	· 복리후생비 : 비용처리가 가능하다(현금으로 구입해도 비용처리 가능함). · 접대비 : 신용카드로 구입한 것에 한해 비용처리가 가능하다(앞의 복리후생비와 차이남).	
건강보험료, 국민연금료	· 종업원분 : 전액 비용으로 인정된다. · 원장분 : 건강보험료는 경비로 인정된다(공동사업자의 경우에도 인정된다). 한편 국민연금보험료는 경비처리 대신 소득공제를 받을 수 있다.	
접대비	병의원 접대비 한도 : 3,600만 원+α ※ 의원, 치과의원 및 한의원은 조특법령 제2조(중소기업의 범위)의 중소기업에 해당한다.	
골프비	복리후생비의 성격이 있으면 비용인정이 되나 골프비용에 대해서는 일반적으로 경비 부인을 당할 가능성이 높다.	
회의비	통상적인 회의비를 벗어난 금액은 접대비로 분류될 수 있다.	
기부금	· 법정기부금 : 전액 비용으로 인정된다. · 지정기부금 : 한도 내에서 비용으로 인정된다(종교단체는 소득금액의 10%). · 비지정기부금 : 비용으로 인정되지 않는다.	
학회비	· 영업자가 조직한 단체로서의 협회(학회)에 지급한 회비 : 필요경비(즉 비용) 산입이 가능하다. · 임의로 조직한 협의(학회)에 지급한 회비 : 지정기부금으로 필요경비 산입이 가능하다.	

판매촉진비	병의원이 판매촉진을 위해 비용을 지출하는 경우 전액 비용으로 인정된다.
주거비	· 종업원 대상 : 복리후생비로 인정된다. · 원장 대상 : 가사비용에 해당한다.
통신비	원장의 핸드폰 요금도 비용으로 인정된다(실무상).
운반비	비용으로 인정된다.
여비교통비	업무와 관련성이 있으므로 전액 비용으로 인정된다.
해외출장비	업무수행상 필요한 경우 전액 비용으로 인정된다. 다만, 해외여행의 경우 다음과 같이 판단한다. – 병의원의 업무수행상 필요한 것인가는 그 여행의 목적, 여행지, 여행기간 등을 참작해 판단한다. – 다음 중 하나는 원칙적으로 병의원의 업무수행상 필요한 여행으로 보지 않는다. · 관광여행의 허가를 얻어 행하는 여행 · 여행알선업자 등이 행하는 단체여행에 응모해 행하는 여행 ·동업자 단체 등이 주최해 행하는 단체여행으로써 주로 관광목적이라고 인정되는 여행

교육훈련비	병의원의 업무와 관련성이 있으므로 전액 비용으로 인정된다. 참고로 아래에 해
	당하는 교육비는 근로소득 과세에서 제외한다.
	'초·중등교육법' 및 '고등교육법'에 따른 학교(외국에 있는 이와 유사한 교육기관을 포함
	한다)와 '근로자직업능력 개발법'에 따른 직업능력개발훈련시설의 입학금·수업료·
	수강료, 그 밖의 공납금 중 다음 각 호의 요건을 갖춘 학자금(해당 과세기간에 납입할
	금액을 한도로 한다)
	1. 당해 근로자가 종사하는 사업체의 업무와 관련 있는 교육·훈련을 위해 받는 것일 것
	2. 당해 근로자가 종사하는 사업체의 규칙 등에 의해 정해진 지급기준에 따라 받는
	   것일 것
	3. 교육·훈련기간이 6월 이상인 경우 교육·훈련후 당해 교육기간을 초과해 근무하
	   지 아니하는 때에는 지급받은 금액을 반납할 것을 조건으로 해서 받는 것일 것

출퇴근용 리스차량비	출퇴근용이라도 비용인정을 받을 수 있다. 다만, 연간 한도는 1,500만 원이며, 이 를 초과 시에는 운행일지를 작성해야 한다.
카드수수료	환자들이 카드 등을 결제함에 따라 발생한 카드수수료도 전액 비용으로 인정된다(누락 에 주의).

시제품비	시제품비도 대부분 광고선전비로 인정된다. ※ 법인세법시행령 제19조[손비의 범위] 광고선전 목적으로 기증한 물품의 구입비용은 손비에 해당한다[특정인에게 기증한 물품(개당 3만 원 이하의 물품은 제외한다)의 경우에는 연간 5만 원 이내의 금액에 한정한다].
교통범칙금	비용으로 인정되지 않는다. 범칙금을 비용으로 인정하면 세법이 벌금을 우대하는 결과가 된다. 따라서 이를 비용부인해 과세를 한다.
신규 의료장비 구입비	종전의 자산과 같은 방식으로 감가상각해 비용처리를 한다.
의료장비 수선비	의료장비 수선비는 전액 당기의 비용으로 인정된다.
교통유발 부담금	비용으로 인정된다.
환경개선 부담금	비용으로 인정된다.
지체상금	납품지연으로 발생한 지체상금은 병의원의 비용으로 인정된다.
산재보험료 연체료	비용으로 인정된다.
산재보험료 가산금	비용으로 인정되지 않는다.
보상금	환자에게 지급하는 보상금은 비용으로 인정된다.
이자비용	부채가 자산을 초과한 경우에는 이자비용의 일부가 인정되지 않는다.
부식비	병의원 내 환자에게 식사제공 시 발생한 부식비도 비용으로 인정된다.

※ 저자 주

의료법 위반에 따른 각종 과태료는 경비처리가 안 될 수 있다. 대표적으로 성형외과의 환자 소개 수수료가 이에 해당한다. 이외 미술품을 구입하거나 렌트할 때의 비용처리법에도 유의해야 한다. 저자의 카페와 상의하기 바란다.

PART 03

세무조사 대응 편

'세무조사 대응 편'은 병의원에 관련된 각종 세무조사에 대한 내용을 다루고 있다. 세부적으로 세무조사 전에 자료소명을 요구하는 경우가 많은데 이에 대해 어떤 식으로 대처해야 하는지 알아본다. 그리고 세무조사가 왜 나오는지 이에 대해 분석을 하고, 세무조사리스크를 예방하는 방법을 알아본다. 또한 실제 세무조사가 나왔을 때 어떤 식으로 대응할 것인지에 대해서도 공부한다. 한편 원장 등이 부동산을 취득하면 세무조사리스크가 올라가는데, 이에 대한 해법도 아울러 살펴본다.

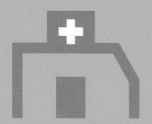

〈핵심주제〉

Chapter 01 자료소명법
이 장에서 다루고 있는 핵심주제들은 다음과 같다.
- 자료소명을 제대로 해야 하는 이유를 알아본다.
- 소명안내문에 대한 대응사례를 알아본다.
- 세무조사가 나오는 과정을 알아본다.

Chapter 02 실전 세무조사 대응법
이 장에서 다루고 있는 핵심주제들은 다음과 같다.
- 세무조사가 나오는 이유에 대해 알아본다.
- 세무조사리스크를 예방하는 방법을 알아본다.
- 실전 세무조사 대응법을 알아본다.

Chapter 03 자금출처조사와 금융거래법
이 장에서 다루고 있는 핵심주제들은 다음과 같다.
- PCI시스템과 세무조사의 관계를 알아본다.
- 부동산 구입 시 자금출처입증방법을 알아본다.
- 대출금 상환 시 자금출처조사에 대해 알아본다.

자료소명법

자료소명을 제대로 해야 하는 이유

어느 날 느닷없이 과세관청이 소명안내문을 보내온 경우가 있다. 주로 병의원이 신고한 각종 자료를 분석한 결과 이상한 점들이 발견된 경우에 이러한 일들이 벌어진다. 이하에서는 각종 소명안내문에 대한 대응법 등을 알아보고자 한다.

U병의원은 다음과 같은 안내문을 사업장 현황 신고 전에 받았다. 이번에 사업장 현황 신고는 어떻게 해야 하는가?

※ 사업장 현황 신고에 참고할 사항

〈신고내용 분석결과 등〉

- 귀하가 운영 중인 ○○과의 20**년 귀속 신고소득률(10.0%)은 ○○과 업종 전국 평균비율에 비해 낮습니다.
- 또한 신용카드 매출비율(60.0%), 인건비 비율(15.0%) 및 광고선전비 비율(20.0%)이 동종업종 평균비율에 비해 높은 수준입니다.
- 아울러 의약품 등 사용액 증가율(120.0%) 및 인건비 증가율(160.0%)에 비해 수입금액 증가율은 낮은 수준입니다.

이상과 같은 사실에 비추어 볼 때 그간 신고한 내용이 우리 세무서에서 파악하고 있는 수준에 미치지 못하는 것으로 분석됩니다. 분석결과 나타난 문제점에 대해는 원칙적으로 세무조사를 실시해 사실 여부를 확인해야 하나, 납세자가 스스로 성실하게 자신의 세금을 계산해 신고하는 신고납부제도의 취지에 따라 스스로 성실하게 신고할 수 있는 기회를 제공하고자 하오니, 위의 내용을 참고하셔서 성실신고를 당부 드립니다.

Solution | 안내문은 통상적으로 매년 2월 사업장 현황 신고를 하기 전에 각 병의원에 통보되고 있다. 물론 안내문을 보내는

목적은 성실신고를 유도하기 위해서다. 그렇다면 위에서 안내문을 받은 병의원은 어떤 점이 문제로 지적되었는지에 대해 요약한 후 그에 대한 대책을 알아보자.

1. 지적된 문제점

① 신고소득률(10%)이 낮다.

→ 동종업계에서 신고한 소득률을 평균해보니 20%가 나오는데 신고한 것이 10%에 지나지 않으므로 과소신고의 가능성이 있다는 것이다. 가장 강력한 경고문구에 해당한다.

② 신용카드 매출비율(60.0%), 인건비비율(15.0%), 광고선전비율(20.0%)이 높다.

→ 신용카드 매출비율이 상대적으로 높은 이유는 현금누락의 가능성이 높다는 것이다. 인건비비율이나 광고선전비율도 마찬가지 이유다.

③ 의약품 등 사용액 증가율(120.0%), 인건비 증가율(160.0%)이 낮다.

→ 의약품은 대표적인 변동비로 이 변동비가 120% 증가했으면 매출도 그에 비례해 증가되어야 하는데, 신고내용을 보니 그렇지 않다. 그리고 인건비 증가율도 160% 증가했다면 매출도 상대적으로 늘었어야 한다.

2. 대책

안내문은 비용은 급격히 증가했으나 신고한 매출은 얼마 되지 않은 전형적으로 문제가 있는 상황이다. 따라서 이에 대해 그 원인을 정확히 분석하지 못하는 경우에는 세무조사의 가능성이 높아 보인다. 그렇다면 대책은 어떻게 세워야 하는가?

☑ 작년의 신고내용을 전반적으로 점검한다.
☑ 특히 매출누락이 있는지를 중점적으로 살핀다.
☑ 장부에 이중 계상되어 있는 비용이 있는지를 살핀다.
☑ 인건비가 가공으로 계상되어 있는지를 살핀다.
☑ 매출탈루 등의 사실이 없다면 실제대로 신고를 하되 경영상에 비효율이 발생하고 있는 부분은 개선을 하도록 한다.

Consulting | 병의원을 경영하면서 부딪히는 소명안내문은 다양하게 존재한다. 원장들이 알아야 할 몇 가지 유형들을 소개하면 다음과 같다.

1. 사업장 현황 신고 관련

사업장 현황 신고는 사업장 시설현황 및 수입금액, 제반경비 등을 신고하는 업무에 해당한다. 이러한 신고를 바탕으로 수입금액의 탈루 등이 의심되는 경우에 소명안내문을 보낸다. 특히 보험공단의 매출자료와 신고자료 등이 차이가 나는 경우가 종종 있다. 조치가 미흡한 경우 현장방문을 실시할 수 있다.

2. 부가가치세 신고 관련

성형외과 등에서 행하는 부가가치세 신고는 주로 세금계산서 불부합자료(위장/가공)가 파생될 때 소명안내문이 자주 등장한다. 신고한 신용카드매출이나 현금영수증매출이 국세청의 자료와 차이가 나거나 매입세액이 과다한 경우에도 소명안내문을 받을 수 있다.

3. 종합소득세 신고 관련

종합소득세 신고는 다양한 이유로 소명안내문을 받을 수 있다. 일단 기본적으로 신고한 소득률이 낮은 경우에는 매출누락의 가능성이 있거나 가공경비계상의 가능성이 있으므로 이를 중심으로 소명안내문을 보내는 경우가 많다. 특히 종합소득세 신고 등을 할 때 제출한 손익계산서 등을 분석해 문제가 있다고 판단되면 소명안내문이 보내진 경우가 많다. 이때 다음과 같은 내용들이 포함된다.

- 신고소득률이 낮다.
- 매출원가비율이 높다.
- 인건비비율이 높다.
- 감가상각비비율이 높다.
- 광고선전비율이 높다.

---

4. 자금출처조사 관련

원장이나 그의 세대원들이 고가의 주택이나 상가 등을 취득한 경우에는 그에 대한 자금출처조사를 시행하기 위해 또는 부채상환을 한 경우 이에 대한 자금출처조사를 위해 소명안내문을 보내는 경우가 많다.

L병의원의 작년과 올해의 손익계산서다. 어떤 점이 세무상 문제가 되는지, 과세관청의 입장에서 판단을 하면?

구분	전년도	올해	증감률
매출액	10억 원	6억 원	▽40%
매출원가	1억 원	1억 원	-
인건비	2억 원	2억 원	-
감가상각비	1억 원	1억 원	-
광고선전비	1억 원	5,000만 원	▽50%
이자비용	1억 원	5,000만 원	▽50%
이익	4억 원	1억 원	▽75%

손익계산서 형태를 보고 다음과 같은 것들을 예상할 수 있다.

· 매출액은 40% 하락했으나 매출원가는 떨어지지 않았다. 따라서 매출 누락 또는 매출원가의 과대계상 가능성이 있다.
· 인건비는 변동이 없으나 이는 인건비가 고정비의 성격이 있기 때문이다.
· 감가상각비도 전년도와 변동이 없으니 이는 취득가액을 확인하면 된다.
· 이자비용이 5,000만 원으로 줄어들었다는 것은 부채원금의 50%를 갚았다는 것을 의미한다(단, 이자율이 하락하는 것도 하나의 이유가 될 수 있다). 매출이 하락한 상황에서 원금을 상환한 것은 매출을 은닉했을 가능성이 있다.

※ **손익계산서 관리법**
☑ 각 항목별로 전년도와 비교한다.
☑ 전년도와 차이가 나는 항목에 대해서는 그 원인을 분석한다.
☑ 최종적으로 이익률이 적정한지를 점검한다.

소명안내문 대응사례

소명안내문을 받은 경우 빠른 시일 내에 안내문에 나온 내용을 토대로 소명서를 제출하는 것이 좋다. 이 과정에서 잘못한 것이 밝혀지면 수정신고 등을 통해 시정조치를 취해야 한다.

아래는 종합소득세 신고내용에 대한 수정신고 안내문이다. 이에 대해 어떤 식으로 대응하는지 알아보자.

〈수정신고 안내문〉

귀하의 2024년 종합소득세 신고내용을 분석한 결과 아래와 같은 혐의내용이 발견되는 등 특별한 사정이 없는 한 수입금액 및 소득금액을 과소 신고했을 가능성이 크다고 판단됩니다. 이에 개별분석대상자로 선정했음을 안내하오니 성실하게 수정신고해 주시기 바라며, 수정신고를 이행하지 않거나 불성실하게 신고한 경우 세무조사대상자로 선정되는 등 불이익을 받을 수 있으니 이 점 양지하시기 바랍니다.

• 불성실신고 혐의내용

① 현금결제 시 할인혜택 제공 등으로 현금결제 비중이 상당함에도 신용카드 매출액에 현금매출 일부만을 더해 신고한 혐의. 실제 현장확인과 신용카드·현금영수증, 임차료 및 소득률 등을 분석한 결과 수입금액 탈루혐의가 짙음.

② 사적경비 및 가공경비 계상 혐의
 -사적경비를 이자비용, 복리후생비, 접대비, 차량유지비 등의 명목으로 계상했는지 여부
 -금융리스 자산, 취득자산에 대한 감가상각 적정 여부
 -광고선전비를 과다 계상하거나 특수관계법인에 지급한 고액의 컨설팅비 지급액 적정 여부

③ 가공자산 및 가공부채 계상 혐의
 -차입금, 미지급금 등 부채를 과대계상하고, 현금매출 발생 시 차입금 또는 미지급금 상환으로 가장해 수입금액을 탈루했는지 여부 등

Solution 수정신고 안내문을 받은 경우, 이에 대한 대응을 제대로 하지 않으면 세무조사의 가능성이 있다. 따라서 2024년에 신고한 내용을 토대로 위에서 지적된 내용들에 대한 원인을 분석하고 그에 맞는 처방을 해야 한다.

1. 수정신고를 하는 경우

수정신고를 하는 경우에는 대안을 만들어 검토한다. 예를 들어 수정신고를 할 금액의 수준에 따라 세금이 얼마나 증가하는지를 검토한 후 의사결정을 하도록 한다.

구분	수정신고할 금액	예상추징세금
대안 1		
대안 2		
대안 3		

2. 수정신고 없이 소명하고자 하는 경우

예를 들어 감가상각비의 경우 다음과 같은 형식으로 자료를 작성하고, 그에 대한 근거서류로 개별자산의 취득가액이 들어가 있는 감가상각비 명세서 등을 제출한다.

(단위 : 천 원)

자산명	소명				제출서류
	기초가액	2024년 감가상각비	미상각잔액	내용연수/ 감가상각방법	
의료장비 외	000	000	000	4년/정률법 등	감가상각비 계상명세서

Consulting 매출도 다양한 방법으로 검증한다. 예를 들어 신고된 매출자료 등을 통해 신고된 수입금액과 누락된 수입금액의 차이금액을 검증할 수 있다.

수입금액계(①)	매출영수증발급 금액(②)					차이금(①-②)
	세금계산서	계산서	신용카드	현금영수증	지로	
차이원인						

한편 비보험수입과 관련해 사후검증 등을 하는 과정에서 다음과 같은 형식으로 소명을 요구하는 경우도 있다.

구분	소명요구대상(①)			소명(②)		차이(①-②)	
	인원	평균단가/추정	수입금액	인원	수입금액	인원	수입금액
라섹							
라식							
총계							

이러한 상황에서는 자료를 작성해 차이가 난 원인에 대해 적극적으로 소명을 해야 한다. 다음을 참조하기 바란다.

※ 비보험수입 자료의 차이분석

· 인원 차이원인 : 수술 예약 장부상의 인원은 실제 수술인원과 차이가
  남. 이유는 수술 예약자가 취소되는 경우가 있을 수 있고 또는 추가되
  는 경우도 있음.
· 수입금액 차이원인 : 소명요구대상의 수술단가는 해당 의원의 홈페이
  지에서 나온 추정단가임. 실제 단가는 직원이나 지인 등 소개 시 할인
  이 발생해 차이가 발생할 수 있음. 소명에 의한 수입금액은 실제 받은
  금액을 기준으로 함.

실전연습 J병의원은 치과를 운영하고 있다. 이 병의원에서는 임플란트 수술을 주업으로 하고 있는데, 이때 임플란트 등에 대한 재고관리는 어떤 식으로 해야 하는지 알아보자.

※ 재고자산명세서(치과의 경우)　　　　　　　　　　　　　　　　(단위 : 개, 천 원)

종류	전기이월	당해 과세기간		기말재고	비고
		구입	사용		
수량					
금액					

임플란트의 경우 사용 개수 관리가 중요하다. 임플란트 1개당 매출이 크게 잡
히기 때문이다. 따라서 임플란트 사용 개수가 100개인 경우 임플란트 매출액
이 5,000만 원으로 되어 있는 경우에는 매출누락이 있다고 의심받을 수 있다.

신고 매출	매출 추정	매출누락(예상)
5,000만 원 (개당 단가 추정 : 5,000만 원/100개 = 50만 원)	1억 5,000만 원 (= 100개×추정단가 150만 원)	1억 원

결국 매출누락 혐의를 받지 않기 위해서는 재고관리가 철저히 되어야 하
고, 매출단가관리도 철저히 되어야 한다.

※ 재료비율이 높은 병의원의 재고관리

재료비 비율이 다른 병과보다 상대적으로 높은 한의원 등은 재고관리에 관심을
두어야 한다. 과세관청이 재료사용현황을 토대로 매출을 추정하는 경우가 있기
때문이다. 예를 들어 총매출 중에서 한약재 재료가 차지하는 비율이 15~20%가
되는 것이 일반적인데, 이 비율이 30%이라면 매출축소 의혹을 받을 수 있다. 이
외에도 사업장 현황 신고 때 기재하는 녹용이나 감초 비율 등도 매출추정과 관
계가 있으므로 미리 이에 대한 재고를 정확히 파악해 실사용량이 얼마인지 등
을 파악해둘 필요가 있다. 한편 다른 병과의 경우도 마찬가지다. 예를 들어 성형
외과나 피부과의 보톡스·실리콘·콜라겐 등, 치과의 임플란트·금 등이 그렇다.

Tip 비보험수입의 누락 여부를 찾아내는 기법들

- ☑ 수술환자에 추정단가를 곱하는 방법
- ☑ 운반료를 기준으로 매출을 추정하는 방법
- ☑ 환자 1인당 투여되는 의료소모품을 기준으로 매출을 추정하는 방법 등

병의원에 대한 세무조사는 무턱대고 나오는 것이 아니라 일정한 흐름이 있다. 일반적으로 '종합소득세 사전신고 안내 → 신고서 사후검증 → 소명 자료 요구'에서 효과가 미진한 경우 세무조사가 나올 수 있다.

1. 종합소득세 사전신고 안내

병의원은 성실신고확인제도 등을 적용받고 있어 다른 업종에 비해 과세관청의 집중적인 감시를 받는다. 그 결과 해마다 개별 병의원에 대해 전산분석을 실시해 다음과 같은 항목들을 신고 전에 참고자료로 제공하고 있다.

〈사전안내 성실신고 지원항목〉

본청 개별 안내 (9개 유형)	1 적격증빙 과소 수취	2 성실신고 확인서 미제출	3 위장가공자료 등 수취자	4 복리후생 비과대계상	5 지급이자 과대계상	6 재고자산 과다 과소계상	7 생략	8 생략	9 소득률 저조 (복식부기)

사례

K병의원은 종합소득세 성실신고안내문을 받았는데, 이 안내문에는 다음과 같은 내용이 포함되어 있었다. 물음에 답하면?

사전 안내 성실신고 지원항목

본청 개별 안내 (9개 유형)	1 적격증빙 과소 수취	2 위장가공자료 등 수취자	3 복리후생 비과대계상	4 지급이자 과대계상	5 재고자산 과다 과소계상	6 소득률 저조 (복식부기)
	2억 원 이상	-	-	-	-	-

☞ **물음 1** : 적격증빙 과소 수취는 무엇을 경고하고 있는가?
☞ **물음 2** : 적격증빙 과소 수취금액 '2억 원 이상'은 어떻게 해서 나왔을까?

☞ **물음 3** : 이번 종합소득세를 신고할 때에는 어떤 점에 유의해야 할까?

물음에 대해 순차적으로 답을 찾아보면 다음과 같다.

· **물음 1의 경우**
적격증빙은 세금계산서, 계산서, 현금영수증, 신용카드 매출전표를 말한다. 따라서 신고된 비용항목의 합계액과 이러한 증빙의 합계액이 차이가 남을 보여주는 것은 가공경비의 계상혐의가 있음을 우회적으로 표현하고 있다.

· **물음 2의 경우**
표준손익계산서상의 매입금액과 부가가치세 신고 시에 제출된 세금계산서, 계산서, 현금영수증, 신용카드 매출전표로 신고된 금액의 차이로 계산한다.

표준손익계산서	부가가치세 신고	차이액
· 매출원가 등 비용의 합계	· 세금계산서, 계산서, 신용카드 매출전표, 현금영수증 등의 합계액	가공계상 혐의금액

· **물음 3의 경우**
적격증빙을 최대한 확보해 신고할 수밖에 없다. 다만, 적격증빙은 발급시기가 정해져 있으므로 사전에 이에 대한 내용이 정리가 되어야 한다. 즉 결산이 과세기간 종료일(12. 31) 근처에서 조기에 진행되어야 한다. 그래야 부족한 증빙 등을 추가로 수취할 수 있게 된다.

2. 신고서 사후검증
다음과 같은 사업자들에 대해서는 신고 후 사후검증 대상자로 선정해 집중 관리한다.

검증 대상자	세부 내역
· 사전 성실신고 안내자	사전 성실신고 안내자(병의원 대부분이 해당)
· 성실신고확인 대상자	신규편입 성실신고확인 대상자, 불성실확인 사업자
· 고소득 자영업자	전문직 사업자, 고소득 인적용역자, 현금수입업종 영위자 등

※ 주의해야 할 병의원의 필요경비 사후검증

성실신고확인대상 사업자인 병의원은 소득세 신고 시 다음과 같은 자료를 제출하게 된다. 이후 과세관청은 이를 대상으로 사후검증을 하고 있다. 따라서 이에 해당하는 병의원들은 장부에 계상된 비용의 합계액과 수취한 세금계산서와 계산서, 신용카드 매출전표, 현금영수증의 합계액과 차이가 얼마나 나는지 등을 점검할 필요가 있다. 예를 들어 총지급액이 10억 원인데 이 중 적격증빙 수취의무가 없는 금액이 2억 원이라면 8억 원에 대해 적격증빙을 받아야 하는데, 병의원이 5억 원을 받았다면 3억 원에 대해서는 적격증빙을 수취하지 않았음이 밝혀진다. 그로 인해 과세관청은 이 3억 원에 대해 가공경비 등의 가능성이 있는 것으로 보아 해명을 요구하거나 현장 확인 또는 세무조사 등으로 연결할 가능성이 높다.

항목	당기지급액	적격증빙 수취 의무 제외			적격증빙 수취 의무		
		건당 3만 원 이하	기타	계	적격증빙	적격증빙 외의 증빙	증빙불비
① 당기매입액							
② 의약품비							
③ 복리후생비							
④ 여비교통비							
⑤ 임차료							
⑥ 보험료							
⑦ 수선비							
⑧ 접대비							
⑨ 광고선전비							
⑩ 운반비							
⑪ 차량유지비							
⑫ 지급수수료							
⑬ 판매수수료							
⑭ 소모품비							
⑮ 인적용역비							
⑯ 기타 판매비 및 관리비							
⑰ 영업 외 비용							

3. 소명자료 요구

지방청장(신고분석1과장) 및 주소지서장(소득세담당과장)은 현장 중심의 세원정보와 소득자료 등을 활용해 소득세 확정신고 내용의 적정성 여부를 검토하고 불성실신고 혐의가 있는 사업자를 대상으로 사후검증을 실시할 수 있다. 이후 사후검증 결과 불성실 신고 혐의가 있는 사업자에 대해 구체적인 문제점을 제시하고 수정신고를 안내해야 한다. 수정신고 권장 안내문에 따르지 않거나 불성실하게 해명하는 경우로서 현장확인이 필요한 경우에는 현장확인 계획을 수립해 현장확인을 실시할 수 있다.

4. 세무조사

사후검증 결과 누락혐의가 광범위하거나 수정신고 권장에도 불구하고 계속적으로 불성실신고 혐의가 있는 자로서 조사가 필요한 경우에는 정기·비정기 조사대상자 선정에 반영할 수 있다.

※ 세무조사 절차

세무조사는 다음과 같은 일련의 절차에 따라 진행된다. 납세자는 이러한 절차에 맞게 대응해야 소기의 목적을 달성할 수 있다(자료:《세무조사실무 가이드북》, 신방수 저).

절차	과세관청의 업무플로우	납세자의 대응방법
준비조사	사전분석(주로 국세청 전산망 TIS 위주로 분석)	–
예비조사	조사착수 전 일정기간(15~30일 전)에 세무조사에 필요한 내용 조사(탈세 등 정보자료, 금융자료, 홈페이지 등) 및 과세자료 인수	–
세무조사 사전 통지	착수 15일 전까지 송달(현재는 직접교부 원칙)	· 세무조사 연기 등 검토 자료보완 · 세무대리인 선정
세무조사 시작	세무조사 오리엔테이션, 장부 등 일시보관, 주식 변동조사 동시 실시(법인통합 조사) 등	예상되는 문제점 등 검토
세무조사 진행	조사기간의 연장(납보위원회 승인사항), 세무조사 범위의 확대(납부위원회 승인사항), 세무조사 중지, 중간설명제도 등	쟁점사항 의견서 검토
세무조사 종결	· 세무조사 결과통지 : 조사기간이 종료일(통지 기간 전에 종결한 경우 : 종결일)로부터 20일 이내에 세무조사 결과통지 · 제세결정 결의안 통보 및 결재 · 소금금액 변동 통지 및 파생자료 통보	· 확인서 제출 전 검토 · 과세전적부심사청구 검토

종합소득세 신고 안내 정보

최근 국세청에서는 사업자들이 종합소득세를 신고하기 전에 신고와 관련된 다양한 정보를 국세청 홈택스를 통해 제공하고 있다. 이에는 3년간 종합소득세 신고현황, 3년간 신고소득률, 매출대비 판관비율 분석, 사업용 신용카드 사용현황분석, 정규증빙 과소수취, 소득률 저조 등이 포함된다. 이들 중 관심을 요하는 항목들을 정리하면 아래와 같다.

① 매출대비 판관비율 분석

판매비와 일반관리비(판관비) 중 복리후생비, 접대비, 광고선전비, 차량유지비, 지급수수료, 소모품비 등에 대해 아래와 같은 식으로 정보가 제공되고 있다.

계정 과목	금액	당해 업체(%)	업종 평균(%)

업종 평균과 당해 업체의 비율이 차이가 난 경우에는 세무리스크가 있으므로 그 원인을 분석해 대책을 세우는 것이 좋을 것으로 보인다.

② 사업용 신용카드 사용현황분석

사업용 신용카드를 사적으로 사용한 경우에도 아래와 같은 정보가 제공된다. 따라서 사업용 신용카드로는 아래와 같은 지출을 하지 않는 것이 좋을 것으로 보인다.

구분	합계	신변잡화구입	가정용품구입	업무무관 업소이용	개인적 치료	해외사용액
건수						
금액						

③ 정규증빙 과소수취

장부상에 비용처리한 금액과 세금계산서 같은 정규증빙상의 금액에서 차이가 많이 나는 경우에도 세무리스크가 증가한다. 따라서 이러한 차이가 나지 않도록 평소에 증빙 관리를 할 필요가 있다.

④ 소득률 저조

신고한 소득률과 정부에서 지역별·외형별로 파악하고 있는 평균소득률과의 차이가 많이 나는 경우에도 세무리스크가 올라간다. 평균소득률의 80% 이상 신고소득률을 유지하는 것이 좋다.

실전 세무조사
대응법

세무조사가 나오는 이유

병의원에게 있어서 세무조사는 매우 민감한 사안에 해당한다. 병의원의 존폐와도 연결될 수 있기 때문이다. 이하에서는 병의원의 소득에 대한 세무조사 내용을 살펴보자.

K병의원은 이번에 세무조사를 받았다. 적출된 매출누락이 1억 원 정도 있었다. 이 병의원이 면세사업자인 경우와 과세사업자인 경우 추징이 예상되는 세금은 얼마인가?

Solution | 먼저 문제를 해결하기 위해서는 매출누락에 대한 세금추징방식을 이해할 필요가 있다. 일단 부가가치세가 없는 사업자의 경우에는 종합소득세 정도가 추정된다. 이에는 본세뿐만 아니라 가산세(신고불성실가산세 20~40%, 납부지연가산세 2.2/10,000)가 포함된다. 한편 부가가치세가 과세되는 사업자는 종합소득세 외에 부가가치세에 대한 본세와 가산세가 추징된다.

이제 자료를 바탕으로 예상되는 세금을 계산해보자. 단, 소득세 적용세율은 35%(지방소득세 제외)로 하고, 신고불성실가산세는 20%로 하며 납부지연가산세 계산 시 필요한 과소납부기간은 365일로 한다(단위 : 원).

구분		면세사업자	과세사업자
종합소득세	본세	35,000,000	35,000,000
	신고불성실가산세	7,000,000[*1]	7,000,000
	납부지연가산세	2,810,550[*2]	2,810,550
	계	44,810,550	44,810,550
부가가치세	본세	–	10,000,000
	신고불성실가산세	–	2,000,000
	납부지연가산세	–	803,000
	계	–	12,803,000
총계		44,810,550	57,613,550

[*1] : 35,000,000원×20% = 7,000,000원
[*2] : 35,000,000원×2.2/10,000×365일 = 2,810,550

이 표를 보면 누락한 매출 1억 원에 대해 부과되는 세금이 무려 40% 또는 50%를 훌쩍 넘어간다. 따라서 세무조사로 인해 탈루소득이 적출되지 않도록 평소에 관리할 필요가 있다.

Consulting | 일반적으로 세무조사가 나오는 이유에 대해 정리를 해보자.

1. 신고비율이 전년도에 비해 흔들린다.
2. 신고소득률이 동종업계에 비해 10% 이상 차이 난다.
3. 손익계산서에 없던 계정이 생기거나 있던 계정이 없어진다.
4. 수입금액이 갑자기 증감한다.
5. 고가의 부동산을 산다.
6. 세금계산서나 지급명세서 등을 미제출한다.
7. 신고내용에 오류·탈루가 명백하다.
8. 국세청 성실도 분석 결과 불성실혐의가 있다.

※ 긴급! 세무조사가 나오면 이렇게 하자!

첫째, 사업용계좌를 점검한다.
사업용계좌에서 입출금된 금액과 비용 등을 대조해 문제가 있는 부분에 대해서는 근거자료를 만들어 두도록 한다. 만일 사업용계좌의 내용과 증빙이 일치하지 않는 경우 조사를 통해 수입금액의 누락 및 가공경비 등을 적출해낼 것이다.

둘째, 개인 금융계좌 등도 점검한다.
개인 금융계좌도 세무조사 시 점검대상이 되므로 이 부분도 점검하도록 한다.

셋째, 수입과 비용을 점검한다.
세무조사가 진행되면 우선 수입금액의 누락이 있었는지를 점검할 것이다. 따라서 먼저 점검할 것은 매출에 관한 것이다. 이때 신고한 서류 등과 내부자료를 비교한다. 한편 비용은 주로 사업과 무관한 비용을 계상했는지 등을 점검한다.

실전연습 세무조사는 다음과 같은 절차로 대비하도록 하자.

① 평소의 장부 및 증빙관리
세무조사 시에는 장부나 증빙에 근거해 조사가 이루어진다. 따라서 사업과 관련된 거래는 정확히 장부에 반영해야 하며, 그 거래에 관련한 증빙서류 또한 명확히 구비해야 한다. 일반적으로 규모가 있는 금액이나 오해의 소지를 불러일으킬 수 있는 지출 등의 증빙서류는 정규증빙(세금계산서 등)을 수취하고 내부적으로 품의서를 갖추어 두는 것이 좋다.

② 세무조사 통지를 받은 경우
세무조사 통지를 받으면 조사 연기가 가능한지 등을 검토한 후, 장부·증빙 등 각종 서류에 대한 보완을 한다. 만약 오해의 소지가 있는 불필요한 자료가 있는 경우에는 반드시 보완을 해두는 것이 필요하다.

③ 세무조사가 진행 중인 경우
세무조사가 진행되는 경우 조사공무원의 질문에는 정확한 답변을 해야 하며, 필요한 경우 내부검토를 치밀하게 해야 한다. 자료제출 요구 시에는 이로 인한 세부담의 여부 및 의도를 파악해 대처해야 한다. 또한 조사공무원과의 세법상 해석 차이에 의한 의견 차이가 난 부분에 대해서는 그에 대한 근거자료를 서면으로 작성하는 것이 좋다.

④ 세무조사가 종료되는 경우
세무조사 후 확인서에 서명날인을 하면 대부분 세무조사가 완결된다. 이때 조기결정을 신청하면 추징세금을 앞당겨 납부할 수 있다. 가산세가 줄어드는 이점이 있다. 그런데 확인서에 서명날인 후 이의가 있는 경우에는 '과세전적부심사제도'를 검토할 수 있다. 이 제도는 일종의 사전권리구제 제도로써 과세예고통지를 받은 날로부터 30일 이내에 신청할 수 있다. 참고로 세무조사는 사업장과 관련된 조사가 주를 이루겠지만 자금관계에 따라 증여세 조사 등으로 확대가 될 수 있다.

Tip 세무조사가 안 나오는 이유

☑ 소득률이 평균치보다 훨씬 높다.
☑ 전년도에 비해 특이한 계정과목이 없다.
☑ 매출액 신장률에 비해 소득률 등 지표도 비례해 증가한다.

세무조사가 안 나오게 만드는 비법

개원한 지 오래된 병의원들 중 수입금액이 높더라도 세무조사가 안 나오는 경우도 많다. 그렇다면 무슨 비법이 있어서 그럴까?

첫째, 신고소득률이 높다.

신고소득률이 높다는 것은 세금을 많이 납부한다는 것을 의미한다. 미리 성실신고를 하기 때문에 그만큼 조사의 가능성은 낮아진다. 참고로 표준소득률은 해당 업종의 사업자들이 평균적으로 소득금액을 얼마로 신고하는지를 나타내는 지표로 매년 정부에서 고시한다. 따라서 이 소득률에 사업자의 신고소득률이 떨어진 경우에는 그만큼 신고성실도가 떨어진다고 볼 수 있다.

둘째, 전년도의 손익계산서 등과 비교해 특이점이 없다.

전년도 손익계산서의 각 항목과 비교해볼 때 특이점이 없는 경우 회계처리가 안정되어 있다고 여겨질 수 있다. 따라서 이러한 경우에는 성실히 신고했다고 여겨질 수 있다. 참고로 재무제표 중 손익계산서는 세금을 결정하는 주요 표에 해당하므로 다음과 같은 방식으로 분석한다.

(단위 : 만 원, %)

구분	20×0		20×1		증감률
	금액	구성비	금액	구성비	
매출액 −매출원가 =매출총이익 −판매관리비 　인건비 　복리후생비 등 =영업이익 +영업외수익 −영업외비용 =세전순이익 −소득세 등 =당기순이익					

분석은 전년도와 금액수준을 비교하는 한편 매출액 대비 각 항목의 구성비를 비교하는 식으로 한다. 또한 증감률도 별도로 파악하는 것이 좋다. 이렇게 분석한 후 문제가 있는 계정과목을 집중적으로 분석한다. 예를 들어 매출액은 10% 증가했는데 인건비나 복리후생비가 크게 증가한 경우에는 이에 대한 이유를 분석해 그에 맞는 대책을 마련하는 것이 좋다.

☞ 소득률이 업종 평균보다 높더라도 특정과목이나 특정행위에 대해 부분조사를 거쳐 세금을 추징하는 사례들이 발생하고 있으므로 이에 유의한다. 예를 들어 휴일에 지출한 비용, 백화점에서 사용한 비용, 골프비 등은 사용내역을 불문하고 일괄적으로 이를 부인하는 경우가 많다. 참고로 비용항목은 앞과 같이 재무제표에 계상되는 비용항목에 대해 적격증빙(세금계산서나 신용카드 매출전표 등) 그리고 사업용계좌에서 인출 등 삼위일체가 되어야 사후적으로 문제가 없다.

셋째, 평소에 세무리스크 예방관리를 한다.
결산을 최소한 분기별로 실시하고 사업장 현황 신고 등을 하기 전에 미리 대책을 수립해 시행하는 것이 중요하다. 한편 세금계산서나 계산서 등에 대한 불부합 자료가 많이 발생하면 내부적으로 문제가 있다는 인상을 받을 수 있으므로 가급적 이러한 일들이 발생하지 않도록 내부관리를 정확히 해야 한다. 한편 국세청에서는 '과세자료법'이나 각 세무서의 '세원정보수집전담반' 또는 탈세제보 등에 의해 수집된 각종 정보 등도 통합해 신고성실도를 산정하고 있으므로 이러한 내용에도 유의해야 한다. 특히 원장 본인이나 가족 구성원들이 고가의 부동산 등을 취득한 경우에는 자금출처조사 등에 유의해야 한다.

세무조사 면제대상

'국세기본법 시행령' 제63조의5 제2항에서는 다음 각 호의 요건을 모두 갖춘 사업자에 대해서는 세무조사를 면제하도록 하고 있다. 아래 5의 내용을 눈여겨보기 바란다.

1. 모든 거래사실이 객관적으로 파악될 수 있도록 복식부기방식으로 장부를 기록·관리할 것

2. 과세기간 개시 이전에 '여신전문금융업법'에 따른 신용카드가맹점으로 가입하고 해당 과세기간에 법 제84조의2 제1항 제3호 각 목의 행위를 하지 아니할 것

3. 과세기간 개시 이전에 '조세특례제한법' 제126조의3에 따른 현금영수증가맹점으로 가입하고 해당 과세기간에 법 제84조의2 제1항 제4호 각 목의 행위를 하지 아니할 것

4. '소득세법' 제160조의5에 따른 사업용계좌를 개설해 사용할 것

5. 업종별 평균수입금액 증가율 등을 고려해 국세청장이 정해 고시하는 수입금액 등의 신고기준에 해당할 것

6. 해당 과세기간의 법정신고납부기한 종료일 현재 최근 3년간 조세범으로 처벌받은 사실이 없을 것

7. 해당 과세기간의 법정신고납부기한 종료일 현재 국세의 체납사실이 없을 것

세무조사리스크 예방법

세무조사는 병의원에 치명상을 안겨다 줄 수 있으므로 세무조사가 나오지 않도록 관리하는 것이 더욱 더 중요하다. 이하에서는 신고와 관련된 세무조사리스크를 예방하는 방법을 찾아보자.

L병의원은 사업장 현황 신고 및 종합소득세 신고 시 전체 매출액 중 보험급여 비율은 어느 정도에 맞추어 신고해야 하는지 궁금해 한다. 이에 대해 조언을 한다면?

Solution | 국세청의 소득세 신고안내를 위한 병과별 보험비율은 공개되지 않고 있으며 그 비율도 병과별, 지역별, 수입금액 계급별 등으로 세분화되어 매년 변동되고 있는데 국세청에서나 일선세무서에서도 전혀 공개되고 있지 않다.

이는 공개할 경우 납세자가 실제로는 일반 진료수입이 많음에도 불구하고 그 비율에 맞추어 축소 신고하는 경향이 있어 사실대로 실제소득을 신고하게 하는 방침으로 해석되고 있다. 참고로 이 비율도 세무조사 선정의 하나의 기준이 될 수 있겠지만 세무조사 대상자 선정은 여러 가지를 종합해 분석하므로 꼭 평균비율에 맞출 필요는 없다. 다만, 실무적으로 소득률이나 각종 항목별 지표분석은 사전관리의 입장에서는 중요하므로 이러한 부분을 감안해 사전에 문제점을 예방하도록 한다.

☑ 소득률 관리를 해야 한다.
☑ 각종 수익과 비용에 대한 지표관리를 해야 한다.
☑ 객관적인 증빙을 남겨둬야 한다.

과세관청은 동종 병과별로 여러 가지 항목에 걸쳐 업종 평균지수를 개발해 이를 근거로 성실신고 여부를 판정하고 있다. 따라서 각 병의원들은 종합소득세 신고 등을 할 때 동종업계 평균과 얼마나 차이가 나는지 이를 점검할 필요가 있다. 다음의 표를 통해 이러한 내용을 음미해보자.

(단위 : %)

업종	수입금액 증가율	신고소득률 (표준소득률)	신용카드/ 현금영수증 매출비율	비보험 수입금액비율	매출액 대 주요비용 비율*			
					매출 원가	인건비	임차료	판매 관리비
성형외과	시장 상황에 따라 달라짐.(통상 90~110%)	40~45 (57.3)	최근 현금영수증제도 도입 및 신용카드 사용으로 인해 대부분의 병과의 이 비율이 90%를 넘고 있음.	동종병과라도 주종목에 따라 차이가 많이 발생해 구분의 실익이 없음.	6~8	15~17	6~9	53~56
안과		33~35 (30.5)			6~8	15~17	3~4	60~63
산부인과		25~30 (35.0)			6~8	25~27	3~4	64~66
이비인후과		30~32 (26.9)			4~5	15~17	3~4	64~65
치과		35~38 (38.3)			6~8	18~20	3~4	57~58
피부· 비뇨기과		30~32 (31.7)			6~8	17~20	4~5	61~63
한의원		36~40% (43.4)			13~15	16~18	3~4	50~52

* 각종 비율을 활용해 누락수입금액을 추정하는 기법에 대해서는 350페이지를 참조하기 바란다

☞ 종합소득세 신고를 할 때 손익계산서를 검토하게 된다. 담당 세무사가 방문해 손익계산서 계정과목별로 작년에 비해 늘었고 줄었다는 등의 식의 보고를 하기도 한다. 그런데 이때 대부분의 경우 일반손익계산서를 검토해 보고하는 경우가 많다. 그렇다면 국세청에서도 이 일반손익계산서를 볼까?

그렇지 않다. 국세청 통합전산망(TIS)에 전산등록 되는 것은 일반손익계산서가 아니라 바로 '표준손익계산서'이기 때문이다. 일반손익계산서의 계정과목이 표준손익계산서에서 통합되는 사례가 많다. 따라서 표준손익계산서를 기준으로 계정과목을 검토하는 것이 현명하다고 할 수 있다.

〈표준손익계산서 샘플〉

표준손익계산서		
계정과목	코드	금액
Ⅰ.매출액	01	: : :
1. 상품매출	02	: : :
2. 제품매출	03	: : :
3. 임대수입	06	: : :
Ⅱ. 매출원가	09	: : :
1.상품매출원가(①+②-③-④)	10	: : :
① 기초재고액	11	: : :
② 당기매입액	12	: : :
③ 기말재고액	13	: : :
④ 타계정대체액	14	: : :
Ⅳ. 판매비와 관리비	21	: : :
1. 급여와 임금·제수당	22	: : :
2. 일용급여	23	: : :
3. 퇴직급여(충당부채 전입·환입액 포함)	24	: : :
4. 복리후생비	25	: : :
5. 여비교통비	26	: : :
6. 임차료	27	: : :

실전연습 K씨는 부산에서 치과를 경영하고 있다. 이번 6월 달에 종합소득세를 신고하려고 한다. 작년매출은 5억 원이며 순이익은 2,000만 원 정도가 되었다. K씨는 이 정도의 이익을 신고하면 세무조사를 받게 되는지 궁금해 하고 있다.

다음과 같은 절차로 이 부분에 대한 답을 찾아보자.

STEP1 쟁점은?

매출액은 5억 원이나 순이익은 2,000만 원에 불과하므로 세금납부액이 얼마 나오지 않는다. 예를 들어 소득공제액이 1,000만 원이라면 과세표준이 1,000만 원이므로 소득세는 대략 60만 원에 불과하게 된다. 매출은 상당히 많은 편이나 산출세액은 미미하다. 따라서 낮은 신고율에 따라 세무조사의 가능성이 얼마나 될 것인지가 쟁점이 된다.

STEP2 K씨의 이익률은 적정한가?
이러한 상황에서 K씨의 신고수준이 과세관청이 보는 신고수준과 얼마나 차이가 나는지를 객관적으로 볼 수 있어야 한다. 이에 대해서는 국세청홈택스(www.hometax.go.kr)에서 '기준(단순)경비율' 메뉴 란에서 해당 업종에 대해 조회하면 다음과 같은 정보를 얻을 수 있다.

코드번호	종목		적용범위 및 기준	단순경비율
	세분류	세세분류		
851211	의원	· 치과의원	· 치과의원 · 고문료, 수당, 기타 이와 유사한 대가 포함	61.7

표 중 단순경비율 란의 '61.7%'는 평균소득률을 예측할 때 의미가 있다. 즉 이 율은 수입금액 중 동종업계의 평균경비율이 61.7%라는 것을 의미한다. 따라서 평균소득률은 100%에서 61.7%를 차감하면 38.3%가 나온다.

STEP3 결론은?
결국 K씨가 속한 업종의 평균소득률*은 38.3%가 되는데 사례의 K씨 신고소득률은 4%에 불과하다. 따라서 동종업계의 신고수준에 한참 미달하므로 신고를 불성실하게 한 혐의로 세무조사 대상자가 될 수 있다.

* 요즘은 전국 평균소득률이 아닌 광역시도별·외형별로 집계된 평균소득률을 사용하는 추세에 있다.

만일 K씨가 신고소득률을 40%로 맞춰 신고한 경우에는 세무조사가 나오지 않는가?
그렇지 않다. 신고소득률이 높더라도 복리후생비, 지급수수료 등 특정계정과목이 과도한 경우에는 부분조사 등을 통해 세금이 추징될 수 있다.

신고성실도란 무엇인가?

이는 사업자의 종합소득세 신고의 내용이 성실한 것인지, 아닌지를 구별하기 위한 일종의 비교척도를 말한다. 과세관청은 종합소득세 신고 등을 통해 제출된 재무제표 등을 전산으로 분석해 관리하고 있다. 따라서 병의원들은 이에 대한 관리를 치밀하게 하는 것이 좋다. 신고성실도가 동종업계의 평균보다 높은 경우에는 그만큼 세무조사 위험성이 줄어들기 때문이다. 아래의 서식을 참고해보기 바란다.

개인사업자 신고성실도 분석표

(단위 : 천 원)

일련번호	상호	성명	주민등록번호		업태		종목		업종별사업자수			선정기준적용검토
사업자등록번호	업종코드	개업일자	신고상황분석									
최종조사귀속연도	조사일자	추징세액계	귀속연도	자산총계	수입금액	소득금액	총부담세액	성실도 평가		신고소득율	수입금액증가율	건전도평가
								종합성실도	순위/사업자수	당해/전국	당해/전국	개(1,2,3)	판정
		성명	주민등록번호		업태		종목					
									/	/	/	(1,2,3)
									/	/	/	(1,2,3)
									/	/	/	(1,2,3)

☞ 서식을 보면 성실도평가의 순위, 신고소득률의 순위, 수입금액증가율의 순위 등을 알 수 있다.

다음 표는 개인사업자 신고성실도 분석표 색인부(성명순)에 해당한다. 이렇게 세부적인 요소에 의해 앞의 신고성실도 등이 결정된다고 할 수 있다. 현재 신고성실도 분석시스템은 소득률 외에 다양한 변수를 통해 평가되고 있음을 알 수 있다.

(단위 : 천 원)

성명	사업장	주업종코드	신고유형	수입금액	신고소득금액	①매출총이익율	②인건비율	③임차비율	④접대비비율	⑤소비성경비증가율	⑥재료비율	종합성실도
주민등록번호	주소	규모구분	자산총계	⑦제조원가비율	⑧투자효율	⑨지급이자비율	⑩총자산회전율	⑪외형증가율	⑫신고소득률	⑬신용카드매출비율	건전도평가	성실도순위
						/	/	/	/	/	/	
				/	/	/	/	/	/	/		/
				/	/	/	/	/	/	/		/

※ 각 비율평가항목 및 성실도순위 란에는 '당해 신고자비율(순위)/전국 평균율(규모별 전사업자수)'를 기재함(모든 평가항목에 대해 전국 순위가 기록된다).

실전 세무조사 대응법

병의원에 대한 세무조사리스크를 관리했지만 그래도 세무조사가 나오는 경우가 있다. 해당 병의원은 어떤 절차를 거쳐서 조사를 받게 될까? 그리고 그에 대한 대응법은 무엇인가? 이하에서는 병의원의 종합소득세에 대한 세무조사 시 대응법 등을 알아보자.

K병의원이 2024년에 신고한 종합소득세에 대한 세무조사 사전 통지서를 수령했다. 물음에 답하면?

납세자	상호(성명)		사업자등록번호(생년월일)	
	사업장(주소)			
조사대상 세목	통합조사			
조사대상 과세기간	년 월 일 ~ 년 월 일			
조사기간	년 월 일 ~ 년 월 일			
조사사유				
조사제외 대상	세목 : 과세기간 : 범위 :			

☞ **물음 1** : 조세대상 세목에서 통합조사는 무엇을 의미하는가?
☞ **물음 2** : 조세대상 과세기간은 통상 몇 년 치를 말하는가?
☞ **물음 3** : 조사기간은 통상 얼마나 되는가?
☞ **물음 4** : 조사관할은 어떻게 정해지는가?

Solution | 물음에 순차적으로 답을 찾아보면 다음과 같다.

· **물음 1의 경우**

통합조사는 납세자의 편의와 조사의 효율성을 제고하기 위해 조사대상으로 선정된 과세기간에 대해 그 납세자의 사업과 관련해 신고·납부의무가 있는 세목을 함께 조사하는 것을 말한다. 종합소득세의 경우 부가가치세, 원천세 등이 이에 해당한다. 이러한 세목은 종합소득세 신고와 모두 관련이 있다.

돌발 퀴즈!

재산세제도 통합조사의 범위에 포함되는가?

양도소득세나 증여세 같은 재산세제는 이에 포함되지 않는다. 세무조사에 의해 관련 자료가 파생되면 별도로 확인작업을 진행해야 한다.

· **물음 2의 경우**

통상 1~2년 치가 된다. 예를 들어 2024년의 경우 2년 치를 조사하면 통상 2021~2022년 치가 조사대상이 된다. 이보다 길어진 경우에는 사안이 그만큼 중대하다고 볼 수 있다.

· **물음 3의 경우**

세무조사는 20일 내에서 나오는 것이 보통이다. 따라서 이보다 기간이 길어진 것은 역시 그만큼 사안이 중대하다고 볼 수 있다.

· **물음 4의 경우**

일반적으로 관할 세무서에서 조사하는 것이 원칙이다. 다만, 업종과 규모, 세금탈루혐의의 규모, 조산난이도 등을 고려해 지방청에서 조사하는 경우도 있다.

Consulting | 종합소득세에 대한 세무조사가 시작되는 경우 알아야 할 내용들을 정리해보자.

**세무조사
시작 전**
	· 점검할 내용 : 국세부과 제척기간, 세무조사 이유, 세무조사종류, 조사기간,
	  조사대상기간 등 파악
	· 준비할 서류 : 종합소득세 신고서, 결산서, 지출결의서, 전표, 각종 계약서 등
	  → 수시조사 등은 탈세제보에 의한 경우가 많다.

**세무조사
진행 중**
	· 세무조사 시 쟁점사항 검토(세무대리인 위임 가능)
	· 예상추징세액 검토(본인 및 관련자 등에 대한 처벌 등 포함)
	  → 사안이 중대한 경우에는 반드시 그에 대한 대책을 강구해 의견서 등을
	    제출해야 한다.

**세무조사
종결 시**
	· 확인서 제출 시 내용이 맞는지 확인한 후 서명
	· 세무조사결과 통지서 수령 시 이의가 있는 경우 과세전적부심사청구 진행
	  고지서가 수령된 경우로써 이의가 있는 경우에는 이의신청 등 불복절차로 돌입
	  → 종합소득세는 세무조사 진행 중에 추징세금을 확정하는 것이 좋다.

※ **종합소득세 세무조사 요약**

☑ 조사대상 선정기준 : 정기조사(4년 이상 미조사 등의 사유로 인한 조사),
   수시조사(탈세제보 등에 의한 조사 등)

☑ 조사기간 : 통상 20일 이내(세무서 10일, 지방청 20일)

☑ 조사관할 : 주소지 관할 세무서(지방청도 가능)

실전연습   K병원은 세무조사를 본격적으로 준비하면서 세무조사가 진행되더라도 체계적으로 이에 대응하고자 한다. 다음 물음에 답하면?

☞ **물음 1** : 세무조사가 시작되기 전에는 어떤 서류를 준비해야 하나?

☞ **물음 2** : 세무조사 범위가 확대될 가능성이 있는 경우에는 어떻게 해야 할까?

☞ **물음 3** : 세무조사의 결과가 마음에 들지 않는다면 어떻게 해야 할까?

물음에 순차적으로 답을 찾아보자.

· 물음 1의 경우

종합소득세에 대한 세무조사를 수감하기 위해서는 다음과 같은 자료를 준비해두어야 한다.

- 각종 신고서(종합소득세, 원천세, 부가가치세, 사업장 현황 등)
- 계좌사본
- 각종 계약서
- 결산서(재무제표 등)
- 입출금결의서 및 전표 등

· 물음 2의 경우

세무조사 범위를 확대하기 위해서는 역시 법 등에 규정된 사유*에 해당되어야 한다. 확대사유에 해당하는지 점검하고 확대되지 않도록 노력해야 한다.

* 조사범위 확대사유(국세기본법 집행기준 81의9-0-1)

☑ 구체적인 세금탈루 혐의가 다른 과세기간·세목 또는 항목에도 있어 다른 과세기간·세목 또는 항목에 대한 조사가 필요한 경우

☑ 조사 과정에서 '조세범처벌절차법' 제2조에 따른 범칙사건 조사로 전환하는 경우

☑ 특정 항목의 명백한 세금탈루 혐의 또는 세법 적용 착오 등이 다른 과세기간으로 연결되어 그 항목에 대한 다른 과세기간의 조사가 필요한 경우 등

돌발 퀴즈!

세무조사 중 쟁점 사안이 발생한 경우에는 어떻게 해야 할까?

다양한 각도로 검토해 의견서를 제출하는 것이 좋다. 과세쟁점에 대한 의견이 첨예하게 대립할 때에는 제3자*로부터 이에 대한 의견서를 받아볼 수 있도록 노력한다.

* 과세쟁점자문위원회 등이 있다. 조사공무원은 물론 납세자도 신청할 수 있다.

· 물음 3의 경우

세무조사의 결과통지에 만족을 할 수 없다면 '과세전적부심사청구 → 이
의신청·심사청구·심판청구 → 행정소송' 절차를 밟도록 한다.

※ 세무조사 권리구제제도

세무조사결과 통지서를 받은 경우에는 다음과 같은 흐름에 따라 업무처
리가 진행된다.

☑ 즉시고지를 원하면 조기결정신청서를 제출하면 된다(납부지연가산세를
   줄일 수 있는 이점이 있다).

☑ 통지서에 이의가 있는 경우에는 과세전적부심사청구제도를 이용한다.
   그 결과 '불채택' 등의 결정이 있으면 조세불복을 진행할 수 있다. 이러
   한 내용을 그림으로 요약하면 다음과 같다.

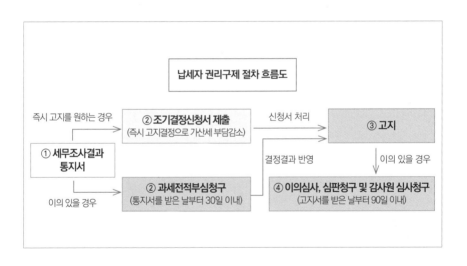

세무조사 시 주요 매출탈루유형

병의원에서 사업장 현황 신고나 종합소득세 신고 시 자주 발생하는 매출 탈루유형을 병과별로 정리하면 다음과 같다. 이러한 내용들은 세무조사 시에 문제가 된다.

- **의료업 일반**
  - 비보험 진료수입의 할인명목으로 현금결제 유도 후 누락

- **성형외과**
  - 마취제, 보톡스 구입량 및 투입량을 누락해 수입금액 누락
  - 실리콘, 콜라겐 등 주요 소모품을 무자료로 구입해 수입금액 축소 및 누락
  - 고용의사를 고의로 누락해 수입금액 누락
  - 연예인, 유학생 및 외국인에 대한 현금수입 누락
  - 진료차트상 진료단가를 암호화 해서 수입금액 누락
  - 성형부위별 단가를 동일하게 기장해 누락

- **치과**
  - 교정, 임플란트 등 장기적인 치료로 진료비를 수회에 걸쳐 타인 명의로 송금받아 누락
  - 치과재료상, 치과기공소로부터 매입자료를 누락하고 대응 수입금액 누락
  - 비보험 신용카드금액을 보험급여로 처리하고 누락
  - 미수령 보험금 누락

- **피부과**
  - 마취제 구입량 조작 및 마취과의사 초빙 기록 삭제로 대응 수입금액 누락

· 미용화장품 판매 수입금액 누락
· 비보험 의료수입을 차명의 계좌로 입금하고 누락

• 안과
· 라식수술 건당 금액을 조작해 수입금액 과소신고
· 백내장 수술 시 초음파 검사비 누락
· 렌즈 판매금액 누락

• 한의원
· 원거리 환자(택배이용) 현금수입 누락
· 녹용 등 한약재료를 무자료로 구입해 수입금액 누락
· 자체개발한 어린이 성장크리닉인 성장탕 매출 누락
· 전자상거래를 통한 수입금액

• 산부인과
· 비보험 무통시술, 병실료 수입금액 누락
· 일반 직장의 건강검진비 누락
· 여성병 검진 수입금액 누락
· 친인척 명의위장 산후조리원 수입금액 누락
· 병의원 부대시설 임대수입 누락
· 입원산모 외에 보호자 등에게 판매한 식대 누락

병의원이 세무조사에 잘 대응하는 방법은 무엇인지 조사의 진행순서에 따라 알아보자. 물론 이러한 내용은 절대적이 아님에 유의하자.

1. 세무조사 전 주요 검토사항

☑ **왜 조사를 하는가?**

조사사유가 뭔지를 잘 알아야 한다. 탈세제보에 의한 것인지, 기획조사에 의한 것인지 아니면 무작위 조사에 의한 것인지 등이 이에 해당한다. 이러한 사유를 잘 알아야 그에 맞는 대책을 꾸릴 수 있다.

☑ **조사기간은?**

세무조사는 20일 내에 나오는 것이 보통이다. 따라서 이보다 기간이 길어진 것은 그만큼 사안이 중대하다고 볼 수 있다.

☑ **어디서 조사하는 것인가?**

관할 세무서에서 하는지 아니면 관할 지방청에서 하는지에 따라 세무조사 강도가 다르기 때문에 이 부분도 중요하다. 요즘에는 관할이 다른 지방청의 세무조사도 시행되고 있다. 이를 교차조사라고 하는데 이는 담당 조사공무원들이 인맥에 의한 외풍을 차단하는 효과가 있는 것으로 평가받고 있다.

☑ **세무조사는 어느 장소에서 받아야 하는가?**

조사대상 업체에서도 할 수 있고 업체가 아닌 곳에서도 가능하다. 담당 공무원과 상의를 하면 된다.

☑ **준비서류는 무엇인가?**

세무조사에 필요한 각종 서류를 준비하는 것이 좋다. 이에는 계정별 원장, 재무제표, 사업용계좌사본, 각종 계약서, 증빙서류철 등이 된다.

☞ 세무조사를 도와줄 세무대리인은 기장을 담당하는 세무대리인을 우선 적으로 선정하되 여의치 않은 경우에는 제3자를 선임할 수 있다. 세무대리인은 쟁점에 대한 해결을 논리적으로 해결할 수 있는 실력이 있어야 할 것이다. 또한 사후적으로 쟁점이 발생한 경우 불복을 진행할 수 있으면 금상첨화가 될 것이다.

2. 세무조사 시 주요 검토사항

세무조사가 본격적으로 진행될 때에는 다양한 이슈들이 등장한다. 주요 이슈들을 점검하면 다음과 같다.

☑ **세무공무원은 해당 업체에 얼마나 많은 정보를 알고 있을까?**

세무조사가 나오기 전에 해당 업체의 각종 세무신고 내용, 사업자의 재산 현황, 유명도 등에 대한 정보를 수집한다. 정보의 범위는 국세청 전산망과 자체 수집한 정보가 망라되어 있다고 보면 된다.

☑ **세무조사 기간이 연장될 가능성이 있는 경우에는 어떻게 해야 하는가?**

세무조사 기간이 연장되지 않도록 노력하는 것이 좋다. 참고로 세무조사 기간은 담당 공무원이 임의대로 연장할 수 없다. 연장사유에 해당하는지 먼저 점검하기 바란다(국세기본법, 조사사무처리규정 등 참조).

☑ **세무조사 범위가 확대될 가능성이 있는 경우에는 어떻게 해야 할까?**

세무조사 범위를 확대하기 위해서는 역시 법 등에 규정된 사유에 해당되어야 한다. 확대사유에 해당하는지 점검하고 확대되지 않도록 노력해야 한다.

☑ **쟁점 사안이 발생한 경우에는 어떻게 해야 할까?**

불복을 하는 심정으로 다양한 각도로 검토해 의견서를 제출하는 것이 좋다. 과세쟁점에 대한 의견이 첨예하게 대립할 때에는 제3자*로부터 이에 대한 의견서를 받아볼 수 있도록 노력한다.

* 과세쟁점자문위원회 등이 있다. 조사공무원은 물론 납세자도 신청할 수 있다.

☑ **최단시간 내에 세무조사 수감을 끝내는 것이 유리한가?**

일단 세무조사는 빨리 종결 지을수록 좋다. 어차피 낼 돈은 내고 사업에 전념하는 것이 좋기 때문이다. 다만, 낼 세금이 정당한지에 대해서는 별도로 검토되어야 할 것이다.

☑ **세무대리인을 중도에 교체할 수 있는가?**

세무조사 도중에 세무대리인을 교체해도 되나에 대해서는 부정적인 시선이 있으므로 조심할 필요가 있다. 세무조사 중에 제3자가 개입하는 것은 문제를 더 키울 수 있다.

☑ 매출누락 등이 확인되는 경우에는 어떻게 대책을 꾸릴까?

매출누락 등이 확인된 경우에는 본세와 가산세 등을 합해 세금이 추징된다. 따라서 예상추징세액을 정확하게 계산해보고 이를 최소화하는 관점에서 대응책을 마련하는 것이 좋다.

☑ 세금을 협상해낼 수 있을까?

세무조사 시 적출되는 항목은 다양하고, 같은 항목이라도 여러 건수가 복합되어 적출된다. 따라서 사안이 비교적 경미한 것들은 제외하는 식으로해서 세금을 줄이는 노력도 나쁘지 않다.

☑ 추징세금을 0원으로 할 수는 없을까?

과세관청에서는 세무조사가 시작될 때 어느 정도의 실적을 기대하고 오는 경우가 많다. 따라서 사업자의 회계처리 투명성이 100% 담보되지 않은 상황에서 얼마의 세금추징은 피할 수가 없는 것이 현실이다.

3. 세무조사가 끝난 후에 검토사항

☑ 확인서를 제출할 때 점검할 것은?

확인서는 조사공무원이 적출한 내용에 대해 납세자로 하여금 이를 인정하게하는 문서를 말한다. 자발적으로 확인서에 서명날인을 하면 증거력이 있기 때문에 확인서에 서명날인하기 전에 관련 내용을 꼼꼼히 확인할 필요가 있다.

☞ 사후에 확인서의 내용을 부인하는 경우에는 다툼이 발생할 수 있다. 이에 대한 판례 등은 별도로 확인하기 바란다.

☑ 세무조사의 결과가 마음에 들지 않는다면 어떻게 해야 할까?

세무조사의 결과통지에 만족을 할 수 없다면 '과세전적부심사청구 → 이의신청·심사청구·심판청구 → 행정소송' 절차를 밟도록 한다.

☑ 납부할 자금이 부족한 경우 징수유예는 가능할까?

추징세금을 한꺼번에 내기가 힘든 경우에는 징수유예를 신청하는 것도 생각해볼 필요가 있다. 징수유예 사유에 해당하면 최대 9개월까지 납부유예를 신청할 수 있다(자료 :《세무조사실무 가이드북》, 신방수 저).

■ 국세기본법 시행규칙 [별지 제54호서식] 〈개정 2011.4.11〉

행 정 기 관 명

수신자
(경유)

제 목 **세무조사 사전 통지**

　　　귀하(귀사)에 대한 세무조사를 실시하기에 앞서 아래와 같이 알려드립니다. (근거 : 「국세기본법」 제81
조의7제1항 및 같은 법 시행령 제63조의6)

납 세 자	상 호 (성 명)		사업자등록번호 (생 년 월 일)	
	사업장 (주 소)			
조 사 대 상 세 목				
조 사 대 상 과 세 기 간		년 월 일 ~ 년 월 일		
조 사 기 간		년 월 일 ~ 년 월 일		
조 사 사 유				
조 사 제 외 대 상	세목 : 과세기간 : 범위 :			

　　　만약 귀하(귀사)가 「국세기본법 시행령」 제63조의7제1항에 해당하는 사유가 있으면 세무조사의 연기를 신청
할 수 있습니다.

　　※「국세기본법 시행령」 제63조의7제1항에 해당하는 사유

　　　1. 화재, 그 밖의 재해로 사업상 심각한 어려움이 있을 때
　　　2. 납세자 또는 납세관리인의 질병, 장기 출장 등으로 세무조사가 곤란하다고 판단될 때
　　　3. 권한 있는 기관에 장부, 증거서류가 압수되거나 영치되었을 때
　　　4. 제1호부터 제3호까지의 규정에 준하는 사유가 있을 때. 끝.

발 신 명 의　　[직인]

이 통지에 대한 문의 사항 또는 조사 시작 전 세무조사 연기신청 등에 관한 궁금한 사항은 ○○○과 담당자 ○○○(전화:　　)에
게 연락하시기 바라며 조사 시작 이후 세무조사와 관련해 불편·애로 사항이 있을 때에는 납세자보호담당관 ○○○(전화:　　)에
게 연락하시면 친절하게 상담해 드리겠습니다.

기안자 직위(직급) 서명　　　　검토자 직위(직급)서명　　　　　　결재권자 직위 (직급)서명
협조자
시행　　　　처리과-일련번호(시행일자)　　　　접수　　　처리과-일련번호(접수일자)
우　　 주소　　　　　　　　　　　　　　　　　 / 홈페이지 주소
전화( )　　　　　전송( )　　　　　　 / 기안자의 공식전자우편주소　　 / 공개구분

210㎜×297㎜[일반용지 70g/㎡(재활용품)]

확 인 서

확인자	성 명		주민등록번호	
	주 소			
	관 계			
소속 회사	법인명 (상호)		사업자등록번호	
	소재지		대표자 성명 (주민등록번호)	

〈확 인 사 실〉 (작성예시)

1. 본인은 건축자재를 수입하여 판매하는 ㈜○○상사의 대표이사로서 '00. 0. 0.부터 현재까지 회사를 운영하고 있습니다.

2. 본인은 '00.0월 초순경 △△상사 대표 ○○○로부터 세금계산서 없이 대리석을 구입하고 싶다는 전화를 받고 ㈜○○상사 명의로 '00. 0. 00. 수입한 건축자재 중 일부인 대리석 100개(개당 단가 50만 원)를 '00. 0. 00. 서울시 ○○구 ○○동 00-0에 있는 △△상사(대표 ○○○)에게 5천만 원(부가가치세 제외금액)에 판매하였습니다.

3. 당초 거래를 할 때부터 세금계산서를 교부하지 않기로 했기 때문에 세금계산서를 발행하지 않고 매출로도 계상하지 못했으며, '00. 1기분 부가세 확정신고시에도 동 금액을 신고누락했습니다.

4. 매출누락한 대리석 100개는 당 법인의 상품수불부에 현재까지도 재고상품으로 계상되어 있고, 그 가액은 취득가액인 45백만 원입니다.

5. 본인은 '00. 0. 00. ○○○로부터 위 대리석 매출대금 5천만 원을 ○○은행 ○○지점에서 발행한 1천만 원권 자기앞수표 5매(바가 12345671~12345675)로 수취한 후 '00. 0. 00. 본인 명의로 ○○은행 ○○지점에서 개설된 보통예금(000-000-000)에 입금하여 관리하고 있으며, 개인 생활비 등으로 사용하고 있습니다.

붙 임 : 1. 상품수불부(상품계정)
　　　　2. 보통예금 거래내역

20 . . .

위 확인자

성 명 :　　　　　㊞

세무공무원 귀하

자금출처조사와
금융거래법

PCI시스템과 세무조사

의사 등 고소득자들은 평소 수입과 지출관리에 신경을 써야 한다. 신고한 소득에 비해 부동산 취득 등을 위한 지출액이 크면 세무조사를 받을 가능성이 높기 때문이다. 자산 취득 등에 의해 발생하는 세무조사에 대해 알아보자.

어떤 사업자의 최근 5년간 매출은 20억 원이나, 5년간 신고한 종합소득금액*은 3억 원(월 500만 원)이라고 하자. 그는 15억 원 정도의 고급주택에 거주하며, 고급승용차를 소유하고, 해외여행을 수십 차례 간 사실이 있다고 하자. 이번에 상가를 25억 원에 취득했으며 신용카드 등에 의해 확인된 소비지출금액이 3억 원이라면 PCI시스템은 소득이 얼마나 누락된 것으로 볼까?

* 종합소득금액은 소득별로 수입금액에서 필요경비를 차감한 금액을 말한다. 수입금액(매출)이 아님에 유의하기 바란다.

Solution | 문제에 대한 해답을 찾기 위해서는 PCI시스템(소득-지출 분석시스템)에 대해 이해할 필요가 있다. 이 시스템은 납세자가 신고한 소득금액과 재산증가·소비지출액을 비교·분석해 탈루 소득을 찾아낸다. 즉 재산증가액(부동산, 주식, 각종 회원권)과 소비지출액(해외체류비, 신용카드·현금영수증 사용액)을 합한 금액에서 납세자가 신고한 소득을 빼면 신고 누락한 소득을 파악할 수 있게 되는 것이다. 이를 그림으로 표현하면 다음과 같다.

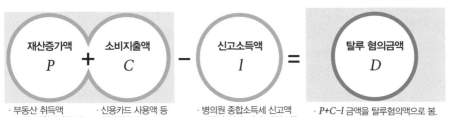

재산증가액 **P** + 소비지출액 **C** − 신고소득액 **I** = 탈루 혐의금액 **D**

· 부동산 취득액   · 신용카드 사용액 등   · 병의원 종합소득세 신고액   · P+C-I 금액을 탈루혐의액으로 봄.
· 주식, 회원권 취득액   · 해외체류비   · 부동산 임대, 기타, 사업소득   · 자금출처조사 등이 나올 수 있음.

식에다 대입해보면 일단 재산증가금액이 25억 원이고 소비지출액이 3억 원이므로 총 28억 원이 문제가 되는 금액이 된다. 여기에서 5년간 신고한 소득금액 3억 원을 차감하면 25억 원이 소명대상이 된다. 따라서 사례자는 차이가 나는 25억 원에 대해 소명될 수 있는 다른 소득원 등이 있는지 여부를 밝혀야 한다. 만약 이를 밝히지 못하면 사업에 대한 세무조사가 진행될 수 있고, 증여추정제도에 의해 증여세가 부과될 수도 있다.

Consulting ┃ PCI시스템은 개인이나 세대원의 5년간의 신고소득(Income)과 재산증가(Property), 소비지출액(Consumption)을 비교·분석하는 시스템을 말한다. 따라서 평소에 다음과 같은 형식으로 자산관리를 해야 문제가 없을 것으로 보인다. 참고로 재산증가액에는 부동산 및 금융자산 등을 말하며, 부동산은 등기제도에 의해 모두 파악되나 금융자산은 상품에 따라서는 파악이 안 되는 것들이 있다. 이에는 보험, 파생상품 같은 상품들이 있다.

구분	재산증가액+신용카드 등 사용액(①)	신고소득금액*(②)	차이(①-②)
A			
배우자			
자녀			
계			

* 소득금액은 수입에서 필요경비를 차감한 금액을 말한다. 참고로 PCI시스템에 의한 세무조사는 위의 차이금액이 클수록 조사의 가능성도 높아진다. 5년간 20억 원 이상 차이가 나는 경우(물론 4년간 15억 원 등도 가능)에는 특히 주의해야 한다.

실전연습 서울 대치동에서 성형외과를 운영하는 김성철 씨는 근래 병의원 소득이 상당히 많았다. 그는 최근에 50억 원짜리 상가건물을 구입하면서 10억 원만큼의 부채를 조달했다. 이 같은 상황에서 PCI시스템이 작동되어 김 씨가 자금출처조사를 받는다면 어떤 식으로 소명을 해야 할까? 단, 2019년부터 2023년까지의 사업소득 현황은 다음과 같다.

구분	2019년	2020년	2021년	2022년	2023년	계
매출	10억 원	15억 원	15억 원	20억 원	15억 원	75억 원
비용	6억 원	9억 원	9억 원	12억 원	9억 원	45억 원
세금*	1억 원	2억 원	3억 원	4억 원	3억 원	13억 원
세후이익	3억 원	4억 원	3억 원	4억 원	3억 원	17억 원

* 임의로 가정한 수치임.

고가의 부동산을 취득하는 경우에는 그 자금출처에 대해 항상 관심을 둬야 한다. PCI시스템 등이 광범위하게 작동되기 때문이다.

우선, 김 씨가 당면하는 문제는 자산취득금액과 신고한 소득(여기서는 세후 소득을 기준으로 함)의 차이에 대한 것이다. 내용을 보면 자산취득가액은 50억 원인 데 반해 최근 5년간의 세후이익은 17억 원 정도가 되므로 33억 원 차이가 난다. 따라서 이에 대한 자금흐름을 명쾌하게 정리해야 향후 자금출처조사나 병의원에 대한 세무조사 시 불이익을 최대한 줄일 수 있다.

다음으로, 구체적으로 다음과 같은 방식으로 소명하도록 한다. 물론 이때 그에 대한 근거서류를 첨부해야 한다. 만일 추가 소명을 하지 못한 경우에는 병의원소득의 탈루가 의심되어 병의원에 대한 세무조사로 확대될 수 있다.

총구입액	소명금액	소명부족액	추가 소명금액
50억 원	27억 원*	23억 원	예) 5년 이전 발생한 소득에서 발생한 저축 등

*부채 10억 원+병의원소득 17억 원=27억 원

※ **자산취득 전에 고려해야 할 자금출처조사 대비법**

☑ 자금출처조사가 나올 것을 상정해 자산을 취득한다.

☑ 최근의 5년간 신고한 소득금액을 확인해야 한다.

☑ 부채의 크기를 정해야 한다.

원장들이 주의해야 할 자금출처조사 종류

구분		세무조사의 내용	비고
자산	취득	취득자금 출처조사	세대원, 사업체 조사로 확대 가능
	보유	다부동산 보유자 취득자금 출처조사	
	양도	처분대금의 사용처 조사, 거래금액의 진실성 조사 등	
	상속·증여	실지확인 조사, 시가 확인 조사	
부채	조달	조달금액의 사용처 조사	
	상환	상환금액(부담부 증여 포함)에 대한 자금출처조사	

* 자금출처조사에 관련된 자세한 내용은 저자의 《부동산 거래 전에 자금출처부터 준비하라!》를 참조하기 바란다. 이외에 상속과 증여 등에 대한 내용은 《상속분쟁 예방과 상속·증여 절세 비법》 등을 참조하기 바란다.

고가의 부동산 구입 시 자금출처 입증방법

대부분 원장들의 꿈은 자체 사업장을 갖는 것이다. 비싼 임차료를 부담하지 않아도 되고 부동산을 통한 수익창출(임대수익, 시세차익 등)을 도모할 수 있기 때문이다. 이하에서는 원장들이 주로 상가 등 고가의 부동산을 취득한 경우의 자금출처 입증방법에 대해 알아보자.

J원장은 이번에 큰맘을 먹고 분양 중에 있는 상가를 구입하기로 결정했다. 총 10층짜리 건물 중 한 층을 분양받는데 이때 분양가는 10억 5,000만 원이다(이 중 5,000만 원은 부가가치세임). 대출은 3억 원을 받으려고 한다. J원장은 현재 6~45% 세율 중 38%를 적용받고 있다. J원장은 다음의 내용이 궁금하다.

☞ **물음 1** : 전업주부인 배우자의 명의로 하는 것이 정말 유리한가?
☞ **물음 2** : 배우자 명의로 취득하면 자금출처조사가 나오는가?
☞ **물음 3** : 자금출처조사가 나오면 어떻게 대응해야 하는가?

Solution | 이런 내용은 상가취득 및 운영과 관련해 반드시 짚고 넘어가야 할 내용들이다. 궁금한 점에 대해 답을 찾아보기 전에 상가를 취득할 때 배우자 명의로 하는 것이 세무에 어떤 영향을 미치는지 장단점으로 정리해보면 다음과 같다.

〈배우자 명의의 장점〉
☑ 부가가치세(사례의 경우 5,000만 원)를 환급받을 수 있다.
☑ 임대차계약을 비교적 자유롭게 체결할 수 있다.
☑ 고소득 병의원 원장의 소득세 부담이 늘지 않는다.

〈배우자 명의의 단점〉

☑ 자금출처조사를 받게 된다.
☑ 건강보험료를 부담하게 된다.

이러한 기초적인 지식을 가지고 J원장의 궁금증을 풀어보자.

· **물음 1의 경우**

배우자의 명의로 하는 것이 단점보다는 장점이 많으므로 일반적으로 유리하다고 할 수 있다. 다만, 단점으로 지적된 부분은 보완할 필요가 있다.

· **물음 2의 경우**

나올 가능성이 높다.

· **물음 3의 경우**

J원장은 배우자 명의로 한 후 배우자와 임대차계약을 맺어 임대보증금을 1억 원으로 하고 월세를 500만 원으로 하고자 한다. 이 경우 다음과 같이 소명자료를 준비한다.

총구입액	소명금액	소명부족액	추가 소명금액
10억 원*	대출금 : 3억 원	7억 원	① 전세보증금 : 1억 원 ② 증여 : 6억 원

* 부가가치세 5,000만 원은 환급을 받으므로 이를 제외했다. 한편 취득세 4.6%(4,600만 원) 등도 고려되어야 한다. 참고로 소명내용에는 근거자료가 준비되어야 한다.

참고로 자금출처에 대한 소명은 취득금액의 80%인 8억 원까지 입증하면 되지만, 고소득자에 해당하는 경우로써 전업주부 등 무자력자의 명의로 취득하는 경우에는 100%를 기준으로 하는 것이 안전하다.

Consulting | 배우자 명의로 상가를 취득하는 경우 다양한 세금문제가 파생하기 때문에 세무전문가의 도움을 받아 일을 진행하는 것이 좋다. 그중 임대료 결정은 매우 중요한 문제가 된다. 왜냐하면 원장과 그의 배우자 간은 세법상 특수관계인에 해당하기

때문이다. 특수관계인에 해당되면 거래금액이 정상가격을 벗어나면 세법상 규제가 시작된다.

※ 특수관계인 간에 임대 시 주의할 점들

☑ 임대차계약은 객관적인 시세표에 의해야 한다(공인중개사 제공).

☑ 임대차계약에 따라 임대보증금이나 월세 등은 사업용계좌를 통해 입출금되어야 한다(자금거래가 없으면 비용으로 인정받기 힘들다는 점에 주의!).

실전연습　앞의 J원장과 그의 배우자는 월세 500만 원(부가가치세 포함 시 550만 원)으로 계약을 했다. 이 경우 절세효과를 알아보자. 단, 계산편의를 위해 임대보증금은 없다고 가정한다. 이외 J원장의 세율은 38%이고, 배우자는 연간 임대료(6,000만 원)의 50%인 3,000만 원에 15%(누진공제 108만 원)를 적용해 산출세액을 계산한다고 하자. 한편 여기에 언급되지 않은 내용들을 무시하기로 한다.

내용에 맞춰 계산결과를 표로 정리하면 다음과 같다.

구분	J원장	배우자	절세효과 계
부가가치세	△600만 원(납부)	–	△600만 원(납부)
종합소득세	2,508만 원(절감)	△324만 원(납부)	2,184만 원(절감)
	(= 6,600만 원×38%)	(= 3,000만 원×15%−126만 원)	–
계	1,908만 원(절감)	△324만 원(납부)	1,584만 원(절감)

표를 보면 J원장은 약 1,900만 원의 세금이 감소하나 배우자는 임대소득이 발생해 324만 원을 납부하게 된다. 이 둘의 결과를 합하면 대략 1,500만 원의 절세효과를 누릴 수 있는 것으로 분석된다. 따라서 실무적으로 원장의 병의원소득에 대한 세율이 높은 경우에는 최대한 월세를 높이는 것이 유리하게 된다. 임차료는 병의원의 경비로 인정되므로 배우자가 내는 세금보다 절세효과가 더 크기 때문이다. 참고로 이러한 분석과정에서는 건강보험료도 포함하면 의사결정의 내용이 보다 정교해진다.

임대상가에 대한 명의 정하는 법

상가를 구입해 임대하는 경우에는 어떤 식으로 명의를 정하는 것이 좋을지, 사례를 통해 이에 대한 의사결정을 내려 보자.

 서울 성동구에 거주하고 있는 김성공 씨는 개인사업을 통해 벌어들인 돈으로 상가를 취득해서 이를 임대하고자 한다. 그런데 문제는 상가의 명의를 어떤 식으로 정하는 것이 좋을지 궁금하다. 소득세와 건강보험료 등이 많이 부과될 수 있기 때문이다. 자료를 통해 이 부분에 대해 알아보자.

> 〈자료〉
> · 상가투자금액 : 8억 원
> · 연간 예상 임대료 : 5,000만 원(부가가치세 별도)
> · 임대소득 신고소득율 : 60%(임대소득에 대한 경비율은 40%)
> · 김 씨에게 적용되는 세율 : 24%
> · 배우자는 현재 무직임.
> · 기타의 사항은 무시함.

이상의 자료를 통해 상가 명의를 김 씨, 김 씨의 배우자, 그리고 공동으로 하는 경우로 나눠 분석해보자. 단, 분석은 소득세만을 고려한 경우와 건강보험료를 포함한 경우를 나눠 한다.

〈소득세만을 고려하는 경우〉

1. 김 씨 명의로 하는 경우

김 씨 명의로 하는 경우에는 우선 임대소득과 다른 종합소득을 합산해 과세하게 된다. 따라서 김 씨에게 적용되는 세율이 현재 24%이므로 임대소득에 대해서는 다음과 같은 세금이 추가될 것으로 보인다.

· 임대소득세 = 과세되는 임대소득×24% = (5,000만 원×60%)×24%
= 720만 원

김 씨는 소득세율 6~45% 중 이미 6%와 15%를 사용하고 24%를 적용받고 있으므로 과세되는 임대소득 3,000만 원에 24%의 세율을 곱한 만큼 세금이 증가한다. 이처럼 다른 소득이 있는 김 씨에게 임대소득이 추가되면 다른 소득과 종합합산과세가 되므로 세금이 크게 증가할 수 있다. 참고로 앞의 식에서 '60%(가정)'는 전체 임대소득 중에서 과세되는 비율을 말한다. 김 씨의 경우 전체 임대소득은 5,000만 원이나 이 중 3,000만 원만 과세된다. 나머지 2,000만 원은 경비 등에 해당되어 과세되지 않는다.

2. 배우자 명의로 하는 경우

배우자는 현재 무직이므로 임대소득에 대한 소득세는 다음과 같이 계산된다.

· 임대소득세 = 과세되는 임대소득×6~45%
= (5,000만 원×60%)×6~45%
= 3,000만 원×6~45%
= 1,400만 원×6%+1,600만 원×15% = 324만 원

배우자는 다른 소득이 없기 때문에 6~45% 중 6%와 15%를 순차적으로 적용받을 수 있다. 그 결과 김 씨 단독 명의로 하는 것에 비해 소득세가 396만 원 정도 줄어들게 된다.
참고로 배우자 명의로 취득한 경우에는 자금출처조사의 문제가 있다. 일반적으로 대출을 제외한 나머지 금액이 6억 원을 초과하는 경우에는 증여세 과세의 문제가 있으므로 이 부분을 고려해야 할 필요가 있다.

3. 공동 명의로 하는 경우

김 씨와 배우자가 공동으로 등기하는 경우에는 다음과 같이 소득세가 예상된다. 먼저 김 씨는 단독 명의로 하는 경우에 발생하는 세금 720만 원의 절반인 360만 원 정도를 부담할 것으로 보인다. 한편 배우자는 본인의 과세소득 1,500만 원에 6%와 15%의 세율을 순차적으로 적용하면 대략 99만 원의 세금을 부담할 것으로 보인다. 따라서 공동 명의에 의해 발생하는 세금은 총 459만 원이 된다.

4. 결론
이상의 내용을 정리하면 다음과 같다.

구분	소득세	비고
1안(김 씨 명의)	720만 원	가장 불리
2안(배우자 명의)	324만 원	가장 유리
3안(공동 명의)	459만 원	

〈소득세와 건강보험료를 고려하는 경우〉
건강보험료를 추가하는 경우 결과가 달라지는지 알아보자. 임대소득에 대해 추가로 발생하는 건강보험료는 연간 300만 원(월 25만 원), 공동 명의로 인해 배우자에게 부과 시 연간 300만 원 정도 된다고 하자.

1. 김 씨 명의로 하는 경우
상가 명의를 김 씨로 하는 경우 건강보험료는 보험료를 사업장에서 내는지, 지역에서 내는지에 따라 부담 여부가 달라진다. 만일 사업장에서 내는 경우에는 임대소득금액(수입-비용)이 2,000만 원에 미달하면 추가되는 보험료는 없다. 하지만 지역에서 납부하고 있는 경우에는 임대소득에 보험료가 추가될 수 있다. 사례의 경우 김 씨는 직원을 고용하고 있어서 사업장에서 보험료를 내고 있다고 하자.

2. 배우자 명의로 하는 경우
배우자 명의로 하는 경우에는 배우자가 사업자등록을 하게 되므로 김 씨와 별도로 건강보험료를 부담해야 한다. 따라서 건강보험료 전액을 추가로 부담해야 한다.

3. 공동 명의로 하는 경우
김 씨 명의에 해당하는 지분에 대해서는 건강보험료가 추가되지 않지만, 배우자는 사업자등록을 하게 되므로 앞에서 가정한 연간 200만 원 정도는 별도로 부담해야 한다.

4. 결론
이상의 내용을 정리하면 다음과 같다.

구분	소득세	건강보험료	계	비고
1안(김 씨 명의)	720만 원	0원	720만 원	가장 불리
2안(배우자 명의)	324만 원	300만 원	624만 원	가장 유리
3안(공동 명의)	417만 원	300만 원	717만 원	

이상과 같이 건강보험료를 추가하더라도 2안이 가장 유리한 것으로 나왔다.

대출금의 상환과 자금출처조사

자금출처조사와 관련해 병의원 원장들이 궁금하게 생각한 것 중의 하나가 바로 대출받은 자금을 상환한 경우 세무조사로 연결되는지의 여부다. 이하에서는 대출금과 관련된 세무상 쟁점들을 알아보자.

인천에서 심성식 씨가 운영 중인 병의원에서 연간 1억 원 이상 순소득이 발생되고 있다. 이 중 일부를 가지고 부채를 상환하려고 하는데, 주위에서는 그냥 갚지 않는 것이 더 유리하다고 한다. 정말 그럴까? 다음 자료로 보고 답을 찾아보자.

> 〈자료〉
> · 대출원금 : 2억 원
> · 연간이자 : 1,000만 원(5% 이자율 기준)
> · 적용세율 : 35%(지방소득세 포함 시 38.5%)
> · 기타사항은 무시하기로 함.

Solution | 이러한 유형의 의사결정은 다음과 같은 기준을 가지고 진행하는 것이 좋다.

· **부채상환 결정기준** : 유보된 자금에 대한 세후수익률이 아래의 실질 이자율을 초과하지 않으면 순차적으로 상환하는 것이 유리함.

구분	금액	근거
이자지급(연간)	1,000만 원	2억 원×5%
이자에 대한 절세효과	385만 원	1,000만 원×38.5%
순이자지급	615만 원	이자−절세효과
실질이자부담률(순이자/2억 원)	3.075%	

결과를 보면 일단 부채를 상환하지 않고 그에 대한 이자를 비용처리하면 절세효과로 인해 실질이자가 줄어드는 효과가 발생한다. 그 결과 실질이자율이 떨어지게 된다. 따라서 이러한 실질이자율과 유보된 자금의 수익률을 비교해 유보된 자금의 수익률이 더 높은 경우에는 부채상환을 연기하는 것이 더 좋다. 하지만 그 반대이면 부채상환에 나서는 것이 더 낫다.

Consulting | 일반적으로 병의원 경영에 있어서 대출은 필수적인 자금 마련법이 된다. 그에 따라 대부분의 병의원에서 많은 대출을 받아 이자가 많이 발생한다. 이에 세법은 이자가 모두 비용처리가 되면 절세효과가 크게 발생하므로 이에 대해 다양한 방법으로 규제하고 있다. 따라서 각 병의원들은 다음의 내용들을 정리해둘 필요가 있다.

☑ 병의원의 경영과 관련 없는 차입금은 인정되지 않는다. 특히 집 담보를 통해 대출받은 경우 그 용도를 입증해야 한다.
☑ 부채가 자산보다 많은 상황에서 이자비용 일부는 인정받지 못한다(아래 참조).
☑ 의료장비의 리스료 중 일부도 리스이자비용에 해당해 이와 같은 규제를 받는다.

※ 이자비용 필요경비불산입 산식(소득세법 시행규칙 27조)
세법에서는 부채가 자산보다 많은 상황에서 이자비용이 있으면 다음의 금액에 해당하는 금액 상당액을 필요경비로 인정하지 않는다(다음 사례에서 확인).

$$\cdot \text{지급이자} \times \frac{\text{초과인출금}^{*1} \text{ 적수}^{*2}}{\text{차입금 적수}}$$

*1 : 초과인출금은 당해 과세기간(1. 1~12. 31)까지의 부채의 합계액에서 사업용자산가액의 합계액을 차감한 금액을 말한다.
*2 : 적수(積數)란 매일의 평균잔액을 더한 금액을 말한다.

실전연습
K원장은 이번에 종합소득세 신고 때 국세청에 제출한 자료를 보고 이해가 안 되는 항목이 있었다. 손익계산서상에는 분명히 이자비용이 3,000만 원이 잡혀 있었는데 이 중 1,500만 원을 인정받지 못했기 때문이다. 그 이유는 무엇인지 자료를 보고 답을 하면?

〈자료〉
· 초과인출금 적수 : 5억 원
· 차입금 적수 : 10억 원

앞에서 본 대로 다음의 식에서 계산된 이자는 소득세를 계산할 때 필요경비로 인정되지 않는다. 개인사업자가 차입금을 개인적인 용도로 사용하였음에도 불구하고 이에 대한 이자를 사업경비로 처리하는 것을 방지하기 위해서다.

$$\cdot \ 지급이자 \times \frac{초과인출금 \ 적수}{차입금 \ 적수} = 3,000만 \ 원 \times \frac{5억 \ 원}{10억 \ 원} = 1,500만 \ 원$$

대출연장 시 필요한 서류

· 소득금액증명원
· 부가가치세 과세표준증명원
· 최근 2개년 이상의 손익계산서, 대차대조표 등

금융소득 종합과세 강화와 자금출처조사

최근 금융소득 종합과세가 강화되었다. 이는 고소득자들에게 상당한 영향을 주고 있다. 세금의 증가도 한 이유가 되지만, 금융자산의 출처에 대한 조사가 있지 않을까 하는 염려가 있기 때문이다. 이러한 관점에서 원장들의 금융자산에 대한 세금문제를 살펴보자.

H원장은 현재 보유하고 있는 예금이 10억 원 정도가 있다. 이 예금에서 발생하는 이자는 연간 3,000만 원 정도가 된다. 이 경우 금융소득 종합과세로 증가되는 세금은 얼마나 되는지 그리고 이 금융자산에 대해서는 자금출처조사가 진행될까?

Solution │ 일반적으로 금융자산이 많은 경우 두 가지의 걱정거리가 있다. 하나는 금융소득 종합과세이고, 다른 하나는 금융자산의 원천에 대한 세무조사다. 이 두 가지 걱정거리에 대한 해결책을 찾아보자.

1. 금융소득 종합과세로 인한 세금증가액

금융소득 종합과세의 기준금액은 2,000만 원이다. 이 기준금액 이하는 보통 14%가 적용되고 그 초과분에 대해서는 6~45%가 적용되는데, 만일 H원장의 세율이 45%라면 대략 450만 원이 추가될 가능성이 있다.

2. 금융자산의 원천에 대한 세무조사의 가능성

일단 이자를 지급하는 은행 등은 그 소득자료를 국세청에 통보하게 된다. 그리고 국세청은 소득자료에 따라 금융소득 종합과세자로 통보를 하게 된다. 따라서 병의원을 운영하면서 금융소득 종합과세자로 분류가 된다면 이에 대한 자금출처원이 궁금할 가능성이 높다. 최근 금융실명제의 강화로 인해 수입관리가 더욱 정교하게 진행될 필요가 있다(이 장의 [심층분석] 참조).

※ **금융자산의 노출경로**
금융자산이 노출되는 경로를 알아보면 다음과 같다.

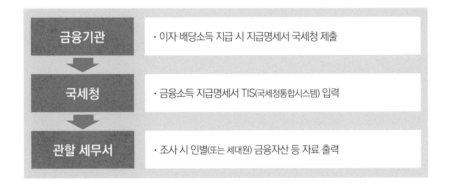

Consulting | 앞에서 보았듯이 금융소득 종합과세로 인해 증가되는 세금은 그렇게 크지 않을 수 있다. 하지만 금융자산의 원천에 대한 세무조사 가능성은 언제든지 있을 수 있다. 그래서 금융자산이 많은 원장들은 금융소득 종합과세 대상자가 되는 것을 싫어해서 비과세되는 금융상품들을 선호한다. 이에는 다음과 같은 주식이나 채권, 저축성보험 등이 있다.

구분	내용
주식	소액주주의 상장주식은 양도세 과세 제외
채권	채권의 매매차익도 양도세 과세 제외
저축성보험	10년 이상 가입 시 가입규모와 관계없이 비과세(단, 즉시연금보험은 2억 원 납입한도)
파생상품	매매차익에 대해서는 가입규모와 관계없이 과세에서 제외

사례

이자 1억 원에 대해 비과세가 적용되는 경우와 그렇지 않는 경우를 비교해보면 다음과 같다(단, 세금은 41.8%의 세율을 적용해 산출한다).

구분	비과세가 적용되는 경우	비과세가 적용되지 않는 경우
세전 이자	1억 원	1억 원
세금	0	4,180만 원
세후 이자	1억 원	5,820만 원
세후 투자수익률(세후이자/총불입액)	27.7%	16.1%

비과세가 적용되는 경우와 그렇지 않는 경우를 비교해보면 수익률 차이가 상당함을 알 수 있다. 따라서 소득이 높은 층은 높은 세율로 인해 수익률이 떨어지는 문제점이 있으므로 세금요소를 최우선적으로 해서 자산설계에 임해야 한다.

실전연습

치과를 운영하는 김치과 원장(50세)은 7년 전부터 투자성 저축상품인 변액보험에 매달 200만 원씩 불입하고 있다. 그런데 3년 후에 병의원을 신축하기 위해서 보험금을 찾고자 한다. 이 경우 9년째 될 때 찾는 경우와 10년째 비과세 요건을 채워서 찾는 경우 세금을 비교해보자. 단, 보험차익이 과세되는 경우 세율은 이 차익에 치과운영에 따른 사업소득과 합산이 되어 38%(지방소득세 포함 시 41.8%)가 적용된다. 더구나 김 원장은 국세청 성실신고확인대상자로 지정되어 종합소득세 신고에 민감한 상황이다.

만일 이 같은 상황에서 원금이 2억 원이고, 이자가 1억 원인 경우 세금을 비교하면 다음과 같다.

구분	비과세가 적용되지 않는 경우	비과세가 적용되는 경우
불입기간	9년 차	10년 차
세금	41,800,000원	0
계산근거	1억 원 × 41.8%	-

국세부과 제척기간

과세관청이 세무조사 등의 국세부과권을 행사할 수 있는 국세부과 제척기간은 다음과 같다. 일반적으로 소득세를 과소신고하면 국세를 부과할 수 있는 기간이 5년이나 매출을 탈루한 경우에 10년이다. 다음의 내용을 참고하기 바란다.

세목	원칙	특례
상속·증여세	– 15년간(탈세·무신고·허위신고 등) – 10년간(이외의 사유)	· 상속 또는 증여가 있음을 안 날로부터 1년 (탈세로써 제3자 명의보유 등으로 은닉재산이 50억 원 초과 시 적용)
위 이외의 세목 (소득세 등)	– 10년간(탈세) – 7년간(무신고) – 5년간(이외의 사유)	

금융거래 시 주의해야 할 제도들

병의원 원장들은 평소에 자금거래에 매우 주의해야 한다. 이런저런 제도를 적용받을 수 있기 때문이다. 이하에서는 최근에 쟁점으로 대두된 차명계좌, 고액현금거래보고제도 등에 대해 알아보기로 한다.

1. 차명계좌처벌제도

2014년 11월 29일부터 차명계좌를 사용하는 사람뿐만 아니라 이를 빌려준 사람까지 처벌을 하고 있다. 그렇다면 이 법은 어떻게 적용되고 사업자들은 어떻게 대처해야 할까?

(1) 차명계좌에 대한 불이익

'금융실명거래 및 비밀보장에 관한 법률(약칭 : 금융실명법)' 제6조에서는 '불법재산은닉이나 자금세탁, 탈세 등'의 목적으로 차명계좌를 개설할 경우 5년 이하의 징역이나 5,000만 원 이하의 벌금에 처하도록 하고 있다. 따라서 차명계좌 운용목적이 위에 해당하면 대부분 불법 차명거래에 해당되어 처벌을 받게 된다.

(2) 차명계좌에 대한 해법

사업자들이 유의해야 할 차명계좌는 주로 사업대금을 비정상적으로 주고받을 때 발생한다. 세금탈루의 목적 등으로 차명계좌를 이용하는 경우가 많기 때문이다. 하지만 앞으로는 이러한 거래는 모두 규제를 받기 때문에 다음과 같이 계좌를 관리하는 것이 좋을 것으로 보인다.

☑ 사업용계좌를 통해 입출금이 되도록 한다. 사업용계좌는 사업자 명의로 된 계좌를 미리 관할 세무서에 신고해 이 계좌를 통해 입출금을 하도록 하는 제도를 말한다. 세법은 이 계좌를 통해 인건비나 임차료, 기

타 자재대 등이 입출금되도록 의무화하고 있다. 이를 위반한 경우에는 가산세 등이 있다.

☑ 배우자나 임직원의 계좌로 매출대금을 입금하거나 자금이체를 하지 않는다. 특히 임직원 명의로 입출금을 하는 경우에는 이 법률규정이 적용될 가능성이 아주 높기 때문에 삼가야 한다.

2. 고액현금거래보고제도(CTR, Currency Transaction Report)

하루에 한 곳의 은행 등에서 1,000만 원 이상 고액의 현금(수표나 외화는 제외)을 거래한 경우 이를 금융정보분석원(FIU, Korea Financial Intelligence Unit)에 자동적으로 보고하는 제도를 말한다. FIU는 자금세탁과 같은 불법을 막기 위해 설립된 재정경제부 산하기관에 해당한다.

3. 혐의거래보고제도(STR, Suspicious Transaction Report)

하루에 건당 1,000만 원(미화 5,000달러) 이상의 현금·수표·외환거래 중 '자금세탁 등이 의심되는 경우'에 한해 FIU에게 보고하는 제도를 말한다(단, 2013년 11월 14일부터 STR를 적용하기 위한 금액기준이 폐지되었음에 유의할 것). 이 제도는 금융기관의 판단이 들어간다는 점에서 앞의 CTR제도와 차이가 난다.

참고로 병의원 원장의 입장에서는 이같은 제도에 관심을 둘 필요가 있다. 앞의 2의 경우에는 정보의 가치가 약하기 때문이다.

4. 해외계좌신고제도

해외계좌에 5억 원(2017년은 10억 원)이 넘게 입금된 날이 하루라도 있으면 이에 대한 계좌를 다음 해 6월에 국세청에 신고해야 한다. 이를 제대로 신고하지 않으면 미신고금액의 20% 내에서 과태료가 부과된다. 참고로 해외계좌에 대한 정보를 제공한 자에게는 최고 20억 원까지 포상금을 지급한다.

재산가들은 세금을 소득과 재산에 대한 가장 큰 위협으로 생각한다. 소득의 49.5%까지 세율이 적용되고 재산에 50%의 상속이나 증여세율이 적용되면 가처분 소득이나 자산원본이 크게 잠식되기 때문이다. 이러한 이유로 재산가들에게는 소득과 자산에 대한 세금을 잘 다루는 것이 무엇보다도 중요하다.

현재 50대인 J원장의 보유한 자산은 부동산이 50억 원이고 금융자산이 10억 원이라고 하자. 그리고 연간 병의원에서는 10억 원 정도의 매출이 발생한다고 하자. 이 상황에서 J원장은 어떤 고민을 하고 있으며, 이에 대한 대안에는 어떤 것들이 있을까?

Solution | 일단 위에서 주어진 정보를 활용해서 J원장이 가지고 있는 세법적인 상황부터 알아보자.

☞ **상황 1** : 부동산의 처분 또는 상속이나 증여 등에 대한 세금이 상당할 것으로 예상된다. 다만, 부동산을 보유 중에는 보유세 정도만 부담하면 될 것으로 보인다.

☞ **상황 2** : 금융자산의 경우 금융소득 종합과세가 걱정거리다. 금융소득에 대한 종합과세는 세금 외에도 건강보험료가 부과되고 특히 금융소득이 노출된다는 점이 부담감으로 작용한다.

☞ **상황 3** : 무엇보다도 사업 관련 세금문제에 대해 고민이 상당할 것으로 보인다. 30%의 이익률을 고려하면 수천만 원의 소득세가 예상되기 때문이다. 만약 이때 소득을 탈루한 경우라면 세무조사에 대한 고민이 있을 수 있다.

그렇다면 대안은 없는가?

· **상황 1의 경우**
부동산에 상가가 포함되어 있는 경우에는 배우자나 자녀 등에게 사전증
여를 통해 자산을 조정하는 것이 좋다. 지분증여를 하면 소득세와 상속
세 등을 줄일 수 있다.

· **상황 2의 경우**
금융소득에 대해서는 종합과세가 적용되지 않도록 소득관리를 하는 것
이 좋다. 이를 위해서는 이자수입시기를 조절하거나 비과세상품에 우선
가입하는 것이 좋다.

· **상황 3의 경우**
사업소득에 대해서는 좀 더 체계적인 관리가 필요하다. 먼저 소득률이 적
정한지를 검토하도록 하자. 그리고 이때 매출대비 각종 경비율이 적정한
지도 아울러 살펴보아야 한다.

Consulting | 재산가들은 대개 상속과 증여에 대해 큰 관심을 보이고
있는데 이때에는 다음의 두 가지 관점에서 파악하면 도
움이 된다.

· **재산규모**

구분	당면한 세금	비고
5억 원 이하	없음.	
10억 원 이하	없음(단, 배우자 부존 시 상속세).	
10억 원 초과	상속세	

· 나이

구분	당면한 세금		문제해결
40대 이하	-		-
50대	증여세		적절한 증여
60대	증여세		적절한 증여
70대 이상	상속세		재산규모별 상속 대비

참고로 모아 둔 재산을 자녀 등에게 이전하고자 하는 경우에는 치밀한 계획이 필요하다. 현행 세법에서는 사전증여 등에 대해서는 10년 누적합산 과세를 적용하고 있기 때문이다. 이 제도는 사전에 증여한 후 10년 내에 상속이 발생하면 사전증여재산가액을 상속재산에 합산해 상속세를 과세하는 제도를 말한다.

실전연습 경기도 성남시에 개원하고 있는 송철기 씨는 자녀에게 저축성보험을 들어주려고 한다. 보험료 납입기간은 10년이고 월 보험료가 50만 원이라고 할 때 증여세는 어떻게 계산되는가?

송 씨가 자녀를 대신해서 불입하게 될 총보험료는 6,000만 원이다. 그렇다면 증여세는 어떻게 과세될까?

1. 일단 현재시점에서 전체보험료에 대해서 증여세를 부과하기가 힘들다. 보험료를 납입하다가 계약해지를 할 수도 있기 때문이다. 그래서 세법은 보험에 대한 증여시기를 '보험금이 확정된 날'을 기준으로 한다. 예를 들어 중도에 해지한 경우라면 중도에 해지한 날, 만기에 보험금을 수령하면 이를 수령한 날이 된다. 그리고 연금은 '연금이 지급되기 시작하는 때'가 증여시기가 된다. 따라서 사례의 경우 송 씨의 자녀가 20년 후에 보험금을 수령하게 되므로 이때가 증여시기가 되는 것이다(보험이 다른 자산에 비해 좋은 점이 여기에서도 있다).

2. 만일 20년 뒤에 수령한 보험금이 1억 원이라면 그 시점에 가서 증여세를 신고해야 한다. 이러한 점 때문에 보험금에 대한 증여세는 지금 당장 과세를 피할 수 있는 이점이 있게 된다. 참고로 증여세는 다음과 같이 계산된다.

　증여재산가액 1억 원

－증여공제 5,000만 원*

＝증여세 과세표준 5,000만 원

×세율(10~50%)

＝산출세액 500만 원

* 증여재산공제 : 증여재산가액에서 공제되는 증여재산공제액은 다음과 같다. 참고로 증여재산공제는 합산기간인 10년 동안 수증자를 기준으로 다음 금액을 적용하므로 아버지와 어머니, 조부모로부터 각각 5,000만 원씩을 받더라도 5,000만 원밖에 공제되지 않는다. 또한 최대 6억 8,000만 원을 한도로 한다.

구분	2013년 이전	2014년 이후	비고
배우자로부터 수증 시	6억 원	6억 원	
직계존비속으로부터 성년자가 수증 시	3,000만 원	5,000만 원	
직계존비속으로부터 미성년자가 수증 시	1,500만 원	2,000만 원	10년 기준
기타친족으로부터 수증 시	500만 원	1,000만 원	
제3자의 경우	0원	0원	

Tip

혼인·출산 증여공제

자녀가 혼인 또는 출산 전후 2년 내에 직계존속으로부터 증여를 받으면 위에서 본 5,000만 원 외에 1억 원을 추가로 공제받을 수 있다. 2024년 이후 증여분부터 적용된다. 이에 대한 자세한 내용은 신방수세무사의 《가족 간 부동산 거래 세무 가이드북》을 참조하기 바란다.

PART **04**

공동개원, 사업양수도, MSO, 의료법인 편

'공동개원, 사업양수도, MSO, 의료법인 편'에서는 병의원의 사업구조에 관련된 다양한 세금문제를 살펴본다. 먼저 공동개원을 하는 경우 계약서는 어떻게 작성하고 세금정산은 어떻게 하는지 그리고 소득금액은 어떤 식으로 분배하는지 알아본다. 다음으로 병의원을 양수도할 때 발생하는 세금문제를 양도자와 양수자의 관점에서 다양하게 분석한다. 구체적으로 권리금을 어떤 식으로 산정하는지, 자산취득가액은 어떻게 정하는지, 사업양수도계약서는 어떻게 작성하는지 등을 알아본다. 마지막으로는 병의원 경영지원회사(MSO)나 네트워크 병의원과 의료법인에 대한 다양한 세금문제를 살펴본다.

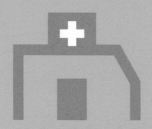

〈핵심주제〉

Chapter 01 공동개원
이 장에서 다루고 있는 핵심주제들은 다음과 같다.
- 공동개원 시의 세무상 쟁점에 대해 알아본다.
- 동업계약서 작성법에 대해 알아본다.
- 소득금액 분배사례에 대해 알아본다.

Chapter 02 병의원 양수도와 세금
이 장에서 다루고 있는 핵심주제들은 다음과 같다.
- 병의원 사업양수도 시 알아야 할 것들을 정리한다.
- 사업양수도계약서 작성 시 핵심포인트를 정리한다.
- 사업양수도계약 당사자들의 세무문제를 정리한다.

Chapter 03 병의원 경영지원회사(MSO), 네트워크 병의원, 의료법인
이 장에서 다루고 있는 핵심주제들은 다음과 같다.
- 병의원 경영지원회사의 세금처리법에 대해 알아본다.
- 네트워크 병의원의 비용처리법에 대해 알아본다.
- 의료법인의 설립에 대해 알아본다.

Chapter

01

공동개원

공동개원과 세무상 쟁점

병의원의 공동개원과 관련된 문제에는 법률문제, 경영문제, 세무문제 등이 다양하게 대두된다. 따라서 공동개원을 하기 전에 이러한 문제들에 대한 이해가 선행되어야 한다. 이하에서는 주로 세무문제에 맞춰 공동개원과 관련된 문제들을 살펴보자.

어떤 부부가 동일병과로 개원을 하려고 한다. 한 건물에서 단독개원(한 명은 봉직의)과 공동개원 등 두 가지 형태의 개원을 검토하고 있는데, 어떤 방법이 절세측면에서 유리할까? 다음 자료를 기초로 판단하면?

> 〈자료〉
> · 연평균 예상매출액 : 10억 원
> · 연평균 예상비용 : 8억 원
> · 부부 1명을 페이닥터로 하는 경우의 인건비 : 6,000만 원

Solution | 자료에 따라 산출세액을 계산해보자.

구분		단독개원	공동개원		
			배우자 1	배우자 2	계
매출액		10억 원	5억 원	5억 원	10억 원
비용	일반비용	8억 원	4억 원	4억 원	8억 원
	페이닥터 인건비	6,000만 원	–	–	–
	계	2억 6,000만 원	1억 원	1억 원	2억 원
이익		1억 4,000만 원	1억 원	1억 원	2억 원
산출세액		3,356만 원	1,956만 원	1,956만 원	3,912만 원

단독개원으로 하는 경우와 공동개원으로 하는 경우 외관상 단독개원이 대략 556만 원이 더 유리한 것으로 보인다. 이러한 결과가 나오는 이유는 부부 중 한 명을 페이닥터로 하면서 6,000만 원을 급여로 책정했기 때문이다. 물론 페이닥터의 경우 근로소득세가 200~300만 원 정도 나올 수가 있는데 이러한 부분을 감안하면 그 차이가 줄어들 것으로 보인다.

Consulting │ 공동개원과 관련해 실무상 알아두어야 할 내용들을 정리하면 다음과 같다.

첫째, 사업자등록은 어떻게 할까?

손익분배비율이 정해진 공동사업계약서를 사업장이 있는 관할 세무서에 사업자등록 신청 시 제출하면 된다. 참고로 손익분배비율은 출자비율과 일치하는 것이 일반적이나, 노무만을 출자한 경우에는 일치하지 않을 수 있다. 한편 공동계약서 작성법에 대해서는 별도로 살펴본다.

 퀴즈!

1. 의료면허자와 비면허자는 공동개원이 가능한가?

사업자등록 시 인·허가사항의 사업은 특별한 경우를 제외하고는 반드시 인·허가를 득해야 되므로 비면허자는 사업자등록을 할 수 없다.

2. 만일 사업자등록을 허위로 하면 어떻게 되는가?

허위로 사업자등록한 것에 대해서는 가산세(1%)가 부과될 수 있다.

둘째, 출자금에 대한 이자비용은 비용처리가 될까?

공동개원 시 출자한 돈에 대한 이자비용은 인정이 안 되는 것으로 보고 있다. 그렇다면 개원 후에 대출로 인해 발생한 이자비용은 인정이 될까? 당연히 사업과 관련이 있다면 비용을 인정받을 수 있다.

공동개원 시 원장의 급여는 경비로 인정되는가?

인정이 안 된다. 세법에서는 개인사업자의 급여는 경비로 인정하지 않는다. 이러한 점 때문에 한 명을 페이닥터로 하는 변형된 공동개원형태가 한자리를 잡고 있다.

셋째, 공동사업자는 성실신고를 어떻게 적용하는가?

공동사업자는 전체 매출액을 기준으로 성실신고확인대상에 포함되는지의 여부가 결정된다. 공동사업자의 전체 매출액이 5억 원 이상이 되면 성실신고확인제도를 적용받게 된다.

실전연습 H병의원은 현재 A원장만 혼자 개원 중에 있다. A원장은 자신의 지분 50%를 B원장에게 넘기고자 한다. B원장은 자산의 인수대가로 3억 원을 지급했다. 다음 물음에 답하면?

☞ **물음 1** : 사업용계좌는 별도로 마련해야 하는가?
☞ **물음 2** : 지분양도대가는 사업용계좌로 지급되어야 하는가?
☞ **물음 3** : 지분양도대가 중 1억 원은 일종의 권리금에 해당된다면 이에 대한 소득처리 및 경비인정 여부는?
☞ **물음 4** : 소득금액 분배는 어떻게 하는가?
☞ **물음 5** : A원장과 B원장은 소득세를 어떻게 신고해야 하는가?

물음들은 실무에서 원장들이 많이 물어보는 것들에 해당한다. 차근차근 이에 대한 내용들을 알아보자.

· **물음 1의 경우**

공동사업자의 경우 사업용계좌를 한 개인의 것으로 사용해도 되고 두 명의 명의를 동시에 사용할 수도 있다. 물론 어떤 형태이든 관할 세무서에 계좌신고가 되어 있어야 한다.

· **물음 2의 경우**

인수대금은 사업거래와 관련이 있으므로 사업용계좌로 거래하는 것이 원칙이다.

· **물음 3의 경우**

지분양도대가 중 1억 원은 일종의 권리금에 해당된다. 따라서 이는 기타소득에 해당하므로 1억 원의 40%(=100%-필요경비율 60%)인 4,000만 원이 종합소득에 합산된다. 한편 이를 지급한 B원장의 입장에서는 권리금을 지급한 것이므로 종합소득세 계산 시 비용으로 인정받는 것이 원칙이다. 과세당국은 기존 사업장의 자산과 영업권을 공동사업장에 출자하는 경우 유상으로 이전한 영업권은 공동사업장의 감가상각자산에 해당한다고 해석하고 있다(소득, 서면법규과-1266, 2013. 11. 19).

· **물음 4의 경우**

예를 들어 2024년 7월 1일에 지분 50%를 B원장이 취득했다고 하자. 이 경우 다음과 같은 원리로 소득금액을 분배한다.

① 2024년 1월~6월 : A원장 100% 분배
② 2024년 7월~12월 : A원장 50%, B원장 50% 분배

· **물음 5의 경우**

A원장은 위에서 배분된 금액과 권리금을 합산한 소득에 대해 소득세를 내야 하고, B원장은 본인에게 분배된 소득과 그 이전에 발생한 소득을 합산해 소득세를 내야 한다.

공동사업(동업)계약서 샘플

사업자등록을 위해서는 다음과 같이 약식으로 계약서를 작성해 제출할 수 있다.

동업계약서

갑) 성　　　　명 :
　　주민등록번호 :
　　주　　　　소 :

을) 성　　　　명 :
　　주민등록번호 :
　　주　　　　소 :

상기동업자 "＿＿"을 갑이라 칭하고, "＿＿"을 을이라 칭하고 아래와 같이 동업계약서를 작성한다.

---------- 아　　　　　래 ----------

1. 갑, 을은 OO의원을 공동 운영하기로 한다.
2. 상호는 "OO의원"이라 칭한다.
3. 사업장은 OO에 둔다.
4. 동업자 중 갑과 을은 각각 1/2씩을 출자하고 이 비율에 따라 손익배분을 한다.
5. 영업상 발생하는 사고 및 제반문제에 대해서는 공동으로 책임진다.
6. 갑, 을 중 어느 일방이 동업기간 내에 탈퇴하고자 할 때는 탈퇴시점까지 채권, 채무를 정산한 후
   나머지는 동업자간 합의하에 결정한다.
7. 상기 제반사항 이외에는 일반 상거래 관행에 따른다.
8. 상기 제반사항을 확실히 하기 위해 갑, 을은 서명 날인하여 각 1부씩 보관한다.

20　년　월　일

갑 :　　　　　(인)
을 :　　　　　(인)

동업계약서 작성법

공동개원을 할 때에도 가장 신경 써야 할 것 중의 하나가 바로 공동사업 계약서를 잘 작성하는 것이다. 이하에서는 주로 공동계약서의 작성과 관련된 내용들을 살펴보자.

L병의원은 A, B, C원장이 각각 1/3씩 지분을 보유하고 있다. 그런데 이 중 A원장이 탈퇴하면서 B원장과 C원장에게 자신의 지분을 양도했다. 이러한 상황에서 A원장은 그동안의 성과를 생각해서 일종의 권리금을 요구하고 있다. 하지만 B원장과 C원장의 입장에서는 얼마를 줘야 하는지, 꼭 줘야 하는지 이에 대한 정리가 되지 않고 있다. 어떤 식으로 해야 문제가 없을까?

Solution | 이러한 문제는 법적인 측면과 법적 외의 측면으로 구분해 살펴보는 것이 좋다. 먼저 법적인 측면에서는 동업계약서에 이에 대한 내용이 언급되어 있는지가 중요하다. 만일 여기에 이에 대한 내용이 언급되었다면 계약서대로 실행하면 문제가 없다. 하지만 이러한 내용이 없다면 문제해결이 쉽지 않기 때문에 당사자 간에 협상을 통해 해결하거나 사법부의 판단을 구해야 한다.

※ 탈퇴 시 분쟁을 예방하는 비법
☑ 탈퇴 시 소득과 권리금 등에 대한 정산방법 등이 동업계약서에 들어 있어야 한다.
☑ 탈퇴 구성원이 재직기간 동안에 발생될 수 있는 우발손실(세무조사 등에 의한 추징)은 공동으로 연대해 책임진다는 내용이 들어 있어야 한다.

☑ 탈퇴를 할 때에는 최소한 3개월(예) 전에 통보하고 그 3개월 동안에 발생하는 비용은 공동으로 부담한다는 내용이 포함되어 있어야 한다.

Consulting | 손익분배비율 외에 동업계약서에 꼭 들어가야 할 내용들을 나열하면 다음과 같다.

첫째, 의료사고발생 시 책임문제를 반영한다.
의료사고를 낸 경우 누가 합의금을 낼 것인지에 대해 합의가 되어 있어야 한다.

둘째, 운영에 관한 부분을 반드시 포함하도록 한다.
공동개원은 역할 분담이 상당히 중요하다. 각자가 맡은 역할에 따라 병의원이 잘 흘러가도록 해야 한다.

셋째, 탈퇴 시의 지분정리법, 탈퇴통보기간, 소득정리법 등을 제시해야 한다. 탈퇴 시에 지분은 어떤 식으로 정리할 것인지, 탈퇴통보는 언제 어떤 방법으로 할 것인지, 그에 따른 소득정리법 등을 반영하도록 한다.

넷째, 탈퇴 후 일정기간 같은 지역 내 경업금지의무 등을 둔다.

다섯째, 법적분쟁이 발생한 경우 법원에 제소하기 전에 제3자로 하여금 조정할 수 있는 여지를 두도록 한다.

실전연습 | K병의원은 현재 의사 2명(A는 전액 출자, B는 봉직의)으로 구성되어 있다. 이 병의원에서는 최근 의사 C를 충원해 3인체제의 공동개원형태로 사업구조를 바꾸려고 한다. 이런 상황에서 동업계약서를 작성해야 하는데 손익분배비율은 어떤 식으로 정하는 것이 좋을까?

이러한 물음은 이익분배와 관련되는 것으로 동업 전에 이 부분이 말끔히 정리되지 않으면 동업관계에 금이 가는 경우가 많다. 슬기롭게 해결할 수 있는 방법을 찾아 이를 계약서에 반영하는 작업이 필요하다.

그렇다면 이와 같은 상황에서 이익분배는 어떻게 하는 것이 좋을까?

이러한 상황에서 가장 좋은 방법은 손익분배비율을 동일하게 하는 것이다. 하지만 각자의 입장차이가 있기 때문에 무조건 이를 동일하게 하는 것은 쉽지가 않다. A원장은 투자한 금액이 있고, A와 B의 입장에서는 C가 권리금을 지급해야 한다는 생각을 하고 있을 수 있기 때문이다. 따라서 이러한 상황에서는 다음과 같은 절차로 손익분배비율을 맞출 수 있도록 한다.

첫째, 동업시점까지의 자산과 영업권을 객관적으로 평가한다. 예를 들어 자산가액이 3억 원이고, 권리금이 1억 원이라고 하자.

둘째, 자산평가액 4억 원은 모두 A의 소유에 해당하는 것이 원칙이다. 다만, 영업권이 없다고 한다면 A의 자산가액은 3억 원이 된다.

셋째, 현금으로 각자의 지분을 정한다. 그 결과 B와 C가 각각 1억 원씩을 A에게 지급한다.

※ 중도에 공동개원을 할 때 주의할 점
☑ 권리금 없이 공동개원을 하면 깔끔하게 지분정리가 된다.
☑ 권리금이 수수되면 반드시 공정하게 평가를 해야 한다(감정평가사).
☑ 권리금 지급 시에는 기타소득으로 원천징수(필요경비 60%, 22% 적용) 해야 한다.
☑ 지급한 권리금은 공동사업장의 무형자산에 해당하며 5년간 감가상각 할 수 있다(저자 문의).
☑ 자산과 권리금이 면세업에서 발생하면 계산서, 과세업에서 발생하면 세금계산서를 발행하는 것이 원칙이다(저자 문의).

공동계약서 작성 시 손익분배비율과 세무상 쟁점들

공동사업의 손익분배비율은 동업자 간에 자유로운 약정에 의해 정할 수 있다. 그리고 이렇게 정해진 손익분배비율에 따라 소득금액을 분배하는 것이 원칙이다. 만일 미리 약정된 손익분배비율이 없는 경우에는 지분비율에 의해 분배되었거나 분배될 소득금액에 따라 각 공동사업자별로 분배해야 한다. 이러한 내용은 동업계약서를 통해 약정하고 이를 공증해두면 좋을 것이다. 아래는 손익분배비율과 관련된 세부적인 내용들이다. 한 번씩 참고하도록 하자.

첫째, 지분비율과 손익분배비율을 다르게 정할 수 있는가?
당연히 그렇게 할 수 있다. 하지만 원칙적으로 지분비율과 손익분배비율이 일치해야 세무간섭을 받지 않는다.

둘째, 근로를 많이 제공하는 공동사업자의 손익분배비율을 더 높게 할 수 있나?
공동사업에 출자한 자산 등에 상당하는 출자지분율과 손익분배비율이 상이한 경우에는 증여세 과세문제가 발생할 수 있으나, 당해 공동사업자들의 당해 사업에 대한 출자, 노무제공, 경영능력, 거래형성에 대한 기여도, 명성 등을 종합적으로 고려해 사업상 이해관계에 따라 출자지분율과 손익분배비율을 산정한 경우에는 문제가 없다.

셋째, 허위로 손익분배비율을 정하면 어떤 제재를 받는가?
공동사업 합산과세제도를 적용받을 수 있다. 이 제도는 거주자 1인과 공동사업장 구성원 간에 특수관계가 있는 경우로써 손익분배비율을 거짓으로 정하는 사유가 있는 때에는 당해 특수관계인의 소득금액은 그 손익분배비율이 큰 공동사업자의 소득금액으로 보아 소득금액을 계산하는 것을 말한다.

넷째, 공동사업 중에 분배받은 소득이 배당소득으로 간주되는 경우는 어떤 경우인가?
현금 투자만 하고 경영에는 참가하지 않는 경우로써 분배받는 소득은 배당소득에 해당한다. 따라서 이를 지급하는 자는 15.4%로 원천징수하고 이를 받은 사람은 금융소득 종합과세를 적용받게 된다.

소득금액 분배사례

병의원을 공동으로 개원한 경우 소득금액을 어떤 식으로 분배하는지, 실제 사례를 살펴보도록 하자.

K병의원의 1년 동안의 경영성과는 매출액 10억 원, 각종 비용 5억 원 정도가 되었다. 이를 기준으로 다음 물음에 답하면?

☞ **물음 1** : K병의원은 공동개원 중에 있는데, 지분비율과 손익분배비율은 다음과 같다.

구분	A	B	C
지분비율	40%	20%	40%
손익분배비율	1/3	1/3	1/3

이 경우 소득금액은 어떤 식으로 배분이 되는가? 그리고 지분비율과 손익분배비율이 다른 경우 세무상 어떤 문제가 있을까?

☞ **물음 2** : 공동사업자 중 A가 탈퇴했다. 공동계약서에는 영업권평가를 통해 지분인수자가 권리금을 지급하도록 되어 있다. 영업권이 1억 원이라면 A가 받을 수 있는 금액은? 단, 영업권 분배는 지분비율로 한다.

Solution | 물음에 맞춰 순차적으로 답을 하면 다음과 같다.

· **물음 1의 경우**
먼저 소득금액은 손익분배비율에 맞춰 배분이 된다.

구분	A	B	C	계
손익분배비율	1/3	1/3	1/3	1
손익분배금액	166,666,666원	166,666,666원	166,666,668원	3억 원

그런데 손익분배율은 지분비율과 다른데, 이처럼 똑같이 분배해도 될까? 이에 대해 세법은 손익분배비율이 지분비율과 다른 경우에는 사실판단(명성 등)을 해서 근거가 명확한 경우에는 이를 인정하나, 그렇지 않은 경우에는 증여세를 과세할 수 있다.

· 물음 2의 경우
일단 영업권 평가액이 1억 원인 경우 A가 받을 수 있는 권리금은 1억 원의 40%인 4,000만 원이 된다. 동업계약서상 권리금은 지분율로 하도록 되어 있기 때문이다.

※ 지분비율과 손익분배비율의 관계
☑ 계약서상 이 둘은 항상 일치하는 것은 아니다.
☑ 일반적으로 이 둘이 일치하는 것이 동업관계의 유지측면에서 바람직하다.
☑ 만일 이 둘의 관계가 일치하지 않으면 그에 대한 근거를 마련해둬야 한다.

Consulting | 공동개원 시 소득금액은 손익분배비율로 나누는데, 실무적으로 다음과 같은 내용들을 알아두면 도움이 될 것이다.

첫째, 공동사업장은 1거주자의 것으로 보고 소득을 파악한다.
원래 공동사업자는 각자의 소득별로 각자가 세금을 내는 것이 원칙이다. 그렇다면 각자의 몫은 어떻게 나눠야 할까? 이 부분이 실무적으로 난해하다. 수입과 모든 비용이 공동으로 들어오는데, 이를 일일이 나눌 수 없기 때문이다. 그래서 세법은 일단 공동사업장을 한 사람의 것으로 보고 소득금액을 계산하도록 하고 있다.

둘째, 손익분배비율로 소득금액을 나눈다.
위와 같이 계산된 소득금액은 해당 공동사업을 경영하는 각 거주자(출자공동사업자를 포함한다) 간에 약정된 손익분배비율에 의해 분배되었거나 분배될 소득금액에 따라 각 공동사업자별로 분배한다. 약정된 손익분배비율이 없다면 지분비율에 따라 소득을 분배한다. 보통 동업계약서를 작성한 후 이를 관할 세무서에 제출하면 약정된 손익분배비율이 있는 것으로 본다.

셋째, 개인별로 지분금액에 대해 납세의무가 발생한다.

사업을 공동으로 영위하는 경우 원칙적으로 각자에게 배분된 세금에 대해서는 각자가 납부책임을 진다. 다만, 공동사업자 중 1인 이상이 납세의무를 이행하지 못한 경우 세법은 다른 공동사업자에게 연대납세의무를 지도록 하고 있다. 따라서 모든 공동사업자들은 공동사업 등에 관계된 국세의 전부에 대해 전원이 연대해 납세의무를 부담해야 한다.

※ 공동개원과 필요경비 인정 여부

☑ 공동개원 시에 대출받은 이자비용은 원칙적으로 경비로 인정되지 않는다. 다만, 필요경비로 인정되는 것이 불가능한 것은 아니다(저자 문의).

☑ 사업을 공동으로 경영하고 그 손익을 분배하는 공동사업장의 소득금액 계산 시 공동사업자의 건강보험료는 공동사업장의 필요경비에 산입한다(기획재정부소득-443, 2017. 9. 18).

☞ 기타 비용처리에 대한 자세한 내용은 이 장의 마지막에 있는 [심층분석]을 참조하기 바란다.

실전연습　　다음 자료를 바탕으로 공동개원에 따른 소득세를 계산하면?

〈자료〉
· A와 B가 공동개원을 했음(손익분배비율은 같음).
· 공동수입금액 6억 원
· 필요경비 3억 원
· A는 별도의 사업소득금액이 1억 원이 있음.
· A와 B의 종합소득공제액은 각각 1,000만 원임.
· 세율 6~45%

자료에 맞게 A와 B의 소득세를 계산해보자.

STEP1 공동사업장에서 발생하는 소득금액을 계산해 이를 손익분배비율 대로 분배한다. 소득금액은 3억 원이다.

구분	A	B	계
손익분배비율	50%	50%	100%
손익분배금액	1억 5,000만 원	1억 5,000만 원	3억 원

STEP2 각자가 할당받은 소득금액을 합산한다.

구분	A	B
공동사업장 소득금액	1억 5,000만 원	1억 5,000만 원
추가 소득금액	1억 원	-
계	2억 5,000만 원	1억 5,000만 원

STEP3 각자의 소득세를 계산한다.

구분	A	B
소득금액	2억 5,000만 원	1억 5,000만 원
-소득공제	1,000만 원	1,000만 원
=과세표준	2억 4,000만 원	1억 4,000만 원
×세율(6~45%)	38%	35%
-누진공제	1,994만 원	1,544만 원
=산출세액	7,126만 원	3,356만 원

공동사업자별 (소득)분배명세서 작성사례

아래 자료를 기초로 공동사업자별 분배명세서를 작성해보자. 이 서식은 종합소득세 신고 때 과세관청에 제출되고 있다.

〈자료〉
· 매출 10억 원
· 필요경비 5억 원
· 손익분배비율 A : 40%, B : 20%, C : 40%

공동사업자별 분배명세서

공동 사업장	① 상호				② 사업자등록번호			–			–		
	③ 소재지					④ 개업일							
대표 공동사업자	⑤ 성명				⑥ 주민등록번호					–			
	⑦ 주소				⑧ 전화번호								

총수입금액			⑯ 필요경비	5억 원	⑰ 소득금액 (⑮ - ⑯)	5억 원
⑭ 직전 연도	⑮ 당해 연도					
	10억 원					

소득금액 등 분배내용

공동사업자		⑳ 분배 비율	소득금액 등 분배금액				
			수입 금액	소득 금액	가산세	원천징수 또는 납세조합징수세액	
⑱ 성명	⑲ 주민등록번호					소득세	농어촌특별세
합계		100%	10억 원	5억 원			
A		40%	4억 원	2억 원			
B		20%	2억 원	1억 원			
C		40%	4억 원	2억 원			

병의원을 공동개원한 경우 주요 비용처리법에 대해 알아보자. 단독개원에 대한 비용처리법은 PART 02에서 살펴보았다.

1. 원칙

공동 사업자의 경우 사업장을 1거주자로 보아 사업소득을 계산하고 공동사업에서 발생하는 소득금액은 해당 공동사업을 경영하는 각 거주자간에 약정된 손익분배비율에 의해 분배되었거나 분배될 소득금액에 따라각 공동사업자별로 분배한다. 따라서 원칙적으로 사업장과 관련된 모든경비는 1거주자가 지출한 것으로 보아 소득금액 시 필요경비로 인정된다.

2. 예외

공동사업과 관련해 공동사업자들이 지출한 비용도 원칙적으로 사업비용이므로 필요경비로 인정되어야 한다. 다만, 지출비용 성격이 개인과 관련된 것이라면 이에 대한 제한을 하는 것이 타당하다. 다음과 같은 비용들에 대해 세법이 어떤 식으로 규제하는지 알아보자.

(1) 공동사업자의 인건비

공동사업자에 해당하는 원장의 급여를 비용으로 처리하는 경우가 있을수 있다. 세법은 이에 대한 비용을 인정하지 않는다.

※ **소득세법 기본통칙 43-0···1 [공동사업자 중 경영참가자에 지급한 보수의 처리]**
공동사업자 중 1인에게 경영에 참가한 대가로 급료명목의 보수를 지급한때에는 당해 공동사업자의 소득분배로 보고 그 공동사업자의 분배소득에가산한다(즉 비용으로 인정하지 않는다).

(2) 공동사업자의 건강보험료

공동사업의 경우 공동사업은 해당 공동사업장을 1거주자로 보므로 공동사업구성원의 건강보험료는 공동사업장과 관련된 지출에 해당하지 않아 공동사업의 필요경비로 산입할 수 없다.

다만, 최근 정부는 해석을 변경해 공동사업자의 건강보험료는 공동사업장의 필요경비에 산입할 수 있도록 하고 있다(2018년 6월 해석 변경).

(3) 공동사업자의 식대

사업과 관련해 종업원의 식대를 지출하는 경우 필요경비로 산입 가능하다. 하지만 공동사업자의 식대는 종업원의 식대에 해당하지 않으므로 복리후생비 등의 필요경비에 해당하지 않는다. 다만, 실무적으로 종업원의 식대인지 아닌지, 이를 구분하는 것이 힘들기 때문에 대부분 비용으로 처리되고 있는 실정이다.

(4) 공동사업자의 핸드폰 요금

휴대폰 요금도 사업용으로 사용한 부분은 필요경비로 인정되나 업무용으로 사용했음이 입증되어야 한다. 만약 이의 구분이 불분명한 경우에는 필요경비로 인정되기는 사실상 힘들 것으로 보인다.

(5) 공동사업자의 승용차 관련 유지비용

사업과 관련해 운행되는 업무용 승용차는 1대당 1,500만 원까지는 기본적으로 비용처리가 가능하므로 공동사업자가 각자 운행하는 차량비용도 비용으로 인정된다고 판단된다. 다만, 성실신고확인사업자 등은 승용차 2대부터는 업무전용 보험에 가입해야 하므로 이에 가입하지 않으면 50%(2024년은 0%)밖에 비용으로 인정받지 못함에 유의해야 한다(기준법령해석소득 2020-223, 2021. 2. 22).

(6) 공동사업자의 이자비용 처리

공동사업에 출자하기 위해 차입한 차입금의 지급이자는 당해 공동사업장의 필요경비에 산입할 수 없다. 하지만 출자가 아닌 당해 공동사업을 위해 차입한 차입금의 지급이자는 당해 공동사업장의 필요경비에 산입할 수 있다. 따라서 출자금인지, 아닌지의 여부에 따라 필요경비 처리 여부가 달라진다.

☑ 공동개원 시 대출받아 출자한 경우 : 출자금에 해당하므로 이자비용에 대해 비용처리가 되지 않는다고 한다(단, 저자는 가능하다고 본다).

☑ 중도에 지분을 인수해 공동사업에 출자한 경우 : 앞에서와 같다. 참고로 개인이 사업체를 인수하면서 대출을 받은 경우에는 출자가 아니므로 비용처리가 된다.

☞ 공동사업자의 이자비용에 대한 실무처리는 매우 까다롭다. 사전에 검토를 해서 불이익을 받지 않도록 할 필요가 있다.

병의원 양수도와
세금

사업양수도 시에 알아야 할 것들

병의원 양수도는 병의원 사업장의 물적시설과 인적시설을 유상으로 양수도하는 것을 말한다. 양도자는 폐업을 의미하며, 양수자는 개원을 의미한다. 이하에서는 병의원 양수도와 관련된 세무상 쟁점들을 알아보자.

서울 성북구 성북동에 거주하고 있는 김철수 씨는 의원을 인수해 개원하려고 한다. 인수대금은 총 3억 원이었으나 그중 1억 원은 임차보증금, 1억 원은 시설장비, 나머지 1억 원은 권리금으로 확인이 되었다. 이 의원을 인수하면서 연 5%으로 3억 원 상당의 자금을 차입했다. 그런데 병의원을 양도한 원장은 이 권리금을 비용으로 처리하지 말라고 요구한다. 이럴 경우 김 씨는 얼마만큼의 세금부담을 하게 될까? 영업권(권리금)은 감가상각을 거쳐 모두 비용으로 처리가 될 수 있으며, 분석에 필요한 적용세율은 24%라고 가정한다.

Solution | 병의원의 양수도는 양도자와 양수자 간의 협상에 의해 이루어진다. 이는 마치 시장에서 물건을 사는 것과 같다. 사는 입장에서 물건 값이 비싸면 당연히 값을 깎아달라고 할 것이다. 그 결과 싼 값에 인수를 하면 그 뒤의 세무문제는 그렇게 크게 나타나지 않는다. 다만, 문제는 앞의 김 씨처럼 많은 돈을 주고 인수하는 경우다. 세무처리가 잘못되면 관련 세금이 크게 발생할 수 있기 때문이다. 사례의 경우 김 씨는 부채를 충당해 인수한 경우인데, 이때 세 가지 정도의 세무상 쟁점이 등장한다. ①은 인수한 자산의 취득가액을 인정받을 수 있느냐 하는 것, ②는 권리금을 비용처리할 수 있는가 하는 것, ③은 이자비용을 비용처리할 수 있느냐 하는 것이다.

그런데 사례의 경우 병의원 양도자가 권리금을 비용으로 처리하지 말 것을 요구하고 있다. 물론 양도자가 권리금에 대해 세금을 내지 않기 위해서 그런 요구가 있었음을 추측할 수 있다.

그렇다면 김 씨는 어떤 불이익을 받을까?

우선 권리금 1억 원이 비용으로 처리가 되지 않으므로 총 2,400만 원(=1억 원×24%)의 세금손실이 발생한다(②의 경우). 다음으로 차입금 3억 원 중 1억 원의 용도가 입증되지 않으므로 이자비용을 비용으로 처리하지 못해 연간 120만 원(=1억 원×5%×24%)의 세금손실이 추가로 발생한다. 5년을 기준으로 하면 600만 원의 손실이 추가로 발생한다.

Consulting | 병의원의 양수도와 관련된 세무문제를 이해하기 위해서는 기본적으로 몇 가지 내용을 정리할 필요가 있다.

1. 병의원을 양수도하는 방법

병의원을 양수도하는 방법에는 크게 개별자산을 넘기는 방법과 사업 자체를 포괄적으로 양도하는 방법이 있다.

① 개별자산의 양수도

해당 병의원의 유형자산을 개별적으로 양도하는 것을 말한다. 즉 필요한 의료기기 등만 중고시세가격으로 양수도하는 것을 말한다. 이러한 방법은 사업의 포괄양도가 아니므로 부채승계 등의 문제가 발생하지 않는다. 개별자산 양수도의 경우에도 당사자의 협상에 의해 권리금이 발생할 수 있다. 개별자산을 양수도할 때 취득가액 산정은 1) 기존의 장부가액을 기준으로 책정하는 장부가액법(BV method)과 2) 중고장비 등에 대한 가치평가를 통해 산정하는 공정가치법(FV method) 등이 있다. 이에 대한 실무적인 내용은 저자에게 문의하기 바란다.

② 포괄양수도

이는 당해 병의원 사업에 대한 모든 권리와 의무를 함께 양수도하는 방법을 말한다. 권리에는 당해 병의원의 사업에 관한 채권이나 영업상의 비밀 그리고 상호 등이 포함되며, 미지급금이나 외상매입금 등의 지급의무 등이 포함된다. 한편 직원의 승계는 법적으로 강제되어 있지 않다. 이러한 포괄양수도는 사업 자체가 양도대상이 되므로 사업과 관련되는 영업상의 노하우도 같이 승계되는 경우가 많다. 따라서 사업이 승계되는 과정에서 권리금이 발생하는 예가 많다.

2. 포괄양수도와 세무상 쟁점

포괄양수도로 병의원을 양수도하는 경우 대두되는 세무상 쟁점을 나열하면 다음과 같다.

항 목	양도자	인수자
인테리어와 의료기기, 비품	세무문제 없음.	취득가액 입증 감가상각비계상
권리금	양도소득세 또는 기타소득과세 여부	비용처리 여부
퇴직금승계	퇴직금 지급 여부	추후 퇴직금 지급 여부
우발손실(세무조사 등)		우발손실 수용 여부
기타	폐업 신고 사업장 현황 신고 소득세 신고	사업자등록문제 제2차 납세의무 명의변경(리스계약, 임대차계약 등)

실전연습　사례에서 병의원을 양도한 원장은 권리금에 대해 어떤 식으로 소득처리를 해야 할까? 만일 권리금을 과세관청에 보고하는 경우에는 세율 35%가 적용된다고 하자.

병의원을 양도하는 원장의 입장에서는 다음 두 가지의 방법 중 하나를 선택할 수 있다.

① 권리금을 신고하는 방법
세법에서는 부동산의 양도와 함께 지급되는 권리금은 양도소득으로 분류하고 있으나, 이와 별개로 지급되는 소득은 기타소득으로 분류하고 있다. 그리고 기타소득의 60%는 필요경비로 인정하고 있다. 따라서 병의원양도자는 권리금에 대해 다음의 세금을 추가로 납부해야 한다.

· 권리금에 의한 추가납부세액 = (1억 원−1억 원×60%)×35% = 1,400만 원

② 권리금을 무신고하는 방법
병의원인수자가 신고를 하지 않는 조건으로 양도자가 신고하지 않을 수 있다. 이렇게 되면 양수자 입장에서는 비용처리를 하는 것이 사실상 불가능해진다.

※ 병의원 양수도와 세무처리 요약
☑ 개별자산을 양수도하면 계산서(성형외과 등은 세금계산서) 등을 주고받아야 한다. 이때 권리금도 마찬가지다.

☑ 사업을 포괄적으로 양수도하면 계산서(세금계산서)를 주고받을 필요가 없다.

☑ 권리금을 지급하면 지급하는 쪽에서 원천징수의무를 이행해야 한다.

☑ 권리금을 지급하는 자는 5년간 감가상각비를 인정받을 수 있다.

사업양수도계약서 작성 시 핵심 포인트

병의원의 양수도와 관련해 사업양수도계약서를 잘 작성하는 것이 매우 중요하다. 여기서 사업양수도계약서는 사업 자체를 포괄적으로 넘기는 것에 관한 약정을 맺는 것을 말한다.

N씨와 B씨는 병의원을 양수도하기 위해 협상을 벌이고 있다. 양도자인 N씨 입장에서는 비품 등 유형자산과 부채 및 직원, 상호 등을 모두 넘기는 조건으로 3억 원을 요구하고 있다. 하지만 B씨는 비품 등의 가치가 1억 원에 불과하고 따라서 권리금이 과도해 2억 원에 양도해줄 것을 요구하고 있다. 그렇게 해서 협상한 결과 최종적으로 2억 5,000만 원에 인수가격이 결정되었다.
이러한 상황에서 사업양수도계약서를 작성할 때 가장 중요한 유형자산의 취득가액과 권리금은 어떤 식으로 표시가 되어야 하는가?

Solution | N씨와 B씨가 협상한 가격 2억 5,000만 원은 당해 사업장과 관련된 순자산(자산 - 부채)가액, 권리금(영업권)으로 구성되었다고 보아야 한다. 따라서 계약서에는 다음과 같은 내용이 표시되어야 한다. 단, 부채는 없다고 가정한다.

구분	금액	비고
자산*	1억 원	
부채	0	
권리금	1.5억 원	
계	2.5억 원	

* 실무적으로는 개별자산 항목별로 가격이 구체적으로 결정되어야 한다.

Consulting | 사업양수도 시에는 양수자산이나 영업권(권리금) 등을 장부에 기재해야만 추후 경비로 인정받을 수 있다. 이를 위해 사업양수도계약서가 있어야 하며 구체적인 자산이나 부채 등 평가와 함께 객관적인 영업권평가서가 있어야 한다(구체적이고 객관적인 평가가 없는 권리금은 경비로 인정받지 못함). 이를 위해서는 감정평가를 활용하는 것이 가장 최선의 방법이 된다.

사업의 인수 시 주의사항은 적정 인수가액 결정이 중요한데, 자산과 부채의 평가를 하는 경우 실제 존재 여부와 상태, 가공자산 여부, 부외부채의 존부 등을 살펴보는 것이 좋다(예 : 할부나 리스자산 등의 채무성격이 있는 자산이나 미지급금 등).

이렇게 세밀하게 파악한 재산상태와 영업권을 합해 인수가액을 산정하고 여기에 대한 권리의무를 명확히 하기 위해 공증을 해두면 좋으며 이때 인수시점을 기준으로 책임소재도 분명히 해야 한다. 한편 장비나 기계장치 비품 등은 인수시점에서 비용으로 처리되는 것은 아니며 일정기간 동안 감가상각을 해서 매년 일부분씩 경비로 인정되므로 계약 시 물품에 대한 명세와 개별 인수가액을 명시하면 개원 후 감가상각의 기초가액의 근거로 인정받을 수 있다.

※ **자산·부채·권리금 평가명세서 샘플**(감정평가에 의한 경우)   (단위 : 원)

일련번호	물건의 종류	수량	평가가액		비고
			단가	금액	
1	자산			100,000,000	
2	부채				차감항목
3	영업권			150,000,000	
계				250,000,000	

앞의 N씨와 B씨는 ① 돈을 어떤 식으로 지급하고 받아야 할지 ② 계산서는 어떻게 수수해야 하는지, 그리고 ③ 추후 소득세 정산을 어떻게 해야 하는지도 궁금하게 생각한다. 이 문제에 대한 답을 대략적으로 파악하면?

먼저, ①의 경우에는 2억 5,000만 원은 사업과 관련된 거래에 해당하므로 사업용계좌로 주고받는 것이 원칙이다. 한편 권리금은 기타소득으로 구분되므로 이를 지급하는 관점에서는 원천징수(기타소득의 40%×22% 적용)를 해야 한다.

둘째, ②의 경우에는 비품의 양도에 대해 계산서(성형외과 등 과세사업은 세금계산서)를 주고받는 것이 원칙이나, 사업을 포괄적으로 양도하는 경우에는 이를 발급하지 않아도 문제가 없다. 실무적으로 계산서 수수 없이 계약서와 지급증빙(통장사본)으로 이를 대신하고 있다.

셋째, ③의 경우에는 양도자인 N씨는 지급받은 권리금의 40% 상당액을 종합소득세 신고 때 합산신고를 하게 되며, 양수자인 B씨는 권리금을 5년간 균등하게 비용처리를 할 수 있다.

사업양수도계약서 작성법

사업양수도계약서 작성법에 대해서는 이 장의 [심층분석]을 참조하자.

인수한 병의원의 세무처리 절차

병의원을 인수하는 경우 사업장 마련이나 인테리어 설치 등에 대한 의사결정이 필요없다. 다만, 인수한 비품 등이나 권리금 등을 어떤 식으로 처리해야 문제가 없는지 등을 정확히 알고 있어야 사후에 문제가 없다. 이하에서는 인수한 병의원의 입장에서 해결해야 하는 세무문제를 살펴보고자 한다.

H씨는 기존 병의원을 인수하려고 한다. 인수자금은 총 1억 원으로 병의원 내 상호와 집기비품, 인테리어, 전화번호 및 환자 등 일체를 인수하는 조건이다. 다음 물음에 답하면?

☞ **물음 1** : 유형자산의 경우 잔존가치가 없는데, 두 사람이 5,000만 원으로 가격을 임의로 결정해도 되는가?
☞ **물음 2** : 유형자산 5,000만 원에 대해 계산서를 받아야 하는가?
☞ **물음 3** : 영업권 5,000만 원에 대해 H씨가 원천징수를 해야 하는가?

Solution | 물음은 병의원 양수도의 당사자 모두가 궁금하게 생각하는 것들이다. 물음에 순차적으로 답변해보자.

· **물음 1의 경우**

법에서는 비품 등 시설물 가액은 원칙적으로 시가에 의하나, 시가가 불분명한 경우에는 장부가액(취득가액에서 감가상각비를 차감한 가액을 말함) 등을 순차로 적용한 가액으로 평가하도록 하고 있다(서면4팀-1077, 2005. 06. 28). 이때 해당 자산의 잔존가치가 없음에도 당사자 간에 임의로 자산을 평가해 정상시가를 반영하지 아니한 경우가 '시가가 불분명'한 경우에 해당한다. 따라서 양수도자 간에 임의로 가격을 책정하는 경우에는 그 가격을 인정받지 못할 수 있다는 점에 유의해야 한다.

퀴즈!

실무적으로 유형자산가격은 어떻게 정하는 것이 좋을까?
수수료를 지급하더라도 감정평가를 하는 것이 안전하다.

· **물음 2의 경우**

계산서를 주고받는 것이 원칙이다. 다만, 앞의 병의원처럼 사업의 일체
를 포괄양수도하는 경우에는 이는 부가가치세법상 재화의 공급에 해당
하지 않아 계산서를 발급하지 않아도 문제가 없다(원칙 : 발급, 예외 : 포괄
양수도 시는 생략가능).

 퀴즈!

실무적으로는 어떻게 하는 것이 더 좋을까?
실무적으로 포괄양수도라도 계산서를 발급하는 것이 더 좋을 수도 있다.
지출근거가 확실히 남기 때문이다. 다만, 계약서는 별도로 반드시 구비
해야 한다.

· **물음 3의 경우**

부동산과 함께 양도하지 않는 영업권에 해당하는 경우에는 기타소득에
해당하는 것으로 이를 지급하는 H씨가 원천징수를 해야 한다. 기타소득
으로 원천징수할 금액은 다음과 같다.

· 기타소득에 대한 원천징수세액 =(5,000만 원-5,000만 원
　　　　　　　　　　　　　　　　×60%)×22%
　　　　　　　　　　　　　　　　=440만 원
· 차이지급액=5,000만 원-440만 원=4,560만 원

원천징수된 세액은 양도자의 종합소득세 신고 시 산출세액에서 기납부
세액으로 공제된다.

 퀴즈!

실무적으로 영업권 원천징수는 꼭 해야 하나?
실무적으로 양수자가 원천징수를 빠뜨리기 쉽다. 사업자등록 전에 이러
한 행위들이 일어나 관리가 되지 않기 때문이다. 하지만 양수자는 사업자
등록 후에 곧바로 원천징수 내용을 신고하는 것이 바람직하다.

Consulting | 병의원을 인수한 입장에서의 세무처리 절차를 알아보자.

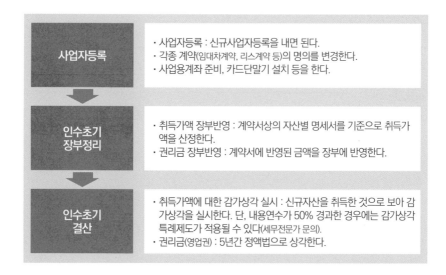

사업자등록	• 사업자등록 : 신규사업자등록을 내면 된다. • 각종 계약(임대차계약, 리스계약 등)의 명의를 변경한다. • 사업용계좌 준비, 카드단말기 설치 등을 한다.
인수초기 장부정리	• 취득가액 장부반영 : 계약서상의 자산별 명세서를 기준으로 취득가 액을 산정한다. • 권리금 장부반영 : 계약서에 반영된 금액을 장부에 반영한다.

인수초기
결산
	• 취득가액에 대한 감가상각 실시 : 신규자산을 취득한 것으로 보아 감
	  가상각을 실시한다. 단, 내용연수가 50% 경과한 경우에는 감가상각
	  특례제도가 적용될 수 있다(세무전문가 문의).
	• 권리금(영업권) : 5년간 정액법으로 상각한다.

실전연습 T씨는 병의원을 2억 원에 인수했다. 첫해 3개월의 매출은 5,000
만 원 정도가 되었다. 다음 자료를 보고 인수한 첫해의 당기순이
익을 예상하면?

자료를 가지고 다음 표에 숫자를 대입해보자.

구분	금액	근거
매출액	5,000만 원	
비용 개업 전 비용 인건비 등 감가상각비 무형자산상각비 이자비용	5,000만 원 500만 원 3,000만 원 500만 원 500만 원 500만 원	·개업 전 비용도 인정됨. ·(1억 원/5년)×3개월/12개월=500만 원 ·(1억 원/5년)×3개월/12개월=500만 원
당기순이익	0원	

만일 T원장이 개원한 첫 연도에 흑자를 내고 싶다면 어떻게 하면 될까?

이런 상황에서는 감가상각비와 무형자산상각비를 내년도 이후에 반영하면 된다.

구분	금액	근거
매출액	5,000만 원	
비용 개업 전 비용 인건비 등 감가상각비 무형자산상각비 이자비용	4,000만 원 500만 원 3,000만 원 500만 원	·감가상각비는 내년 이후에 반영가능함. ·무형자산상각비는 내년 이후에 반영가능함.
당기순이익	1,000만 원	

양도자의 권리금에 대한 소득세 정산

병의원 양수도에 있어서 양도자는 권리금에 대한 소득처리만 제대로 하면 큰 문제가 없다. 물론 사업양수도계약이 제대로 되어 있다는 관점에서 그렇다. 이하에서 양도자의 권리금과 관련된 세무상 쟁점문제들을 살펴보자.

L병의원이 병의원을 폐업하면서 포괄양수도가 아닌 개별자산을 양도하는 방법으로 비품 5,000만 원과 별도로 권리금 2,000만 원을 받고 병의원을 다른 원장에게 양도하려고 한다. 이 경우 다음의 예에 맞춘 실무처리방법은?

☞ **물음 1** : 비품의 양도와 권리금 수령에 대해 계산서를 발급해야 하는가? 계산서를 발급해야 한다면 인수자는 아직 개업 전이라 사업자등록번호가 없는데 어떻게 발급해야 하는가?
☞ **물음 2** : 비품매각대금과 권리금 수령금액은 사업장 현황 신고나 종합소득세 신고 때 어떤 식으로 반영해야 하는가?

Solution | 두 가지 물음은 병의원의 양도자 입장에서는 아주 중요한 문제에 해당한다. 어떤 식으로 실무처리가 되어야 하는지 알아보자.

· 물음 1의 경우

면세사업자인 의료업자가 면세사업에 사용하던 사업용 고정자산을 매각하는 경우 계산서를 발급하는 것이 원칙이다. 그런데 이때 인수자가 사업

개시 전으로써 사업자등록이 되어 있지 않는 경우에는 인수한 원장의 주민등록번호를 사업자등록번호 대신해 발급한다. 한편 권리금도 계산서의 발급대상이 되는 것으로 보며, 소득성격은 기타소득(지급 시 원천징수 의무가 있다)으로 구분된다.

· 물음 2의 경우

매각금액은 사업소득의 수입금액에 포함하고, 권리금은 기타소득으로 보아 과세하는 것이 원칙이다(기타소득금액이 300만 원 초과 시 종합합산과세된다).

※ 권리금의 소득분류법

☑ 부동산 양도와 함께 권리금을 받으면 이는 양도소득에 포함된다.
☑ 부동산 양도와 관계없이 권리금을 받으면 기타소득에 해당된다.

Consulting | 병의원 양수도 시 사업양도자의 입장에서는 다음과 같은 점에 주의해야 한다.

첫째, 계산서 발급에 관한 내용이다.
만일 비품 등 개별자산만을 양도하는 경우에는 포괄양수도가 아니므로 반드시 계산서를 발급해야 한다. 권리금도 계산서를 발급하는 것이 원칙이다. 다만, 포괄양수도 방식으로 사업일체를 양도하는 경우에는 계산서 발급을 생략할 수 있다.

둘째, 권리금의 신고 여부다.
양도자가 지급받은 권리금은 소득세법상 기타소득에 해당되어 종합소득세에 합산과세된다. 참고로 앞의 사례의 경우 이를 지급하는 자는 다음과 같은 방식으로 원천징수를 하게 되고, 양도자는 원천징수당한 세액을 종합소득세 신고 시 기납부세액으로 차감하게 된다.

권리금	필요경비(60%)	기타소득금액	원천징수세액*(22%)
2,000만 원	1,200만 원	800만 원	·소득세 : 160만 원 ·지방소득세 : 16만 원 ·계 : 176만 원

* 원천징수는 지급자가 하게 된다. 따라서 지급자가 원천징수를 하지 않은 상태에서는 가산세를 포함한 세금추징문제가 발생한다.

셋째, 폐업신고와 폐업 이후 행해야 할 신고의무다.

일단 폐업신고는 병의원 인수자가 사업자등록하기 전에 지체 없이 이루어져야 한다. 그리고 폐업신고 이후 양도자가 행할 세법상 의무는 다음과 같이 정리된다.

☑ 사업장 현황 신고(매입처별 세금계산서 합계표, 매입처별계산서합계표 포함) : 폐업일이 속하는 사업 연도의 다음 연도 2월 10일까지
☑ 원천징수이행상황신고서(반기별납부자인 경우) : 폐업일이 속하는 날의 다음 달 10일까지
☑ 지급명세서 : 폐업일이 속하는 날의 다음다음(일부는 다음) 달 말일까지
☑ 종합소득세 신고 : 폐업일이 속하는 날의 다음 연도 5월 31일(6월 30일)까지

실전연습　J원장은 2024년 6월에 A사업장을 폐업하고 B사업장을 개원했다. A사업장에서 발생한 소득은 병의원소득 1억 원, 권리금 1억 원이었다. B사업장에서는 손실 1억 원이 발생했다. 2024년 종합소득세 신고 때 J원장이 내야 할 세금은 대략 얼마가 될까? 단, 종합소득공제액은 4,000만 원이며 권리금에 대해서는 880만 원(지방소득세 포함)의 원천징수세액이 있었다.

자료에 따라 J원장이 내야 할 2024년의 세금을 계산하면 다음과 같다.

· 종합소득금액 = 1억 원(A병의원소득)+4,000만 원(권리금소득)−1억 원(B병의원소득)
　　　　　　　 = 4,000만 원
· 과세표준 = 0원(=4,000만 원−4,000만 원)
· 환급받을 세액 = 800만 원(지방소득세 80만 원 별도)

사업양수도계약서는 당해 병의원의 양수도와 관련해 반드시 작성해야 하는 것으로서 추후 권리의무관계에 중요한 역할을 담당하게 된다. 또한 양수자의 입장에서는 자산에 대한 취득가액을 입증할 수 있는 수단이 되기도 한다. 다음 사례를 통해 이에 대한 작성과정을 알아보자.

K씨는 학교 선배로부터 자신의 병의원을 인수해 개원하라는 제의를 받았다. 인수가액은 1억 5,000만 원이다. 기타 조건은 하나하나씩 따져가면서 정하기로 했다. K씨는 어떤 절차를 거쳐 의사결정을 해야 할까?

첫째, 제의한 금액에 대한 분석을 해보자.
제의한 금액 1억 5,000만 원은 당해 사업장과 관련된 순자산(자산 - 부채) 가액, 권리금(영업권) 등으로 구성되었다고 보아야 한다. 이를 항목별로 살펴보자. 먼저 순자산가액은 대차대조표상 자산가액에서 부채가액을 차감한 금액이다. 다음 표에서 순자산가액은 1억 원임을 알 수 있다.

(단위 : 백만 원)

항목			취득가액	상각액	잔액
자산	유동자산	미수금	20		20
		의약품재고	2		2
		계	22		22
	고정자산	임차보증금	50		50
		의료기기	50	30	20
		인테리어	100	60	40
		비품	20	12	8
		계	220	102	118
	자산 계		242	102	140

부채	유동부채	미지급금	10		10
		예수금	1		1
		계	11		11
	고정부채	퇴직급여충당금	5		5
		장기차입금	24		24
		계	29		29
	부채 계		40		40
순자산가액(자산 - 부채)			202	102	100

이상과 같이 순자산가액이 대략적으로 결정되었다면 나머지 금액 5,000만 원은 통상 권리금 또는 영업권에 해당하는 금액이라고 할 수 있다. 실무적으로 최근 1년 동안의 매출과 이익자료를 제출받아 이와 대조해보는 것도 괜찮다(세무전문가의 확인을 요한다).

둘째, 장부를 토대로 산출한 가액에 대해 타당성 검토를 한다.
통상 사업을 양수도할 때 장부 외의 자산이나 부채의 문제로 마찰을 일으킬 때가 많다. 따라서 각 항목에 대한 명세서를 가지고 하나하나씩 검토를 한다. 예를 들면 의약품재고액은 재고자산수불부나 재고자산명세서 등을 토대로 실물재고가 있는지를 확인한다.

셋째, 자산 및 부채를 어떻게 평가할 것인지 검토한다.
사업양수도를 통한 유형자산의 취득은 중고자산의 취득을 의미한다. 따라서 중고자산의 시세를 알 수 없는 경우에는 감가상각을 제외한 잔액을 유형자산가액으로 하는 경우가 많으나, 그렇다고 장부가액이 중고시세를 대변한다고 할 수는 없다. 따라서 중요한 물건, 예를 들면 건물이나 기계장치 등은 감정평가를 받아보는 것이 낫다. 한편 부채에 대한 검토도 해야 한다. 리스부채나 미지급금에 대한 적정성을 검토해야 하며, 종업원 인계와 퇴직급여의 관계도 검토해야 한다. 원칙적으로 병의원의 포괄양수도는 종업원의 인계 없이도 성립되나, 만일 종업원을 승계하는 경우에는 퇴직금의 승계 여부를 점검해야 한다. 만일 퇴직금을 병의원을 인수한 원장이 부담하는 경우라면 사업양수도 금액에 이를 반영시켜야 한다.

넷째, 순자산가액을 확정시켰다면 이제 영업권을 검토해야 한다.
영업권에 대한 평가는 현재의 병의원 인수로 인해 향후에 인수자에게 가져다주는 초과수익력이라고 볼 때 이 영업권의 금액이 타당성을 갖기 위해서는 과거 및 현재의 매출 확인, 그리고 미래의 수요추정과 이익추정이 선행되어야 한다. 과거의 영업현황을 보기 위해서는 최근 3개 연도의 매출자료와 손익계산서를 제출받아 검토를 하면 된다. 영업권 평가과정 없이 무턱대고 얼마의 영업권 금액을 지급하는 것은 바람직한 방법이 아니다. 감정평가사와 상의하기 바란다.

다섯째, 이상과 같은 검토를 거쳤다면 최종적으로 사업양수도계약서를 작성한다.
이 사업양수도계약서에는 중요한 사항을 많이 담고 있고 향후 계약에 대한 분쟁소지가 있을 수 있으므로 공증해두는 것도 좋다. 물론 계약서 이외의 인수항목에 대해서는 세부적인 목록을 첨부하도록 한다. 아래의 계약서 등의 샘플을 확인하기 바란다.

유형자산명세서

자산명	취득일	취득가액	감가상각누계액	기말잔액	재평가액	비고

사업양도·양수 계약서

"갑"이 운영하고 있는 ___의원의 사업에 관한 일체의 권리와 의무를 "을"에 포괄적으로 양도·양수함에 대해 다음과 같이 계약을 체결한다.

제 1 조 (목적) 본 계약은 "갑"이 운영하고 있는 "병·의원"의 사업에 관한 일체의 권리와 의무를 "을"에게 포괄적으로 양도함에 있다.

제 2 조 (사업승계) 사업양도·양수일 현재 "갑"과 거래중인 모든 거래처는 "을"이 인수하여 계속거래를 보장하며, 상호도 "을"이 계속 사용하기로 한다. 사업양도자 "갑"은 향후 __년간 본 의원이 속해 있는 __시(또는__구)에서 동종의 의원을 개설하지 못한다.

제 3 조 (양도·양수자산부채 및 기준일) "을"은 20 년 월 일을 양도·양수기준일로 하여 동일 현재의 "갑"의 장부상 자산총액과 부채총액을 인수하기로 한다.

제 4 조 (양도·양수자산 평가) 양도·양수가액은 제3조의 자산총액에서 부채총액을 차감한 잔액으로 하되 다음과 같이 수정 평가한다.
① 토지·건물은 감정평가가액으로 한다.
② 구축물과 의료장비 등 유형고정자산은 중고시세가 없는 경우 장부가액으로 한다.
③ 위 ①항을 제외한 자산과 부채는 장부가액으로 한다.
④ 양수도계약일 이후에 발견되는 장부외의 자산이나 부채는 "을"과 관계없는 것으로 한다.
⑤ 인수한 자산 및 부채의 항목은 별첨서식(아래)으로 작성하여 계약서에 첨부한다.

제 5 조 (양도·양수자산 평가액) 본 계약에서 양수도가액은 다음과 같이 정한다.

순자산가액	
권 리 금	
합 계	

제 6 조 (우발손실) 양도·양수계약을 체결한 이후에 갑의 귀책사유로 손해배상이 발생하는 경우, 그 손실액은 "갑"이 책임지며 당초 양수도가액에서 조정하기로 한다.

제 7 조 (종업원인계) "을"이 "갑"의 전 종업원을 신규채용에 의하여 전원인수, 계속근무케 하는 경우로서 사업양수일 이후 퇴직자가 발생할 때에는 종전 "갑"의 사업에서 근무하던 근속연수를 통산하여 퇴직금을 지급하기로 한다. 퇴직금은 원칙적으로 인계하는 것으로 한다.

제 8 조 (양도·양수대금의 지급) 양도·양수대금은 제5조에서 정한 방법에 의하여 계산된 금액을 지급하되 구체적인 지급방법과 지급기일은 "갑"과 "을"이 별도의 약정서에 의하여 정하기로 한다.

제 9 조 (협조의무) "갑"과 "을"은 이 계약에 따라 사업을 양수함에 따른 제반절차를 수행하는데 상호 적극협조를 해야 한다.

제10조 (기타) 본 계약규정 이외에도 사업양도·양수에 관하여 협정할 사항이 발생한 경우에는 "갑"과 "을" 쌍방 협의에 의하여 정하기로 한다.

이상의 계약에 대해 "갑", "을" 쌍방은 성실히 이행할 것을 약속하며, 후일 이를 증명키 위하여 본 계약서 2통을 작성 각 1통씩 보관키로 한다.

20 년 월 일

양도자   ㊞   양수자   ㊞
주 소   주 소

병의원 경영지원회사(MSO),
네트워크 병의원, 의료법인

MSO의 세금처리법

MSO(Management Service Organization)는 병의원 경영을 지원하는 회사를 말한다. 이하에서는 다른 병의원의 경영을 외곽에서 지원하고 있는 MSO의 세무문제를 살펴보자.

(주)하스피톨은 병의원 경영지원회사에 해당한다. 이 회사는 직접적인 의료행위는 하지 않고 각 병의원을 대신해 의료장비 구매, 인력관리, 진료비 청구, 경영컨설팅, 마케팅 등을 담당하고 있다. 이 회사에서는 다음과 같이 관리대가를 받고 있다. 이때 MSO가 받은 돈들에 대해서는 어떤 식으로 세무처리를 해야 할까?

☞ **물음 1** : 가입비(브랜드 사용과 기타 서비스이용대가) : 3,000만 원(부가가치세 별도)

☞ **물음 2** : 입회보증금(2년 경과 시 반환) : 2,000만 원(부가가치세 없음)

☞ **물음 3** : 월 수수료(정액) : 100만 원(부가가치세 별도)

Solution | 자료를 보고 세무처리방법에 대해 알아보자.

· **물음 1의 경우**
가입비는 브랜드 사용과 기타 서비스이용대가로 수수되는 금액을 말한다. 따라서 공급가액 3,000만 원은 매출에 해당하며, 이의 10%인 부가가치세는 별도로 국가에 납부해야 한다. 참고로 가입비는 계약기간에 걸쳐 안분계산해 매년 수익으로 계상한다. 만일 계약기간이 3년이라면 연간

1,000만 원씩 수익을 계상한다는 것이다.

· **입금 시**
(차변) 현금 3,300만 원 (대변) 선수수익 3,000만 원
예수부가가치세 300만 원
· **결산 시(1년차)**
(차변) 선수수익 1,000만 원 (대변) 매출(수익) 1,000만 원

· **물음 2의 경우**
반환이 되는 가입보증금은 부채에 해당한다. 한편 반환되는 보증금은 수입이 아니므로 부가가치세는 부과되지 않는다.

· **물음 3의 경우**
부가가치세를 제외한 수수료 수령액을 당해 연도의 매출로 계상한다.

Consulting | MSO와 그의 경영관리를 받는 병의원 간에 세금처리가 제대로 되지 않아 세무조사를 당하는 경우가 많다. 따라서 이에 관계되는 회사나 병의원들은 다음과 같은 점에 주의해야 한다.

① **가입비**
보통 가입비는 반환되지 않으므로 세금계산서가 발급되어야 한다. 만일 MSO가 세금계산서를 발급하지 않고 매출을 은닉하는 경우에는 세무조사 시 막대한 세금추징을 당하게 된다.

② **가맹보증금**
가맹보증금은 계약기간이 끝난 후에 되돌려 받는 금액이다. 따라서 이에 대해서는 세금계산서가 발급되지 않는 대신, 비용처리를 할 수 없다. 만약 비용처리를 한 경우라면 세금추징을 당할 수 있다(세무조사 시 계약서

등으로 이를 확인하게 된다).

③ 로열티

로열티는 매출액의 일부를 비율이나 정액(예 : 월 100만 원)으로 MSO에 지급하는 금액을 말한다. 이 금액을 주고받을 때에는 세금계산서가 수수되어야 한다. 이러한 처리를 제대로 하지 않으면 세무조사 시 문제가 된다.

※ MSO가입병의원 원장들이 주의할 점

☑ 가입병의원들은 '의료법'상 1인 1개의 의료기관을 개설한 것에 해당한다.

☑ 각 사업장에서 발생한 문제는 사업자등록 명의자가 책임져야 한다.

☑ 본인에게 주어진 가처분 소득이 얼마나 되는지를 확인해야 한다.

실전연습 ㈜성장은 MSO회사다. 이 병의원에서는 최근 지하철 및 버스 광고를 대대적으로 실시하면서 광고비로 1억 원을 사용했다. 가입한 회원병의원이 10개인 경우 어떤 식으로 광고비를 부담해야 하는가?

공통으로 발생한 광고비를 나누는 기준이 사전에 마련되어 있어야 한다. 일반적으로 매출액을 기준으로 배분하는 경우가 많다. 예를 들어 A병의원의 매출점유율이 20%라면 1억 원의 20%인 2,000만 원을 부담하는 식이다.

그런데 세무조사를 통해 광고선전비가 제대로 배분되지 않았음이 밝혀졌다고 하자. 이러한 상황에서는 과다하게 지급한 병의원은 경비를 인정받을 수 없게 된다. 예를 들어 A병의원이 B병의원이 부담할 광고선전비 1,000만 원을 대신 부담했다면 이 경비는 인정받을 수 없다는 것이다.

네트워크 병의원과 '의료법'

네트워크 병의원의 설립 및 운영을 두고 이런저런 이야기가 많다. 왜 그런지 '의료법' 제33조 규정을 보자. 그리고 이와 관련된 대법원판례도 살펴보자.

1. '의료법' 제33조

② 다음 각 호의 어느 하나에 해당하는 자가 아니면 의료기관을 개설할 수 없다. 이 경우 의사는 종합병의원·병의원·요양병의원 또는 의원을, 치과의사는 치과병의원 또는 치과의원을, 한의사는 한방병의원·요양병의원 또는 한의원을, 조산사는 조산원만을 개설할 수 있다〈개정 2009. 1. 30〉.

   1. 의사, 치과의사, 한의사 또는 조산사

   2. 국가나 지방자치단체

   3. 의료업을 목적으로 설립된 법인(이를 '의료법인'이라 한다)

   4. '민법'이나 특별법에 따라 설립된 비영리법인

   5. '공공기관의 운영에 관한 법률'에 따른 준정부기관, '지방의료원의 설립 및 운영에 관한 법률'에 따른 지방의료원, '한국보훈복지의료공단법'에 따른 한국보훈복지의료공단

⑧ 제2항 제1호의 의료인은 어떠한 명목으로도 둘 이상의 의료기관을 개설·운영할 수 없다. 다만, 2 이상의 의료인 면허를 소지한 자가 의원급 의료기관을 개설하려는 경우에는 하나의 장소에 한해 면허 종별에 따른 의료기관을 함께 개설할 수 있다〈신설 2009. 1. 30, 2012. 2. 1〉.

2. 대법원판례(요약)

① '의료법'에서 의사가 개설할 수 있는 의료기관의 수를 1개소로 제한

하고 있는 법의 취지는, 의사가 의료행위를 직접 수행할 수 있는 장소적 범위 내에서만 의료기관의 개설을 허용함으로써 의사 아닌 자에 의해 의료기관이 관리되는 것을 그 개설단계에서 미리 방지하기 위한 데에 있다.

② 자신의 명의로 의료기관을 개설하고 있는 의사가 다른 의사의 명의로 또 다른 의료기관을 개설해 그 소속의 직원들을 직접 채용해 급료를 지급하고 그 영업에 따라 발생하는 이익을 취하는 등 새로 개설한 의료기관의 경영에 직접 관여한 점만으로는 다른 의사의 면허증을 대여받아 실질적으로 별도의 의료기관을 개설한 것이라고 볼 수 없으나, 다른 의사의 명의로 개설된 의료기관에서 자신이 직접 의료행위를 하거나 무자격자를 고용해 자신의 주관 하에 의료행위를 하게 한 경우는 비록 그 개설명의자인 다른 의사가 새로 개설한 의료기관에서 직접 일부 의료행위를 했다고 하더라도 이미 자신의 명의로 의료기관을 개설한 의사로서는 중복해 의료기관을 개설한 경우에 해당한다(대법원 2003. 10. 23. 선고 2003도256 판결).

☞ 헌법재판소에서는 위의 규정이 위헌에 해당하는지의 여부에 대해 2019년 8월 29일 합헌으로 최종 판결을 내렸다.

네트워크 병의원의 비용처리법

네트워크 병의원은 동일한 상호이용, 표준화된 병의원관리 등을 위해 MSO(병의원 경영지원회사)를 중심으로 네트워크로 엮여 있는 병의원을 말한다. 이러한 병의원들에 대한 세무처리에 대해 알아보자.

L병의원(부가가치세 과세병과)은 진료만 하고 의료용품 등의 구매, 인력관리, 진료비 청구, 경영컨설팅, 마케팅 등을 외부의 회사에 맡기고 있다. 이러한 대가로 다음과 같은 금액을 지급한 경우 비용처리법은?

☞ **물음 1** : 가입비(브랜드 사용과 기타 서비스이용대가) : 3,000만 원(부가 가치세 별도)

☞ **물음 2** : 입회보증금(2년 경과 시 반환) : 2,000만 원(부가가치세 없음)

☞ **물음 3** : 월지급수수료 : 100만 원(부가가치세 별도)

Solution | 자료를 보고 세무처리방법에 대해 알아보자.

· **물음 1의 경우**

가입비는 브랜드 사용과 기타 서비스이용대가로 지급되는 것을 말한다. 이에는 세금계산서가 발급되므로 10%의 부가가치세가 발생한다. L병의 원은 부가가치세 과세업종을 영위하고 있으므로 이 부가가치세는 공제를 받을 수 있다. 참고로 지급한 가입비는 계약기간에 걸쳐 안분계산해 비용으로 계상한다. 만일 계약기간이 3년이라면 연간 1,000만 원씩 비용으로 계상한다는 것이다. 단, 편의상 부가가치세는 100% 공제받을 수 있다고 하자.

· **지급 시**

(차변) 선급비용 3,000만 원   (대변) 현금 3,300만 원
       부가가치세대급금 300만 원

· **결산 시**

(차변) 지급수수료 1,000만 원   (대변) 선급비용 1,000만 원

· **물음 2의 경우**

반환이 되는 가입보증금은 자산에 해당한다. 한편 반환되는 보증금은 비용에 해당하지 않으므로 부가가치세는 부과되지 않는다.

· **물음 3의 경우**

월 지급수수료로 지급되는 금액에서 부가가치세를 제외한 금액을 당해 연도의 비용으로 계상한다.

Consulting | 한때 광범위하게 퍼져나가던 네트워크 병의원의 세무상 장단점을 단독개원과 비교해보자.

구분	단독개원	네트워크형 개원
장점	· 의사결정이 쉬움. · 자유롭게 경영을 할 수 있음. · 특화된 진료나 경영기법을 프랜차이즈화 할 수 있음.	· 빠른 성과를 기대할 수 있음. (브랜드 공동사용, 공동구매, 공동교육, 공동마케팅 등) · 지역, 전문영역 한계 극복 · 광고 시장 개방에 능동적 대처 및 선점 · 주식회사병원형으로 전환 용이
단점	· 초기 투자자금이 과다하게 소요 · 마케팅 선택에서 시행착오를 거침. · 규모의 한계가 존재함. · 투자자금 회수가 늦음(매출증가 속도가 완만). · 경영리스크가 큼.	· 가맹비 등 초기자금이 과다 소요됨. · 가입 및 탈퇴가 힘들 수 있음. · 시너지효과 부진 시 조직 내 갈등이 심화될 수 있음. · 외부간섭이 심할 수 있음.

* 출처 : 《병·의원 세무실무》(조세통람사, 신방수 저)

실전연습　　A원장은 그동안 쌓아온 명성을 바탕으로 분원 1개소를 개원하기로 했다. 이때 A원장이 생각할 수 있는 운영방식은 여러 개가 있었으나 최종 다음 두 가지로 압축했다.

① 분원 원장에게 연봉 1억 원을 지급하고 세후이익의 100%를 가져오는 방법(A원장 투자)
② 분원의 세후이익에서 30%를 가져오는 방법(A원장 투자)

A원장은 이 중 어떤 방법으로 의사결정하는 것이 유리한지 궁금하다. 참고로 위의 내용은 '의료법'과 관련이 없다고 하자.

구분		① 급여지급 후 세후이익을 100% 수령 시	② 세후이익의 30% 수령 시	차이
예상매출액		3억 원	3억 원	–
예상비용 인건비 기타비용		2억 원 1억 원 1억 원	1억 원 0 1억 원	1억 원 1억 원 0
예상이익		1억 원	2억 원	△1억 원
소득세		1,956만 원[*1]	5,606만 원[*2]	△3,650만 원
가처분 소득		8,044만 원	1억 4,394만 원	△6,350만 원
A원장의 이익	지분	100%	30%	–
	이익	8,044만 원	4,318만 원	3,726만 원

[*1] : 1억 원×35% – 1,544만 원(누진공제) = 1,956만 원
[*2] : 2억 원×38% – 1,994만 원(누진공제) = 5,606만 원

내용을 분석해보면 ①의 방법이 ②의 방법보다 A원장에게 더 많은 이익을 가져다주는 것으로 보인다. 하지만 현실적으로 이 방법을 선택하기가 힘든 측면이 있다. 매출액이 유동적으로 변할 수 있기 때문이다. 만일 매출액이 축소되는 경우에는 월급은 고정적으로 발생하므로 이 경우에는 오히려 ②의 방법이 더 유리할 수 있다.

☞ 세법의 관점에서 보면 네트워크 병의원에 대한 세무상 쟁점은 매우 다양하다. 병의원의 소유권이나 지분관계 등이 복잡하기 때문이다. 그에 따라 세무조사 시 막대한 추징이 많이 발생하는 경우가 종종 있다. 네트워크 병의원 관계자들은 이러한 점에 유의해 사전에 세무리스크를 예방할 수 있어야 한다.

▶ MSO그룹의 이익조절원리

일반적으로 MSO는 주식회사의 형태로 되어 있으며, 이에 참여하는 병의
원들은 개인사업자의 형태로 되어 있다. 이들은 수수료를 주고받으면서
공생을 하게 되는데, 이때 수수료를 어떤 식으로 정하느냐에 따라 다양한
세금문제가 파생한다. 이에 대해 알아보자.

1. 수수료를 높게 한 경우

병의원 경영지원에 대한 수수료를 높게 책정한 경우에는 MSO의 매출은
증가하는 한편 병의원은 비용이 증가하게 된다. 따라서 다음과 같은 결
과가 예상된다.

- ☑ MSO → 법인세가 증가할 것으로 보인다.
- ☑ 각 병의원 → 소득세가 줄어들 것으로 보인다.
- ☑ 그룹 전체 → 일반적으로 법인세가 소득세보다 저렴하므로 그룹전체로
  볼 때에는 유리한 상황이 조성된다.

2. 수수료를 낮게 한 경우

병의원 경영지원에 대한 수수료를 낮게 책정한 경우에는 MSO의 매출
은 감소하는 한편 병의원은 비용이 줄어든다. 따라서 다음과 같은 결과
가 예상된다.

- ☑ MSO → 법인세가 줄어들 것으로 보인다.
- ☑ 각 병의원 → 소득세는 비용부족으로 증가할 수 있다.
- ☑ 그룹 전체 → 일반적으로 법인세가 소득세보다 저렴하므로 그룹전체로
  볼 때에는 소득세가 증가해 불리한 상황이 초래될 수 있다.

3. 특정 병의원만 수수료를 높게 또는 낮게 한 경우

병의원 경영지원에 대한 수수료를 특정 병의원만 높게 또는 낮게 책정한 경우에는 이에 대해서는 부당행위계산부인제도 등이 적용될 수 있다. 예를 들어 특정 병의원의 세금을 줄이기 위해 해당 병의원에 대한 수수료를 대폭 인상했다고 하자. 이 경우 다음과 같은 결과가 예상된다.

☑ MSO → 매출이 증가되어 법인세가 증가할 것으로 보인다(주주에 대한 증여세 등의 문제도 있을 수 있음).

☑ 각 병의원 → 정상 대가를 벗어난 부분은 비용으로 인정되지 않는다. 그 결과 소득세가 늘어날 것으로 보인다.

☑ 그룹 전체 → 세무조사 등에 의해 많은 세금을 낼 수 있다.

☞ 이러한 원리는 병의원이 자회사를 설립해 운영하는 원리와 동일하다. 참고로 MSO설립과 운영계획 등에 관련된 자세한 내용은 신방수 세무사의《가족법인 이렇게 운영하라》를 참조하거나, 신방수세무아카데미 네이버 카페로 문의하기 바란다.

의료법인의 설립

의료법인은 비영리법인에 해당하나 병의원에서 발생한 소득은 수익사업에서 발생한 소득에 해당되어 법인세가 과세된다. 다만, 의료법인은 이익이 나더라도 과세를 유보하는 조치인 고유목적사업준비금이라는 제도가 있어 실제 세금을 적게 내는 경우도 많다. 이하에서 의료법인에 대한 세금문제를 살펴보자.

병의원소득의 과세표준이 1,000만 원, 5,000만 원, 1억 원, 3억 원, 5억 원인 경우 개인과 법인의 세금의 크기를 비교해보라.

Solution | 주어진 내용대로 개인과 법인의 세금을 비교해보면 다음과 같다.

과세표준	개인 소득세(①)	법인 법인세(②)	차이액(=①-②)	판정
1,000만 원	60만 원	90만 원	△30만 원	개인 유리
5,000만 원	624만 원	450만 원	174만 원	법인 유리
1억 원	1,956만 원	900만 원	1,056만 원	법인 유리
3억 원	9,406만 원*1	3,700만 원*2	5,706만 원	법인 유리
5억 원	1억 7,406만 원	7,500만 원	9,906만 원	법인 유리

*1 : 3억 원×38%-1,994만 원(누진공제) = 9,406만 원
*2 : 3억 원×19%-2,000만 원(누진공제) = 3,700만 원

표를 보면 대부분의 구간에서 법인이 유리함을 나타내고 있다.

※ 의료법인의 세금특징

☑ 법인세율은 9~24%로써 개인 병의원의 6~45%와 차이가 난다.

☑ 법인의 이익에 대해서는 과세를 유보할 수 있다(고유목적사업준비제도 활용).

☑ 의료법인은 이익잉여금을 배당할 수 없다.

☑ 의료법인의 이사 등의 보수는 원칙적으로 이사회에서 결정된 한도 내에서 지급되어야 한다.

Consulting | 실무적으로 개인 병의원의 세금제도가 의료법인보다 불리해 보이는데, 그 이유를 보면 다음과 같다.

첫째, 세율이 높다.

개인 병의원은 6~45%, 법인은 9~24%(2억 원 이하 9%, 2~200억 원 이하 19%, 200~3,000억 원 이하 21%, 3,000억 원 초과 24%)가 적용된다.

둘째, 성실신고확인제도가 적용되고 있다.

이 제도는 연간 매출액이 5억 원 이상이 되면 세무대리인으로 하여금 비용 등을 건별로 검증하도록 하는 제도를 말한다. 그런데 법인사업자에게는 이 제도가 적용되지 않는다. 법인의 경우 모든 입출금이 장부와 각종 증빙서류를 중심으로 확인 가능하므로 굳이 이러한 제도를 두지 않아도 되기 때문이다(단, 2018년부터 일정한 임대법인 등은 이 제도가 적용됨).

셋째, 사업용계좌제도가 적용되고 있다.

개인 병의원 중 복식부기의무자(연간 매출액이 7,500만 원 이상인 경우)에 대해 사업용계좌제도가 적용되고 있다. 이 제도는 사업과 관련된 입출금을 모두 국세청에 신고한 사업용계좌로 하도록 하는 제도를 말한다.

※ 개인 병의원이 의료법인으로 전환하는 방법

☑ 사전에 개인과 의료법인 간의 차이점을 명확히 이해해야 한다.

☑ 의료법인의 설립은 관할 시·도지사의 허가를 받아야 하는데, 기본재산 등이 부족하면 설립자체가 매우 힘든 것이 현실이다(다음 Tip 참조).

☑ 부동산을 출연하는 경우 세금처리법을 이해해야 한다(사전에 전문가의 컨설팅을 받아야 한다).

실전**연습** 수입금액이 10억 원이고, 표준소득률이 30%인 병의원소득에 대한 개인과 법인의 세금차이는 얼마나 될까? 그리고 이처럼 계산된 세금을 줄일 수 있는 방법은?

물음에 맞춰 답을 찾아보자. 먼저 세금계산을 해보자.

구분	개인으로 운영	법인으로 운영	차이
수입금액	10억 원	10억 원	-
소득률	30%	30%	-
소득금액	3억 원	3억 원	-
세율	38%	19%	-
누진공제	1,994만 원	2,000만 원	-
산출세액	9,406만 원	3,700만 원	5,706만 원

다음으로 세금을 줄일 수 있는 방법을 찾아보자.

개인은 소득공제 등이 정확히 계상되었다면 더 이상의 절세는 힘들다. 하지만 비영리법인인 의료법인의 경우 고유목적사업준비금제도를 이용하면 세금이 확 줄어들 수 있다. 이 제도는 의료법인이 건물, 토지, 의료기기 등을 쉽게 취득할 수 있도록 소득금액(사례의 경우 3억 원)에 법에서 정한 율(50%)을 곱한 금액 상당액을 비용처리해 세금을 부과하지 않는 제도를 말한다. 따라서 이를 반영해 법인세를 계산하면 다음과 같다.

구분	당초	변경	차이
수입금액	10억 원	10억 원	-
소득률	30%	30%	-
소득금액	3억 원	3억 원	-
고유목적사업준비금	0	1.5억 원	
수정 후 소득금액	3억 원	1.5억 원	
세율	19%	10%	-
누진공제	2,000만 원	-	
산출세액	3,700만 원	1,500만 원	2,200만 원

☞ 고유목적사업준비금제도를 통해 세금혜택을 본 의료법인은 향후 5년 내에 다음과 같은 자산을 취득해야 한다. 만일 이를 취득하지 않으면 혜택이 취소되는 등의 불이익이 발생한다.

- 병원건물 및 부속토지
- 의료기기 중 취득가액이 100만 원 이상인 의료기기
- 초음파영상기, 자기공명영상기, 양전자단층촬영기 등

참고로 의료법인의 해외진출을 지원하기 위해 위의 고유목적사업준비금 사용범위에 해외진출사업비*를 추가한다(법인세법 시행령 제56조 참조).

* 건물 임차 및 인테리어 비용, 의료기기 리스료, 전산기기 임차료, 컨설팅 비용, 법률검토비용, 홍보비, 광고료 등을 말한다.

의료법인 설립

의료법인을 설립하기 위해서는 기본적인 재산이 있어야 하며, 궁극적으로 관할 시·도지사의 허가를 받아야 한다. 출연하고자 하는 재산의 내용이 빈약하면 설립허가를 받기가 상당히 힘들다. 허가조건을 대략적으로 알아보면 다음과 같다.

구분		
자산	기본재산	· 대지, 건물, 현금(또는 유가증권)
	보통재산	· 병원 운영에 필요한 장비 및 운영비 등
기본재산	대지 및 건물	· 신축 시 병원건립에 충분하다고 인정되는 대지와 1병상당 3,000만 원 이상의 현금자산
	시설기준	· 의료법상 종합병원급(100병상 이상)
	병원연면적	· 1병상당 50㎡ 이상
부채		· 기본재산의 40% 이하
비고		· 의료법인 분사무소 설치 시에도 종합병원급

이러한 허가기준은 각 지자체에서 의료법과 보건복지부의 의료기관개설 및 의료법인 설립운영 편람 등을 참조해 달리 정할 수 있다(관할 시·군·구청에 문의).

비영리법인이 태어나면서부터 청산할 때까지의 세금문제를 보면 다음과 같다. 자세한 것들을 세무전문가와 함께하기 바란다.

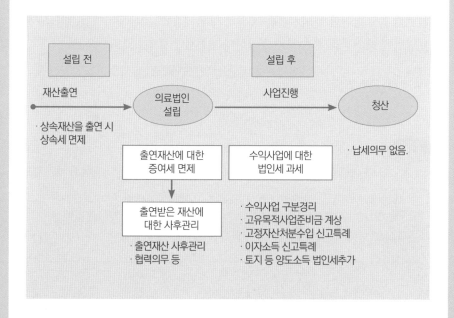

의료법인은 수입금액을 공익목적에 사용하지 않으면 증여세 등이 부과되므로 이익잉여금을 보유하지 않는 것이 원칙이다. 참고로 2018년 이후부터는 공익법인에 대한 투명성 제고를 위해 회계기준이 마련되었다. 관련 규정(상증법 §50의6 신설)을 참조하기 바란다.

부록 편

병과별
주요 세금특징

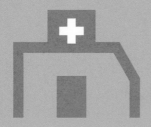

'부록 편'에서는 병과별로 주요 세금특징에 대해 알아본다. 구체적으로 표준소득률 대비 얼마의 세금이 예상되는지 그리고 세무조사 등에 있어서 주의해야 할 내용들을 정리한다. 자세한 내용들을 앞의 본문을 통해 정리하면 될 것이다.

〈핵심주제〉

이 편에서 다루고 있는 핵심주제들은 다음과 같다.
• 성형외과의 주요 세금특징에 대해 알아본다.
• 치과의 주요 세금특징에 대해 알아본다.
• 안과의 주요 세금특징에 대해 알아본다.
• 피부과·비뇨기과의 주요 세금특징에 대해 알아본다.
• 한의원의 주요 세금특징에 대해 알아본다.
• 내과, 산부인과, 정신과, 이비인후과 등의 주요 세금특징에 대해 알아본다.

성형외과

성형외과는 대표적으로 과세관청의 표적이 되는 과다. 이하에서는 성형외과의 세금특징 등에 대해 알아보자.

서울 강남구 압구정동에서 성형외과를 운영하고 있는 박청수 씨는 현재 개업 10년 차를 맞고 있다. 그가 한 해에 벌어들인 수입금액은 대략 10억 원 선이다. 그가 내야 할 세금은 얼마 정도 될까? 단, 소득공제액은 1,000만 원이라고 한다.

Solution | 먼저 성형외과의 단순경비율을 확인해보면 다음과 같다.

코드번호	종목		적용범위 및 기준	단순경비율
	세분류	세세분류		
851209	의원	· 일반의원	· 성형외과 · 고문료, 수당, 기타 이와 유사한 대가 포함	42.7

이런 내용을 바탕으로 세금을 예측해보면 다음과 같다.

구분	금액	비고
수입금액	10억 원	
×표준소득률	57.3%	100%-42.7% = 57.3%
=소득금액	5억 7,300만 원	
−종합소득공제액	1,000만 원	가정
=과세표준	5억 6,300만 원	
×세율	42%	
−누진공제	3,594만 원	
=산출세액	200,520,000원	
총부담세액	220,572,000원	지방소득세 10% 포함
조세부담률	22.0%	수입금액 대비

성형외과의 세금특징

- ☑ 표준소득률이 57.3%에 이른다(실제로 더 높은 경우도 있다).
- ☑ 수입이 5억 원 이상 시 성실신고확인제도가 적용된다.
- ☑ 미용목적 수술에는 부가가치세가 부과되므로 과세-면세 비율관리에 특히 신경을 써야 한다.
- ☑ 사업장 현황 신고 대신 부가가치세 신고를 하게 된다.
- ☑ 현금영수증 의무발급자에 해당한다.
- ☑ 마취대장, 의약품수불대장 등의 주요의약품 관리대장을 작성하는 것이 좋다.
- ☑ 마취제, 보톡스 구입량 및 투입량을 누락해 수입금액을 누락하면 문제가 된다.
- ☑ 실리콘, 콜라겐 등 주요 소모품을 무자료로 구입해 수입금액 축소 및 누락하는 경우도 있다.
- ☑ 연예인, 유학생 및 외국인에 대한 현금수입 누락 여부를 조사할 수 있다.
- ☑ 외국인 유치환자에 대한 성형수술로 인해 발생한 부가가치세는 사후환급을 받을 수 있다. 다만, 이를 위해서는 외국인 환자 유치기관으로 등록을 해야 한다(외국인 환자 유치 정보시스템 홈페이지 참조). 2025년 말까지 한시적으로 적용된다.

※ 저자 주

성형외과에서 환자를 유치하기 위해 지급하는 알선수수료가 의료법을 위반한 경우에는 관련 비용이 인정되지 않을 수 있다. 저자와 상의하기 바란다.

세무조사 대상자 분석사례와 대응방법

서울 압구정동에 위치한 최고성형외과는 5년 차 되는 병의원이다. 이 병의원의 원장 K씨는 세무조사 때문에 걱정이 많다. 세무조사가 나올 가능성이 높다는 생각 때문이다. 개원한 지 5년이 지나 이러한 생각이 들었던 것이다. 그렇다면 K씨의 병의원은 어떤 식으로 해서 세무조사를 받게 될까? 지금부터는 주로 과세관청이 어떤 식으로 세무조사 대상자를 추려내는지, 이에 대해 알아보고 그에 맞는 대응방법을 알아보자.

1. 세무조사 대상자 분석사례

과세관청은 병의원이 제출한 신고서 등을 통해 전산으로 수입금액과 경비분석을 한다. 이를 통해 업종 평균과 얼마나 차이가 나는지 매출누락액이 얼마나 되는지 등을 추정한다.

(1) 수입금액 분석

수입금액 분석은 해당 업체의 수입금액과 수입금액 결제비율이 업종 평균에 비해 얼마나 차이가 나는지를 분석하는 것을 말한다.

(단위 : 만 원, %)

귀속 연도	구분	수입금액				수입금액결제비율					
		계 ①		비보험 ②		신용카드(지로 등)		현금영수증		현금매출 ③	
		금액	증가율	금액	비율	금액	비율	금액	비율	금액	비율
20×0	해당 업체										
	업종 평균										
20×9	해당 업체										
	업종 평균										
20×8	해당 업체										
	업종 평균										

☞ 전산분석

· 비보험 비율(②/①)이 업종 평균과 얼마나 차이가 나는가?
· 현금매출 비율(③/①)이 업종 평균과 얼마나 차이가 나는가?

이러한 수입금액 분석을 통해 해당 업체의 수입금액을 추정해 볼 수 있다. 예를 들어 최고성형외과의 비보험수입이 8억 원이고 해당 업체의 비보험수입 비율이 90%(업종 평균 60%)이라면 이 비율에 의한 추정 비보험수입은 다음과 같이 계산할 수 있다.

· 해당 업체의 비보험수입×(해당 업체 비율/업종 평균 비율)
  = 8억 원×(90%/60%) = 12억 원

이 분석으로 보건대 비보험수입 비율이 동종업계와 차이가 나는 경우에는 매출누락의 혐의가 커지게 된다는 것을 알 수 있다.

(2) 기본경비 분석

기본경비 분석은 해당 업체의 인건비와 매입비, 임차료 등 주요 비용과 이에 대한 정규증빙 수취 내역이 업종 평균과 얼마나 차이가 나는지를 분석하는 것을 말한다.

(단위 : 만 원, %)

귀속연도	구분	기본경비										정규증빙 수취 내역							
		합계④		인건비⑤		매입액⑥		임차료⑦		기타		계⑧		계산서		세금계산서		신용카드 등	
		금액	비율	금액	비율	금액	비율	금액	비율	금액	비율	금액	비율	금액	비율	금액	비율	금액	비율
20×0	해당업체																		
	업종평균																		
20×9	해당업체																		
	업종평균																		
20×8	해당업체																		
	업종평균																		

☞ 전산분석

· 수입금액 대비 기본경비 비율(④/①)이 업종 평균과 얼마나 차이가 나는가?
· 수입금액 대비 인건비 비율(⑤/①)이 업종 평균과 얼마나 차이가 나는가?
· 수입금액 대비 매입비 비율(⑥/①)이 업종 평균과 얼마나 차이가 나는가?
· 수입금액 대비 임차료 비율(⑦/①)이 업종 평균과 얼마나 차이가 나는가?
· 정규증빙 수취 비율(⑧/①)이 업종 평균과 얼마나 차이가 나는가?

이러한 기본경비 분석을 통해 수입금액을 추정해볼 수 있다. 예를 들어 최고성형외과의 총수입금액이 10억 원이고 해당 업체의 기본경비 비율이 90%(업종 평균 70%)라면 이 비율에 의한 추정 총수입금액은 다음과 같이 계산할 수 있다.

· 해당 업체의 총수입금액×(해당 업체 비율/업종 평균 비율)
  = 10억 원×(90%/70%) = 약 12억 8,500만 원

이 분석으로 보건대 기본경비 비율이 동종업계와 차이가 나는 경우에는 매출누락의 혐의가 커지게 된다는 것을 알 수 있다.

(3) 주요경비 분석
주요경비 분석은 해당 업체의 의약품 소모량 등이 업종 평균과 얼마나 차이가 나는지를 분석하는 것을 말한다.

(단위 : 만 원, %)

귀속 연도	구분	치료의약품 ⑨		의료소모품 ⑩		마취제사용량					
						합계 ⑪		국부마취제 ⑫		전신마취제 ⑬	
		금액	비율	금액	비율	금액	비율	금액	비율	금액	비율
20×0	해당 업체										
	업종 평균										
20×9	해당 업체										
	업종 평균										
20×8	해당 업체										
	업종 평균										

☞ 전산분석

· 수입금액 대비 치료의약품비 비율(⑨/①)이 업종 평균과 얼마나 차이가 나는가?
· 수입금액 대비 의료소모품비 비율(⑩/①)이 업종 평균과 얼마나 차이가 나는가?
· 수입금액 대비 마취제 사용량 비율(⑪/①)이 업종 평균과 얼마나 차이가 나는가?
  - 국부마취제 비율(⑫/①)이 업종 평균과 얼마나 차이가 나는가?
  - 전신마취제 비율(⑬/①)이 업종 평균과 얼마나 차이가 나는가?

최고성형외과의 총수입금액이 10억 원이고 치료의약품비 비율이 5%(업종 평균은 3%)이라면 이 비율에 의한 추정수입금액은 다음과 같이 계산할 수 있다.

· 해당 업체의 총수입금액×(해당 업체 비율/업종 평균 비율)
  = 10억 원×(5%/3%) = 약 16억 원

이 분석을 통해 보건대 치료의약품비 등의 규모가 동종업계와 차이가 나는 경우에는 매출누락의 혐의가 커지게 된다는 것을 알 수 있다.

☞ 이러한 모형은 모든 병과에 동일하게 적용할 수 있다.

2. 대응방법

이 모형은 과세관청의 빅데이터를 근거로 분석이 되므로 개별 병의원의 경영내용이 업종 평균에 미달하면 세무리스크가 올라간다는 문제점을 내포하고 있다.

따라서 각 병의원이 이러한 문제점을 예방하기 위해서는 평소에 세무관리를 치밀히 하는 것이 좋을 것으로 보인다.

이때 다음과 같은 예산개념을 활용해 세무관리를 하면 금상첨화가 되지 않을까 싶다. 자세한 것은 저자 등을 통해 알아보기 바란다.

구분			1월	2월	···	12월	계
신고할 금액	예상매출액						
	표준소득률	국세청고시					
	소득금액	매출×소득률					
	필요경비금액①	매출−소득금액					
예산	치료의약품비	매출대비 5%*					
	의료소모품비	매출대비 3%					
	인건비	매출액의 15%					
	퇴직급여	인건비의 8%					
	복리후생비	인건비의 10%					
	접대비	월 200만 원					
	임차료	계상서상의 금액					
	감가상각비	이익조절수단					
	통신비	월 100만 원					
	이자비용	월 200만 원					
	기타	월 500만 원					
	총비용 계②						
비용부족 계(①-②)							
전략	광고시행						
	수익모델개발						
	신기계 대체						
	감가상각비 이연						
	세무컨설팅						
	기타						

* 수치들은 저자들이 가정한 것임.

☞ 이렇게 예산을 세운 뒤에 분기 등의 결산을 통해 실적과 비교해 경비(월별) 등이 누락이 되었는지, 소득률이 적정하게 관리되고 있는지 등을 알수 있고, 발생한 문제점들에 대한 대책을 만들 수 있다.

 치과

치과는 성형외과와는 달리 보험수입과 비보험수입이 혼재하는 과에 해당한다. 이하에서는 치과의 세금특징 등에 대해 알아보자.

서울 강남구 역삼동에서 치과를 운영하고 있는 김영수 씨는 현재 개업 10년 차를 맞고 있다. 그가 한 해에 벌어들인 수입금액은 대략 10억 원 선이다. 그가 내야 할 세금은 얼마 정도 될까? 단, 소득공제액은 1,000만 원이라고 한다.

Solution | 먼저 최과의 단순경비율을 확인해보면 다음과 같다.

코드번호	종목		적용범위 및 기준	단순경비율
	세분류	세세분류		
851211	의원	· 치과의원	· 치과의원 · 고문료, 수당, 기타 이와 유사한 대가 포함	61.7

이런 내용을 바탕으로 세금을 예측해보면 다음과 같다.

구분	금액	비고
수입금액	10억 원	
×표준소득률	38.3%	100%-61.7%
=소득금액	3억 8,300만 원	
-종합소득공제액	1,000만 원	가정
=과세표준	3억 7,300만 원	
×세율	40%	
-누진공제	2,594만 원	
=산출세액	123,260,000원	
총부담세액	135,586,000원	지방소득세 10% 포함
조세부담률	13.5%	수입금액 대비

치과의 세금특징

☑ 소득률이 38.3%에 이른다.

☑ 수입이 5억 원 이상 시 성실신고확인제도가 적용된다.

☑ 치과재료 구입액을 통한 비보험매출의 누락 여부가 밝혀지는 경우가 많다.

☑ 치과는 세무비율관리와 재고관리가 세무관리의 핵심이라고 할 수 있다.

☑ 사업자등록을 한 치과기공사의 용역에 대해서는 계산서를 받는 것이 원칙이다.

☑ 거래처로부터 임플란트, 브라켓, 크라운 구입내역을 조사하는 경우가 있다.

☑ 현금영수증 의무발급자에 해당한다.

☑ 치과재료상, 치과기공소로부터 매입자료를 누락하고 이에 대응하는 수입금액을 누락하는 경우도 있다.

☑ 장비관리대장을 운용하는 것도 좋다(의자 대수로 매출 역산 등에 대비).

안과

안과는 주로 보험수입이 많은 과에 해당한다. 다만, 비보험수입의 비중이 큰 병의원도 많다. 이하에서는 안과의 세금특징 등에 대해 알아보자.

서울 서초구 서초동에서 안과를 운영하고 있는 김영선 씨는 현재 개업 10년 차를 맞고 있다. 그가 한 해에 벌어들인 수입금액은 대략 10억 원 선이다. 그가 내야 할 세금은 얼마 정도 될까? 단, 소득공제액은 1,000만 원이라고 한다.

Solution | 먼저 안과의 단순경비율을 확인해보면 다음과 같다.

코드번호	종목		적용범위 및 기준	단순경비율
	세분류	세세분류		
851205	의원	· 일반의원	· 안과 · 고문료, 수당, 기타 이와 유사한 대가 포함	69.5

이런 내용을 바탕으로 세금을 예측해보면 다음과 같다.

구분	금액	비고
수입금액	10억 원	
×표준소득률	30.5%	100%-69.5%
=소득금액	3억 500만 원	
-종합소득공제액	1,000만 원	가정
=과세표준	2억 9,500만 원	
×세율	38%	
-누진공제	1,994만 원	
=산출세액	92,160,000원	
총부담세액	101,376,000원	지방소득세 10% 포함
조세부담률	10.1%	수입금액 대비

안과의 세금특징

☑ 소득률이 30.5%에 이른다.

☑ 수입이 5억 원 이상 시 성실신고확인제도가 적용된다.

☑ 안과의 의료장비는 매우 고가에 해당한다(리스계약서 등을 잘 관리해야 한다). 이러한 의료기기를 구입(금융리스 포함)한 경우 구입금액의 10% 상당액을 투자세액공제로 받을 수 있다. 다만, 수도권 내의 병의원은 신규 투자는 공제가 되지 않으며 대체 투자만 공제가 허용된다.

☑ 부품교체 시에도 반드시 견적서를 받아 놓는다(엑시머레이저 헤드 교체 등). 금액이 표기되지 않은 서비스리포트 등만 받아놓을 경우 감가상각비 부인의 여지가 있기 때문이다.

☑ 쌍꺼풀 등 미용목적 시술 시 겸업사업자(일반과세자)로 등록해야 한다.

☑ 현금영수증 의무발급자에 해당한다.

☑ 라식/라섹 등의 수술은 방학 때 집중되는 경향이 있다.

☑ 세무조사 시 예를 들어, 수술용 칼날(Blade)은 대개 1회용임을 활용해 매출을 역산하므로, 주요재료에 대한 재고관리를 잘 할 필요가 있다.

피부·비뇨기과

피부·비뇨기과는 진료항목에 따라 보험수입이나 비보험수입의 크기가 달라지는 과에 해당한다. 이하에서는 피부·비뇨기과의 세금특징 등에 대해 알아보자.

서울 강남구에서 피부·비뇨기과를 운영하고 있는 김피부 씨는 현재 개업 10년 차를 맞고 있다. 그가 한 해에 벌어들인 수입금액은 대략 10억 원 선이다. 그가 내야 할 세금은 얼마 정도 될까? 단, 소득공제액은 1,000만 원이라고 한다.

Solution | 먼저 피부·비뇨기과의 단순경비율을 확인해보면 다음과 같다.

코드번호	종목		적용범위 및 기준	단순경비율
	세분류	세세분류		
851204	의원	·일반의원	·피부과, 비뇨기과 ·고문료, 수당, 기타 이와 유사한 대가포함	68.3

이런 내용을 바탕으로 세금을 예측해보면 다음과 같다.

구분	금액	비고
수입금액	10억 원	
×표준소득률	31.7%	100%-68.3%
=소득금액	3억 1,700만 원	
-종합소득공제액	1,000만 원	가정
=과세표준	3억 700만 원	
×세율	40%	
-누진공제	2,594만 원	
=산출세액	96,860,000원	
총부담세액	106,546,000원	지방소득세 10% 포함
조세부담률	10.6%	수입금액 대비

Tip

피부·비뇨기과의 세금특징

- ☑ 소득률이 31.7%에 이른다.
- ☑ 수입이 5억 원 이상 시 성실신고확인제도가 적용된다.
- ☑ 현금영수증 의무발급자에 해당한다.
- ☑ 비보험수입 비중이 큰 경우에는 세무조사의 가능성이 높아진다.
- ☑ 외국인 유치환자에 대한 미용수술로 인해 발생한 부가가치세는 사후환급을 받을 수 있다.
- ☑ 면세에서 과세로 사업자유형을 변경하는 경우가 있다.
- ☑ 마취제 구입량 조작 및 마취과의사 초빙 기록 삭제로 대응 수입금액 누락이 있을 수 있다.
- ☑ 미용화장품 판매 수입금액 누락이 있을 수 있다.
- ☑ 에스테틱, 탈모 케어 등의 진료와 코스메틱 등의 물품판매에 대한 세무관리에 신경써야 한다.
- ☑ 비뇨기과 수술비에 대한 수입금액 누락이 있을 수 있다.

한의원

한의원의 경우 대부분 보험수입만으로 매출이 발생한다. 이하에서는 한의원의 세금특징 등에 대해 알아보자.

서울 서초구 서초동에서 한의원을 운영하고 있는 김지나 씨는 현재 개업 10년 차를 맞고 있다. 그가 한 해에 벌어들인 수입금액은 대략 10억 원 선이다. 그가 내야 할 세금은 얼마 정도 될까? 단, 소득공제액은 1,000만 원이라고 한다.

Solution | 먼저 한의원의 단순경비율을 확인해보면 다음과 같다.

코드번호	종목		적용범위 및 기준	단순경비율
	세분류	세세분류		
851212	의원	· 한의원	· 한의원 · 고문료, 수당, 기타 이와 유사한 대가 포함	56.6

이런 내용을 바탕으로 세금을 예측해보면 다음과 같다.

구분	금액	비고
수입금액	10억 원	
×표준소득률	43.4%	100%-56.6%
=소득금액	4억 3,400만 원	
-종합소득공제액	1,000만 원	가정
=과세표준	4억 2,400만 원	
×세율	40%	
-누진공제	2,594만 원	
=산출세액	143,660,000원	
총부담세액	158,026,000원	지방소득세 10% 포함
조세부담률	15.8%	수입금액 대비

한의원 세금의 특징

☑ 소득률이 43.4%에 이른다.

☑ 수입이 5억 원 이상 시 성실신고확인제도가 적용된다.

☑ 재료비율이 다른 병과에 비해 상당히 높다.

☑ 최근 피부나 비만, 탈모 등의 진료를 하는 경우가 증가하고 있다.

☑ 현금영수증 의무발급자에 해당한다.

☑ 추나진단기, 저주파치료기, 광선치료기, 전기침, 간섭파 등 주요 장비 사용대장 관리를 잘 해야 한다.

☑ 세무조사 시 한약재 사용량에 의해 수입금액 추정을 하기도 한다(예 : 한약의 70% 정도에 들어가는 감초는 1개당 80g 사용 등).

☑ 세무조사 시 원내 탕전실이 있는 경우에는 택배영수증을 통해 배달분 수입금액을 조사하고, 원외 탕전실이 있는 경우에는 계산서 수수 여부를 조사하는 경향이 있다.

내과/산부인과/신경과/이비인후과/ 마취과/결핵과/가정의학과/재활의학과

내과, 산부인과 등은 대부분 보험수입으로만 매출이 발생한다. 내과, 산부인과 등에 대한 세금특징 등에 대해 알아보자.

서울 서초구 서초동에서 개원하고 있는 박산수 씨는 현재 개업 10년 차를 맞고 있다. 그가 한 해에 벌어들인 수입금액은 대략 10억 원 선이다. 그가 내야 할 세금은 얼마 정도 될까? 단, 소득공제액은 1,000만 원이라고 한다.

Solution | 먼저 내과, 산부인과 등의 단순경비율을 확인해보면 다음 과 같다.

코드번호	종목		적용범위 및 기준	단순경비율
	세분류	세세분류		
851201	의원	· 일반의원	· 일반과, 내과, 소아과 · 고문료, 수당, 기타 이와 유사한 대가 포함	70.5
851202	의원	· 일반의원	· 일반외과, 정형외과 · 항문과, 신경외과 포함 · 고문료, 수당, 기타 이와 유사한 대가 포함	74.8
851207	의원	· 일반의원	· 산부인과 · 고문료, 수당, 기타 이와 유사한 대가 포함	65.0
851206	의원	· 일반의원	· 이비인후과 · 고문료, 수당, 기타 이와 유사한 대가 포함	73.1
851219	의원	· 일반의원	· 마취과, 결핵과, 가정의학과, 재활의학과 등 · 고문료, 수당, 기타 이와 유사한 대가 포함	31.3

이런 내용을 바탕으로 세금을 예측해보면 다음과 같다.

구분	내과/소아과	정형외과	산부인과	이비인후과	마취과 등
수입금액	10억 원	10억 원	10억 원	10억 원	10억 원
×표준소득률	29.5%	25.2%	35%	26.9%	31.3%
=소득금액	2억 9,500만 원	2억 5,200만 원	3억 5,000만 원	2억 6,900만 원	3억 1,300만 원
−종합소득공제액	1,000만 원	1,000만 원	1,000만 원	1,000만 원	1,000만 원
=과세표준	2억 9,400만 원	2억 4,200만 원	3억 4,000만 원	2억 5,900만 원	3억 300만 원
×세율	38%	38%	40%	38%	40%
−누진공제	1,994만 원	1,994만 원	2,594만 원	1,994만 원	2,594만 원
=산출세액	91,780,000원	72,020,000원	110,600,000원	78,480,000원	95,260,000원
총부담세액	100,958,000원	79,222,000원	121,066,000원	86,328,000원	104,786,000원
조세부담률	10.0%	7.9%	11.0%	8.6%	10.4%

내과 등의 세금의 특징

☑ 소득률이 비보험과보다 상대적으로 낮다.

☑ 수입이 5억 원 이상 시 성실신고확인제도가 적용된다.

☑ 대부분 보험수입은 그대로 노출이 된다.

☑ 대부분의 수술에 대해서는 부가가치세가 면세된다.

☑ 최근 피부나 비만, 탈모 등의 진료를 하는 경우가 증가하고 있다.

☑ 현금영수증 의무발급자에 해당한다.

☑ 내과 세무조사 시 비타민주사 등 비급여 수입금액 누락 여부를 확인한다.

☑ 산부인과 세무조사 시 무통시술·영양제 등 비급여 수입금액 누락 여부를 확인한다.

☑ 산부인과에서 부설로 운영하는 산후조리원도 부가가치세가 면세된다.

☑ 정형외과 세무조사 시 상급병실차액(2, 4인실) 누락 여부를 확인한다.

☑ 비뇨기과 세무조사 시 남성수술비 누락 여부를 확인한다.

☑ 산부인과의 고운맘카드에 의한 매출 발생 시 3.3% 원천징수세액이 발생한다(기납부세액으로 공제하는 것을 누락하지 않도록 한다).

☑ 입원산모 외에 보호자 등에게 판매한 식대는 누락해서는 안 된다.

☑ 이비인후과, 마취과, 결핵과, 가정의학과, 재활의학과는 대부분 보험수입으로 수입이 구성되어 세무리스크가 높지 않다.